让我们一起追寻

紫禁城的荣光

明清全史

紫禁城の荣光 明·清全史

〔日〕冈田英弘 〔日〕神田信夫 〔日〕松村润 著

王帅 译

社会科学文献出版社
SOCIAL SCIENCES ACADEMIC PRESS (CHINA)

译者前言

《紫禁城的荣光》的三位作者冈田英弘、神田信夫、松村润均毕业于日本“东洋史”研究的重镇、“东京学派”的大本营——东京大学，并因参与主持“东洋文库”牵头的《满文老档》研究项目而同获1957年日本学士院奖，后来该项目亦极大地推动了日本学界对满洲史、清初史的研究。近年来，随着“新清史”话题的升温，冈田英弘作为与欧美“新清史”学派渊源颇深的满洲史、蒙古史学者，得到国内外政界、学界高层的关注和肯定。因此，本书也许能使中国读者打开审视历史的新视野，同时也给中国史学界开辟新的研究思路。

但是，受制于成书的时代背景和三位作者的学术理路，本书中的一些观点尚值得商榷。例如书中有关明清时代西藏、新疆、蒙古等民族地区的地位及其与中央政府的关系，基于西方中古时期封建制度中封君封臣权利与义务的关系来考量近代外蒙古独立的法理依据，元、明、清三代续统与继承等问题的论述与中国学界主流分歧较大，等等。译者在此仅按原书据实翻译，因此也恳请读者在肯定三位作者认真严谨的治学态度的同时，还要对其观点和论证加以正确的认识和分析。

最后，译者的学术、外语能力有限，译作不可避免地会出现各种疏失和谬误，还望诸方家不吝指正。

学术文库版序言

提到紫禁城，大多数日本人心中浮现的大概便是这座中国皇帝的宫城那在阳光下熠熠生辉的琉璃瓦吧。但是，这座宫殿并非由汉族人始建，而是由蒙古族人修建，并经满族人之手才保存至今。而本书突破以往中国概念的范围，生动地描绘了 14 世纪后期元朝的北徙和明朝的崛起、19 世纪初清朝的由盛转衰，以及在这约 450 年中欧亚大陆东部地区的变革。

本书原作为“大世界史”丛书的第 11 卷，由文艺春秋于 1968 年出版刊行。根据出版社的方针，该著作版权页及丛书介绍中均称其为已故的神田信夫先生之独著，但书中的结语部分则明确指出其实为神田信夫与松村润、冈田英弘之合著。神田、松村、冈田三位先生是对以满文记录清初历史的《满文老档》进行译注的研究团队的核心成员，并因此于 1957 年同获日本学士院奖。而本书正是上述三位学者呕心创作付梓的概述性著作。

本书与众多的同类书籍相比，突出的特点便是观点清晰鲜明、逻辑严密且富有独创性。作者们自觉地将哺育了汉文化和汉人的“支那”[①] 与包含满洲、蒙古、西藏、新疆的“中国”视为平行发展之概念，进而对二者加以区分，同时以“从支那到中国”的视角展开论述并切入明清时代的历史，观点独到且正中要害。一方面，为与以支那史为中心的同类书籍划清界限，本书并没有将蒙古史、西藏史作为独立的民族史、地方史来看待，而是将其融入一个共同的脉络之中加以书写并最终取得了成功。另一方面，作者们抓住这一时期海洋亚洲与内陆亚洲互动的历史，精辟地还原了明清时代亚洲海陆联动的时代特征。

而令人惊奇的是，本书自出版以来，历经近 40 年的时间考验，其观点多未过时，足见作者之预见性。不仅如此，本书还对后续出版的同类书籍产生了巨大的影响。冈田先生对蒙古史、西藏史的论述现在已成为学界的共识，

① 本书中的“支那”、“支那人”，并非近代以来日本对中国和中国人的蔑称，而是历史地理范畴内的概念，概指当代中国除东北三省、内蒙古、新疆、青海、西藏等省区外的全部领土及定居于此的居民。“支那”的范围详见本书第 19 页的图 1。由于本书中对“支那”和“中国”的概念区别使用，故在翻译过程中，也保留这一用法，特此说明。本书中所有页下注均为译者注或编者注，文中括号内的内容均为原作者注，如无特别情况，下文不再特别说明。

而其在书中第十章对清朝国家结构的精当分析更是无出其右。本书先行提出“中国与支那”的学术架构，这一视角启发了诸多的概论与研究，并以不同的表述形式为研究者所提倡。

同类书籍虽如雨后春笋般不断涌现，但本书因学术水平较高且极具趣味性，故而在社会上得到读者及有志研究东洋史的学生们热情的支持。但由于本书绝版已久，近来连旧书也极难买到。恰于此时，参加 2005 年野尻湖库里勒台[①]（日本阿尔泰学会）的冈田英弘及其夫人宫胁淳子表达了希望再版的愿望。不久后，这项工作便被提上日程，遂成就今日本书作为讲谈社学术文库之一册而再版的美事。话说每年 7 月在信州野尻湖畔举行的内亚史研究者大会，即野尻湖库里勒台，到今年也已经是第 43 届了，而神田、松村、冈田三位先生则均是这项盛会的创始成员。神田先生已不幸于 2003 年病逝，冈田先生近年仍亲身与会，足见其提携后辈之盛情。而从当日会上提出再版的请求到顺利完成再版，亦足令我等野尻湖库里勒台的负责人慨叹缘分的不可思议。

在取得神田先生遗属谅解的前提下，本书借文库化的机会，恢复了三人合著的形式。内容则基本维持原貌，除

---

① 库里勒台即蒙古语、突厥语“集会”、“聚会”之意。

对诸如“苏联”、“俄罗斯”等反映再版时间的表述略加修正外，作者们也基于自己后来的研究进展对本书进行了最低限度的增删补正。受限于文库本的篇幅，再版不得不舍弃书中许多照片和插图，而地图、谱系图等则在原版的基础上重新做了修改。这些插图多为同类书籍之重要参考，故盼重新得到广泛的参照和转引。此外，原版书末所附的“参考书目”也被以容易获得和阅读的新书及作者此后的著作为核心的新版“参考文献”所替代。

刊后语、相关统计等内容由于过于老旧，此次再版便予以删除，但究其宗旨本身尚未过时，在此稍作介绍。

通过本书对约450年间历史发展大趋势的探讨，我们可以理出以下三条脉络：第一，东亚各地区、各民族之间的关系日趋紧密，换言之，这涉及今天“中国”概念的最终形成；第二，汉人人口的增长及其作用的增强；第三，日本、西欧的发展。而作者们则在书中总结指出，这三点是此后历史进步与发展的决定性因素。尤其是第三点更是一语道破，日本的发展使得进入19世纪后的中国将对外关系的焦点由蒙古问题转移到日本问题之上。正如以下文字所评述的那样：“今后世界史的动向将由日本和中国的平衡来决定，而这种现状的基础则来自《紫禁城的荣光》一书对明清时代的研究与分析。”故而，本书成书至今近40年的历史验证了作者们高瞻远瞩的先见性。

负责与出版社交涉、联络松村先生以及神田先生的遗属，并肩负着大部分校对工作的宫胁淳子女士无疑是本书再版的大功臣。在此也对认同本书价值的讲谈社学艺局、承担编辑工作的学术文库编辑部一并致以诚挚的谢意。此外，作为书迷之一的我们也因运作再版事宜的机缘而亲身参与了编辑工作，这也是我们写作此文的缘由。而重获新生的《紫禁城的荣光》一书也一定期盼着能永远得到读者的喜爱和阅读。

平成十八（二〇〇六）年八月一日

楠木贤道（筑波大学助理教授）

杉山清彦（驹泽大学讲师）

目　录

第一章
中国与支那

从支那到中国

首先要说的是，本书所论述的明清历史，可以概括为“从支那到中国”的历史。

现在所谓的中国，其地域范围非常广阔，包括以黄河和长江为中心的支那地区、古称满洲的东北地区、蒙古高原、从天山北麓延伸出去的准噶尔草原、东土耳其斯坦[①]及其南部的塔里木沙漠、以青海湖为中心的青海地区、西藏地区等。这些地区不仅气候水土各不相同，民族、语言、宗教、生活方式、经济条件等方面也颇具特色。

中国宪法规定，“中华人民共和国是统一的多民族国

① 即东突厥斯坦，特指清朝新疆西南部的塔里木盆地及周边诸绿洲，下同。

家”，中国仅民族的数量就超过五十个，在国家统一的领导下，各少数民族聚居的地方实行区域自治，设立自治机关，行使自治权。中国就是这样一个由不同元素统一起来的国家。

对于现代人来说，这些已经是常识了。但是我们偶尔仍在有关中国的内容上犯错误。譬如我们笼统地称呼“中国人”时，大都是指代在支那地区居住的汉族人。还有譬如“中文”，指的是作为汉族语言的汉语。但是通常来说，中国人中包括蒙古人和西藏人等，而且中文里当然也包括蒙古语和藏语等。虽然这也不是没有道理的，但本书要清楚地界定“中国”的含义，因此在叙述过程中将区别使用“支那”和“中国”、“汉人”和“中国人”、“汉语”和“中文”等名词。

现在作为多民族政治统一体的中国概念，其原型早在明清之前的元朝时就已经形成了。成吉思汗建立的蒙古帝国，原本是一个游牧民族的国家，仅仅是由生产力低下的游牧区构成的帝国，其经济基础薄弱，也很难稳定地发展。直到第五代君主薛禅汗[①]将蒙古游牧区与支那农耕区合并统治后，帝国才最终得以稳固。中国概念就是从这里诞生的，而元朝也正是最早将多个地区合并统治的新中国

① 即元世祖忽必烈。

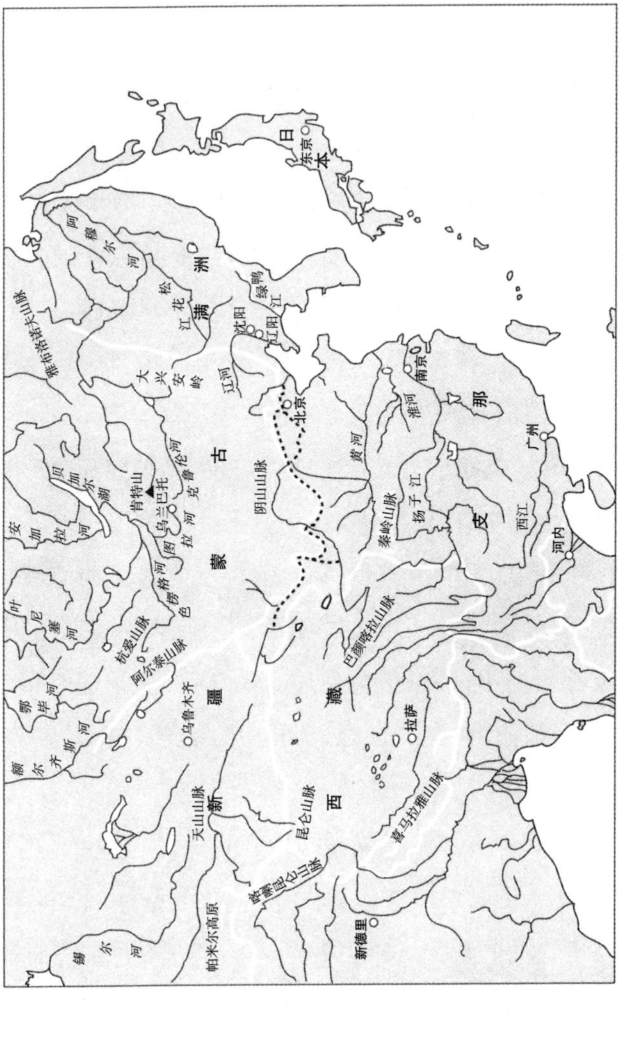

图 1　构成中国的五个区域

之雏形。

但是元帝国在联合各地区的问题上有一个致命的弱点。各个地区自行其是，各自为政，一旦作为统治力量基础的蒙古游牧军队由于一些原因被削弱，帝国就必将分崩离析，实际情况也正是如此。支那地区建立了明朝。蒙古高原和准噶尔草原由北元统治。满洲也由明朝统治，朝鲜半岛上则建立起独立的李氏朝鲜王朝。随着元末察合台汗国分裂为东西两部分，东土耳其斯坦成为东察合台汗国的领土。

明朝实际上打算在其所继承的元帝国的全部疆域内建立统治。不过，这种愿望最终没能实现。汉族由爱好和平的农民组成，其军事力量存在极限，不可能期望其像元帝国那样建立起强有力的统治。

所以，现代中国概念的真正成形，必须要等到清帝国建立之后。研究继承元朝的明朝乃至之后清朝的历史，就要从支那到中国的历史开始叙述。本书正是基于这种视角对明清时期进行探究，进而得出相应的结论。

南北支那的对立

那么，鉴于中国广大的地域范围，各地区的由来自然有其各不相同的历史原因。但是，在这里我只举两个例子。

一个是支那地区内部的南北关系问题。

总的来说，支那历史的大趋势通常是北方统治南方。以黄河流域为中心的北支那相对于以长江流域为中心的南支那来说，一直保有相当大的政治优势。

4 世纪初的东亚民族大迁徙使南支那开始进入支那历史发展的主流。因为五胡[①]侵入北支那，汉族被迫向南迁徙，因此南支那迅速地得到了开发，除去黄河流域仍然是支那地区的中心之外，另一个中心在长江流域建立起来。总之，得益于高产的水田耕作，南支那成长为中国的粮仓，同时也成为经济中心。

但是，中国的政治中心依然在北支那。即便到了隋唐时期，诸王朝的国都也大都设置在北支那。为了南北支那的沟通和联络，隋朝开凿了闻名于世的大运河。这个通道将南方的物资源源不断地输送到北方，从而维持了支那地区的统一。

俗话说“南船北马”，北支那以陆路交通为主，但是运送粮食等大宗物资还是水运较为方便。所以在运送物资时，当然要尽可能地利用自然河流。迅速建立起大一统国家的秦朝，在秦始皇时期将开封附近的黄河分流，开通了通往南方淮河的水路。到了汉代，水路在此基础上继续向

① 五胡指匈奴、鲜卑、羯、氐、羌这五个民族。4 世纪初，上述诸族相继在中国北方建立政权。

南方延伸，楚州（江苏省淮安县）到扬州之间的水路将淮河和长江也联系起来。总而言之，船舶可以从长江口向北行进，横穿淮河进入黄河，然后沿河上溯，最终将物资输送到位于渭河流域的国都长安。

但是，黄河的水患问题也十分棘手，因此维护运河也不是一件容易的事情，运河的兴衰也与国力的兴衰联系在一起。

随着时代的变迁，南支那的经济重要性日益凸显。到了宋代，诸如“江浙（江苏省和浙江省）熟，天下足；江浙歉，天下饥”这样的谚语广泛流传，也象征着南支那控制了整个支那地区的经济命脉。而成吉思汗建立的蒙古帝国在世祖忽必烈时征服南宋并夺取了这个谷仓地带，所以蒙古帝国向大元帝国的转变也就成为必然趋势。

即使到了元代，支那地区重心南移的进程仍不可阻止。当时访问中国的阿拉伯旅行家伊本·白图泰（Abu Abdullah Muhammad Ibn Battuta，1304—1377）在《伊本·白图泰游记》一书中将“汗沙城”，即浙江省杭州市称为地球上最大的城市，另外还将“刺桐城”，实际上即泉州附近的外港，描述为世界上最大的港口。[①] 伊本·白

① 此处有关内容参见伊本·白图泰《伊本·白图泰游记》，马金鹏译，宁夏人民出版社，2000。

图泰21岁时立志到麦加朝圣，离开故乡摩洛哥，向着他所憧憬的未知世界——东亚进发。他的前半生几乎都奉献给了旅行事业，直到45岁才返回摩洛哥。因此，他实地考察了诸如麦加、开罗、伊斯坦布尔、巴格达等当时世界上几乎所有的大城市，并耳闻目睹了当地的风土人情，故而其对南支那的评价也是可信的。

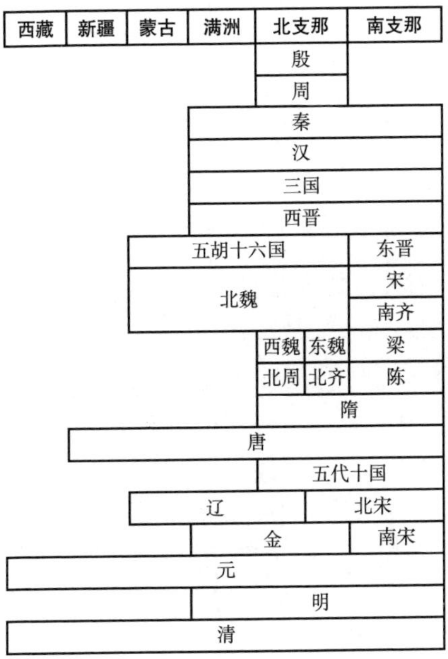

图2　中国概念的变迁

正是如此，南支那越来越繁荣兴旺。最终到元末时，支那地区北方统治南方的历史原则被彻底推翻。于是在长江流域发展起来的朱元璋集团建立明政权，并推翻了北京的元政权。南方打败了北方，这在中国历史上是前所未有的大事。此外，明朝试图全盘继承元朝的版图进而成为首屈一指的大帝国，但位于支那北方的元朝发源地——蒙古本部则阻止了明朝的行动。

支那与蒙古

蒙古与支那同样是历史上构成中国的各区域中最重要的地区之一。在这里必须让大家了解蒙古的概况。如果我们尝试回顾支那地区超过 3000 年的国家发展史，常常要将其与蒙古的关系作为背景。

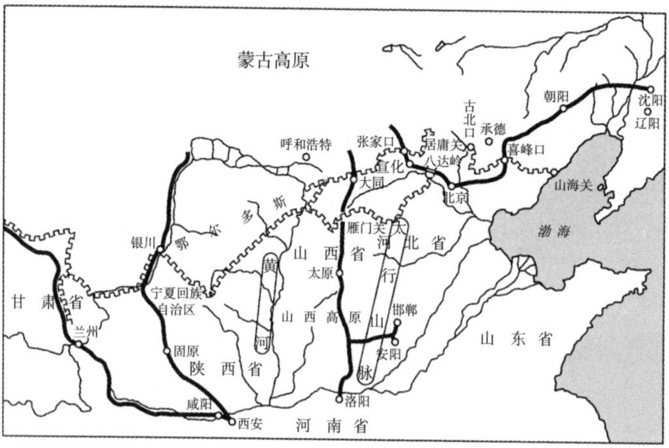

图 3　万里长城与贸易路线

让我们看一下地图。凡是较早开始发展的国家，其中心必定位于从蒙古高原到北支那平原必经之路的终点之上。从东算起，北京是春秋战国时强国燕国的国都，正好位于从内蒙古经张家口、居庸关迈入北支那平原一步可达的位置上。而河南安阳，即公元前 14 世纪的城市遗址——殷墟和战国时赵国的都城邯郸在黄河北岸呈一字排列。

这两座城市全都位于从山西高原太原方向沿河谷穿过太行山的断裂处并最终到达北支那平原的必经之路上。太原向北通过雁门关与大同盆地串联起来，而大同就与内蒙古直接相邻了。位于黄河南岸的洛阳盆地不仅是周朝的东都，同时也是从太原经太行山西侧南下路线的终点。在更西边的地方，西周的都城西安与秦都咸阳沿渭河河谷一字排列开来。这里也是从内蒙古鄂尔多斯地区以及宁夏银川经固原南下路线的终点。

那么，为什么支那地区的古代都市大都位于蒙古高原、山西高原与北支那平原的交界处呢？解开这个谜团的钥匙就是蒙古高原上的游牧民族与北支那平原上的农耕民族之间的贸易关系。游牧民穿着用牲畜皮制作的衣服，饮用牛奶和酸奶，食用黄油和奶酪，住在用羊毛硬毡制成的帐篷中，这完全就是自给自足的经济形式。为了获得人体必需的碳水化合物，游牧民就要向农民购买谷物。因此，从史前时代开始，高原上的游牧民就必须组织商队到北支那平原与那里的农民进行贸易。这样的交易场所或定期集市理所当然被设置在农耕地区的边缘，即北京、邯郸、安阳、洛阳、西安、咸阳等地。大量为进行贸易而从农耕地区腹地赶来的人聚集在这些地方开展贸易活动，不久定期集市就变为常设市场，市场附近的村落也开始发达起来。这就是北支那古代城市的产生过程。支那地区在春秋时期就已经出现了职业商人，大概也是出于上述原因。

游牧民带到北支那边境城市交易场的货物中最多的是家畜，其次是高原盐湖所产的湖盐。家畜当中，牛主要是为满足农民耕地拉犁的需求，而羊肉则作为蛋白质资源提高了城市居民的伙食水平。

但是马匹的输入在政治上具有最重要的意义。马使战争成为可能。古代支那与美索不达米亚、埃及、希腊一样，用马拖曳战车作战，直到战国时期才开始将马用于骑乘。总之，得到马匹的边境城市逐渐成长为城市国家，在这些城市国家中殷、周、秦又发展为王国，最终统治了其他城市及周边的农耕地带。这就是为什么北支那统一国家的出现要比南支那更早的原因。

因为南支那不靠近边境，城市发展陷于停滞，又不能获得马匹，所以没有办法与北支那的军事力量进行对抗。

万里长城

到访北京的旅行者必定会选择的一个观光景点就是八达岭长城。站在由层叠的花岗岩石块与青砖筑成的宏伟长城之上眺望北方，人们势必会陷入深深的思考，正是这样的城墙阻止了北方蛮族的入侵。对于旅行者来说，长城已经成为中国的象征。

在这里，我绝对没有岔开话题的意思。但是要说清楚的是，现在我们所看到的壮丽长城，实际上是在明代修筑的。而提到长城的历史与其说是光荣的，倒不如说是痛苦的。

上文多次提到兴起于南支那的明朝继承了元朝的遗产并统一了整个支那。此外，明朝也试图将元帝国的全部领土收入囊中，然而明军虽然将蒙古人逐出农耕区并控制了支那，但越过长城向北方的游牧区进攻则是十分困难的。因此，明朝从南到北的扩张便达到了极限。

这是由农耕社会与游牧社会的本质区别决定的。农耕社会与土地紧密相连，必须定居耕作才能维持运转。如果土地条件较好，又没有自然灾害的话，填饱肚子并不困难。因此在没有外来侵略的情况下，农耕社会显露出原本和平、非军事的特征，也不会考虑侵略别人。农耕社会之所以能发展壮大，是因为随着人口的增长，人们前往临近地区寻求新的耕地，而这不过是一种开拓性的发展罢了。

但游牧社会，则可以被称为以战争为目的的组织。正如上文所述，游牧民如果不从农民手中购买粮食就无法生存，因此双方在边境城市维持着和平的贸易往来。但是，边境城市一旦发展为强大的王国，就可能不正当地提高农产品的价格，游牧民又没有有效的对抗手段，必然遭受很大的损失，而这势必导致游牧民以暴力的手段获得粮食。所以，随着北支那古代王国的发展，与游牧民的边境冲突也越来越多，从殷周时期开始就已经有蒙古高原的游牧民侵犯、抢掠支那地区的记录。因此，古代王国为了防御游牧民的袭扰，大都在边境修筑长城并驻扎部队。正是基于这样的原因，战国时秦、赵、燕都在边境修筑了长城，后来秦始皇统一了支那，立即将这些旧长城连接起来，进而建成了万里长城。

因为支那方面加强了边境防御，蒙古地区的游牧民为了像以前一样有效地进行掠夺战争，越来越有必要组建更大的组织。于是他们团结起来，选出一位有能力的战争领导者。游牧国家这种组织形式，最初就是以战争和掠夺为目的才建立起来的。

既然是为战争和掠夺而建立的组织，游牧国家必然与邻近的势力进行着无休止的征服战争。如果停止战争，就会失去国民收入，同时人民的生活也会遭受威胁。因此，游牧国家相互吞并，不久之后战争就从蒙古高原扩大到准噶尔草原，进而波及中亚的哈萨克斯坦，最终建立起一个覆盖广阔游牧地带的大帝国。正是基于这样的原因，在公元前2世纪初，也就是秦帝国统一支那后不久，匈奴便建立了历史上最早的游牧大帝国。

一旦游牧国家成长为大帝国，蒙古的游牧民就能与支那的农耕帝国势均力敌地进行交涉。只要双方在军力上保持平衡，边境城市的贸易就可以在正式条约的保护下和平地进行。

商　路

除此之外，游牧帝国完成对北亚和中亚的统一，就可以安全地使用连接支那、西亚、东欧的商业渠道——丝绸之路。因此，东西方之间的贸易便兴盛起来，商队往来也变得十分频繁。作为保护游牧民通行安全之报偿而征收的商品税，成为游牧国家巨大的收入来源。同时，游牧民自身也通过投资、组织商队或委托居住在中亚绿洲城市中的职业商人来经营商业。

这时，在支那一侧的终点[①]大多数成为发达的边境城

① 此处的终点指上文提到的从蒙古高原进入支那道路的终点。

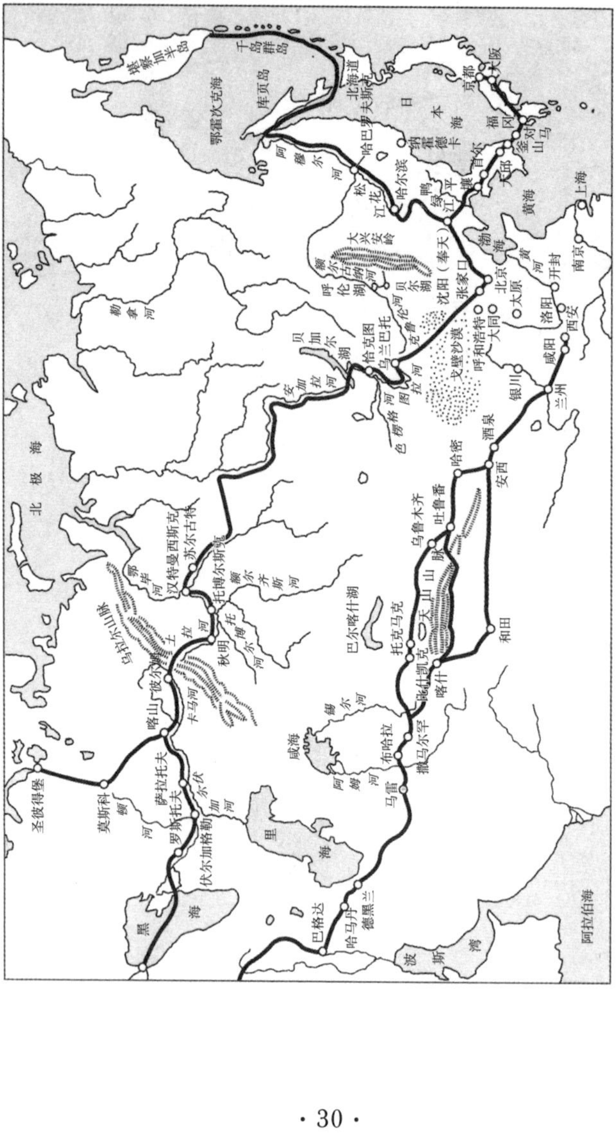

图4 丝绸之路与西伯利亚商路

市。也就是说，这些城市既是与游牧民交易的中心，同时也是丝绸之路的终点。

让我们再一次把目光转向地图。商路从西安、咸阳向西经过兰州、河西走廊到达安西。在这里道路被分为南北两条：南路绕道和田，经塔里木沙漠的南缘，抵达喀什；北路从哈密经天山南麓的吐鲁番盆地，在喀什与南路汇合。如果从喀什翻越葱岭进入费尔干纳盆地，再沿锡尔河而下即可进入西亚。另外还有从吐鲁番盆地翻越天山到达今天新疆维吾尔自治区首府乌鲁木齐的道路，从这里再沿伊犁河谷前进，经楚河河谷的托克马克、比什凯克，最后可以到达锡尔河畔的奥特拉尔和突厥斯坦①等地。

这三条道路即通常所说的丝绸之路，但实际上还有一条东西向的贸易路线，即从北京经张家口，径直穿过戈壁沙漠，到达蒙古国首都乌兰巴托，这也是现在莫斯科—北京国际铁路所经过的路线。然后从乌兰巴托走水路，沿色楞格河直达贝加尔湖，经安加拉河进入叶尼塞河，再从叶尼塞斯克改走陆路，穿越荒原到达鄂毕河畔的托木斯克。之后沿鄂毕河进入额尔齐斯河，逆流而上到达托博尔斯克。再逆土拉河而上，翻越乌拉尔山抵达卡马河上游的彼

① 突厥斯坦，哈萨克斯坦南部奇姆肯特州城市，位于锡尔河下游右岸平原，曾为中亚的手工业和通商中心。

尔姆。从卡马河沿岸的喀山既可以向西经莫斯科到达波罗的海，也可以沿伏尔加河到达伏尔加格勒（斯大林格勒），再经顿河到达黑海。这条完全依赖水运的道路，在历史上由蒙古的一支——卫拉特人所掌握，俄国人也是凭借这条道路向西伯利亚进行渗透的。现在，这条道路进一步向东方延伸，可以经哈巴罗夫斯克、纳霍德卡直达东京。

总之，北京既是边境城市，同时也是西伯利亚路线的终点，而且还是通往满洲、朝鲜交通线的起点。从北京向东北方出古北口进入热河山地，经承德、朝阳渡辽河到达沈阳，自沈阳出发，南下辽阳渡鸭绿江可以进入朝鲜半岛并到达日本，北上可以直抵松花江、阿穆尔河[①]流域。经过山海关的海岸大道虽然开通较晚，但是这条路线从明代开始便成为主要的贸易交通线。而北京则成为经此从朝鲜、满洲腹地进口珍贵毛皮、高丽人参的口岸。为了更好地理解下面的内容，请务必将北京的这些特点记在心上。

占据优势的游牧民

那么，在游牧帝国与农耕帝国之间能够维持友好关系的时期，贸易得以平稳地发展，但如果某些原因引起战

① 即黑龙江，下文不再另行说明。

争，游牧国家就赤裸裸地显露出军事性特征，其结果就是对农耕国家连年的侵犯和掠夺。但是游牧帝国的终极目的还是希望恢复与农耕帝国的和平贸易，而不是将对手彻底消灭。但是如果农耕帝国自身存在某种结构上的弱点，也可能因游牧帝国无意识的过激行动而被消灭。成吉思汗灭亡金帝国就是一个例子。

但是，管理农耕地带需要颇为烦琐的手段，游牧民族的征服者从来没有打算由自己直接进行统治，通常都是委托被征服地的土著豪族负责征收地租。耶律楚材就因被成吉思汗任命为中书令而成为地租的征收者和管理者。中书省被称为元帝国的最高政府机关，但实际上不过是负责征收支那农耕地带地租的税务所罢了，同时中书省也没有对游牧地带的管辖权。而且，中书省被设置在北京这个边境城市，而北京虽然在元代被称为大都，但并不是我们通常意义上的首都。虽然大都建有宫殿建筑，但元朝的皇帝们绝对不在那里常住，他们每年只在大都的宫殿中接见一次汉臣，而且，在此期间皇帝们也都住在大都郊外的帐篷里。总而言之，北京在元代不过是蒙古人借以统治支那地区的一个窗口罢了。

在游牧帝国与农耕帝国的战争中，也曾出现过农耕帝国凭借极为强大的经济实力，暂时压制游牧帝国的情况。但是，这终究只是暂时的，而且农耕帝国还必须做好付出极大的人力、物力资源的准备。而这归根结底是农耕民族与游牧民族在战术上的本质区别造成的结果。

游牧民族的军队特点就是极为低廉的维持费用。此外，大体上也没有可称为薪俸的东西，夺取的战利品除去十分之一上交给指挥战斗的皇帝外，其余都归士兵个人所有。补给也较为方便，更没有辎重部队。在作战时，士兵们各自将奶酪和干肉置于腰间的皮囊中，这可以使他们持续进行大约三个月的作战行动。

与此相对，农耕民族的军队就极为耗费金钱。因为农民必须停止耕作应征入伍，一次出兵立刻就会影响农业生产，所以政府要给予农民相应的补偿，换句话说就是必须支付薪俸。而补给一直是最大的难题。农耕民族的军队在游牧地带作战时，在当地不可能获得粮食，必须预先将从内地征集来的粮食沿军队的行军路线运到前线。然而，辎重部队沿战斗部队的路线前进，就没有办法避开敌人的袭击，所以战斗部队也必须自己携带一部分粮食。但这样的话，就必须要有远超战斗人员数量的牛车和骆驼伴随作战，行军速度势必会极为缓慢。而如果编成这样的大部队，补给必然会变得更加困难，行军速度更是无从谈起。

此外，农耕民族的军队以步兵为主，必须以密集队形进行战斗，而游牧民族的军队全部是行动迅捷的骑兵，还可以轻松施展高速奇袭战术。所以，农耕民族的军队难以与游牧民族的军队进行较量，只有在装备比游牧民族军队更为先进的武器时才能获得胜利。汉军能打败匈奴，是因为汉军使用铁制武器，而匈奴还在使用青铜武器。洪武、永乐时期的明军能压制北元，也是因为明军装备了火器，而北元军的武器还以弓箭为主。但是即便有这样的优势，农耕民族的士兵大都没有接受过在游牧地带恶劣自然条件下的生存训练，于行军中接二连三地掉队并最终死亡的例子屡见不鲜。因此，如果不付出巨大的牺牲，农耕民族就不能获得胜利。虽然支那地区素称富庶，汉族的人口数量又很多，但也不可能长期承受这种消耗。实际上到了汉武帝和明成祖执政的末期，消耗殆尽的国力已经再难维持任何远征行动了。

游牧民族的骑兵部队作战半径大，又快速机动，对农耕民族的军队来说，这意味着侦察敌人的行踪几乎是一件不可能完成的任务。即使是永乐帝的五次亲征，也仅有一次因偶然的机会才遭遇了北元军。而且北元军看到形势不利立即全速撤退，明军未能给予其决定性的打击。因此，农耕民族的军队进攻游牧地带，就像在沙漠中追逐海市蜃楼一样困难。这就是农耕民族总是被迫采取被动防御的原因。

尽管如此，支那地区的农耕帝国与蒙古地区的游牧帝国之间的战争，大都是前者为应对游牧民族的侵犯和掠夺而进行的预防性战争。

洪武帝时期对蒙古的远征正是这种预防性战争的体现。但是到了永乐帝时期，又增加了另一个动机，那就是永乐帝想要继承元帝国全部遗产的野心。在徒然损失了巨额军费和大量士兵之后，永乐帝最终一无所获。其结果就是明朝被迫退守长城沿线。

万里长城标示了明王朝统治的极限，也表现出其放弃长城以北的决心。永乐帝仿照大元帝国建立大明帝国的事业最终失败，换言之，明朝未能由支那进而成为中国，这也是明朝作为汉族王朝的悲剧象征。当然，万里长城被称为中国的金字塔、世界七大奇迹之一，自然也是支那地区农耕经济实力和汉族繁荣昌盛的象征。但是以从“支那”到“中国”的历史视角来看，万里长城的意义仍是负面的。

其证据就是当清朝完成向中国的转变后，万里长城就完全失去意义，变成了多余的东西。

那么，我们就从明朝建国开始回顾支那向中国转变的历程。

第二章

从乞丐到皇帝

洪武帝的经历

在前文已经叙述过，明朝是以南支那强大的经济实力作为后盾，进而统一整个支那地区的，而明朝的开国君主朱元璋却出身于贫农阶层。

曾有人说："无论是汉高祖还是丰臣秀吉，探究他们出身的话，都是很平凡的人。"① 但是，如果想要找出能与丰臣秀吉相对应的支那英雄人物，无论从时代的接近程度，还是境遇的相似性来说，洪武帝（朱元璋）都是最适合的。因为汉高祖刘邦曾任泗水亭长，相当于驿站的管

---

① 丰臣秀吉（1537—1598），日本战国时代（1467～1615 年）著名政治家、军事家。因其出身贫寒，故而人们将其与汉高祖刘邦相提并论。

理者，论境遇还是比秀吉好一些。

但是无论如何，朱元璋出身社会最底层却能赤手空拳夺取天下，这说明当时支那社会正处于一个风雨飘摇的混乱时期。

说到朱元璋的经历，其家族一直都以务农为生，自南宋时五世祖朱仲八以来，定居于南京东面的句容县。到了朱元璋的祖父朱初一时，他带着长子五一、次子五四北渡长江，移居于安徽省盱眙县（今属江苏省）。而实际上，我们应当把这次迁徙看作逃亡更为恰当。

因为在元朝至元二十四年（1287）[①]，世祖忽必烈下令设置淘金提举司，管辖以今南京为中心的七十座采金场，并在附近指定了7365名采金工。

朱初一一家也不幸被编为采金户。然而南京附近无金可采，只能从其他地方购买黄金上缴朝廷。对于贫穷的农家来说，这种负担太沉重了。因此，第二年朱初一一家就被迫舍弃房舍、土地逃往盱眙。

朱初一死后，他的儿子们分开生活。朱五四为生计四处奔波，最后带着三个孩子去钟离县投奔兄长朱五一。朱五四到达钟离后不久，他的第四个也是最后一个儿子——

① 本书中的史实时间或多或少与中国现有史料存在差异，但因其未列每条史料之出处，故不敢妄言其有误，除明确可查者改之，余则忠实于原文，请读者阅读使用时谨慎查考。

朱元璋出生了。朱家原本就是生活在社会最底层的农家，更谈不上什么家世门第，所以朱元璋祖父的名字初一、伯父的名字五一、父亲的名字五四，就如同是计数的符号一样。另外，朱元璋的大哥名为重四、二哥名为重六、三哥名为重七，所以父母也顺理成章地为朱元璋起名为重八。而朱五四之所以为大儿子起名重四，是将自己的孩子与兄长朱五一的孩子合在一起按出生先后顺序排列的结果。

元顺帝至正四年（1344），朱元璋已然 17 岁。此时淮河流域因为干旱和蝗灾，发生了严重的饥荒。而伴随饥荒而来的瘟疫则夺走了朱元璋双亲和长兄的生命，将其和两个哥哥变成了孤儿。原本就在赤贫的深渊中挣扎的三个孩子想尽办法才料理了亲人们的后事。

活下来的三个孩子中二哥继承了家业，三哥被过继给别人家做养子，朱元璋则因为年幼时的约定①，得以进入皇觉寺出家为僧。但是，如果村里发生饥荒，依靠村民布施的寺庙也不能维持下去。因此，寺里的和尚们都出去化缘求生，而才做了五十几天小和尚的朱元璋也踏上了云游化缘的旅途。由于他只是个挂名的和尚，云游途中遭受的苦难与乞丐没什么两样。就这样，朱元璋四处游历了三

① 朱元璋之父曾在皇觉寺为其许愿，故而朱元璋的出家可谓是还愿的行为。

年，在20岁的时候再次回到皇觉寺。之后，几年安稳的生活稍纵即逝，元末农民起义的战火就波及了这里。

红巾军

下面来说说元末农民起义的原委。元朝放松了对国家的控制，汉人的抵抗活动自然变得猛烈起来。至正八年（1348），盐枭方国珍的起事点燃了这次起义的导火索。此后，方国珍带领海盗频繁地袭击江苏、浙江、福建等地的海岸，令元朝地方官员十分头疼。

不久之后，发端于河北并逐渐扩展到江淮谷仓地带的白莲教起义几乎将元朝置于死地。

首先，河北省永年县的韩山童是这次起义的首倡者，他一家从其祖父时开始就担任白莲会宗教秘密结社的教主。白莲会亦可称白莲教，其教义主要宣称现世正值大战之时，人类濒于灭亡。弥勒佛转世将作为救世主降临人间，凡信徒皆可得救。不久之后，幸福的新世界亦将来临。

总的来说，自古以来汉族农民中就存在秘密结社的传统。其大都是由信仰相同的人所组成的互助组织，也是人们为克服生活的苦难，维持生存而被迫采取的一种无奈的自卫手段。秘密结社仅是人们勉强维持生活的法子，不能在社会上公开，其信徒在面临走投无路的紧要关头时往往

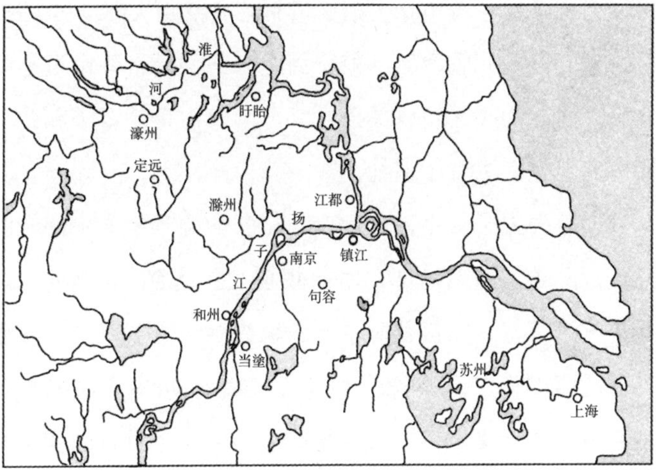

图 5　江淮地区

会起义。正因为如此，历代王朝的末期，都毫无例外地发生了由宗教秘密结社领导的起义。如果以近代的例子来证明，孙文在参与推翻清朝的革命运动时就曾得到这种秘密结社组织的支持。

这些秘密结社虽然是革命的原动力，但它们没有建立新体制、新制度的能力。而国家的重建总是要依赖有才能的政治家，朱元璋就恰好是其中之一。

就这样，在元末动荡不安的社会背景及反元大旗的指引下，白莲教成功地抓住汉人的心理，其影响力也从河南急速扩大到江淮地区，并逐渐发展为革命组织。至正十一年（1351），各方群起响应，积极进行起义的准备工作，同时约定以红色头巾作为起义的标志，这就是红巾军名称的由来。但是元朝政府事前得到起义的消息，韩山童不幸被捕，河北的起义也以失败告终。而韩山童的妻子和儿子韩林儿则侥幸逃脱了追捕。

虽然失去了教主韩山童，但是安徽的刘福通率部向西进军，占领了河南南部，军队规模也扩大到 10 万人。此外在黄河下游，因饥荒时打开自家仅剩一点芝麻的仓库赈济百姓而得名“芝麻李”的李二也率众起事，攻陷徐州并控制了朱元璋居住的江淮地区。而朱元璋投奔的郭子兴军，即属于芝麻李领导的部队。

郭子兴是安徽定远县的地主，同时也是一名白莲教教徒。他响应李二的号召发动起义，占领了濠州（凤阳）。朱元璋居住的皇觉寺受到战火的波及，寺中僧众也都四散逃难。面临抉择的朱元璋在神前占卜立身之计，得到投奔红巾军的神谕。所以，时年 25 岁的朱元璋便下定决心投身红巾军并成为郭子兴的部下。

黑道集团[①]

朱元璋在奔赴濠州的途中用手头的红布做成头巾，到

---

① 此处意指红巾军的组织结构类似日本的黑社会团体。

达濠州后就要求与郭子兴在城门见面。卫兵认为这个如同乞丐一般的和尚是敌人派来的间谍，进而对其进行了严厉的盘问。但不久后郭子兴在见到朱元璋时，惊异其非比寻常的容貌，就任命他为十夫长。

朱元璋甫一投身军旅，就立刻显现出非凡的才能，进而成为郭子兴的心腹爱将。郭子兴甚至还将养女马氏许配给他，使其融入自己的核心领导集团。

不光是郭子兴的军队，当时支那各地的军阀、海盗以及盐贼（私盐贩子）出身的强盗集团莫不如此。即便是由白莲教教徒领导的军队，也是按照黑社会中头目与部下的关系组织起来的。而从郭子兴将养女许配给朱元璋，朱元璋自己后来也收养了很多义子的情况来看，红巾军的首领们通常通过虚构血缘关系来加强头目与部下之间的联系。

朱元璋的妻子马氏只是郭子兴名义上的养女，实际上不过是婢女罢了。但是马氏能很好地胜任帮派大嫂的角色，为朱元璋那些由贫农和无赖组成的部下们洗衣、缝补，并无微不至地照顾他们。

郭子兴并不是完全独立的起义军首领，而是李二的部下之一，他在红巾军中的地位当然也不高。当元军攻陷徐州时李二战死，他的部将彭大等则逃到郭子兴据守的濠州。然而，郭子兴逐渐被在红巾军中地位较高的彭大所压制。为建立自己的独立势力，郭子兴于至正十四年（1354）派遣朱元璋、徐达及 24 名部下向南发展。朱元璋首先夺取定远，接着又占领了滁州。然后郭子兴就离开彭大，从濠州移驻滁州，并将其作为自己的根据地。尽管力量还很弱小，但此时的郭子兴集团已经是名副其实的独立势力了。

至正十五年（1355），滁州城的粮食储备即将消耗殆尽，而维持军队需要大量的物资，如果不能保证供应，军队立刻就会变为强盗团伙。支那地区的军阀也不例外，他们经常为得到比之前更好的土地而四处抢夺地盘。于是，郭子兴派遣妻弟张天祐攻占和州并将这里作为分支基地，而朱元璋也作为张天祐的副将参与了这场战斗。从此，朱元璋便开始在元末农民战争中崭露头角。

大宋皇帝

同年，北方红巾军领袖刘福通找到白莲教教主韩山童的遗孤韩林儿，并在亳州拥立其为大宋皇帝，建元龙凤，同时也建立了红巾军的中央政府。所谓大宋皇帝，一方面自然体现出红巾军希望推翻元朝复兴宋朝的意味，另一方面或许也表现出宗教秘密结社反政府、反体制的特性。红巾军的众首领都从韩林儿那里得到了官职，郭子兴被任命为都元帅，张天祐被任命为右副元帅。朱元璋也因得到左副元帅的职位而成为红巾军的将军，并借此稳步增强自己的实力。

不久，郭子兴病逝，由其长子郭天叙继任都元帅一职。年轻的首领郭天叙为获得粮食，率军从和州渡江攻占了太平路（当涂）。但当郭天叙打算以太平路为据点继续向东发展时，不幸与张天祐一同在攻打集庆路（南京）的战斗中被元军杀死。

如此一来，朱元璋成了郭天叙幸存部下的领导者，并顺理成章地成为郭氏军队的统帅。从此以后，他时来运转，于至正十六年（1356）攻占了集庆路。以此为基地的朱元璋成为名副其实的大首领，韩林儿政权也为此授予他吴国公的爵位。

然而，在这个可以称得上战国时代的历史舞台上，那些高举反元大旗的势力也未必是同利害、共进退的。

从当时江南地区的势力分布来看，除了南京的朱元璋，还有占据苏州的盐枭张士诚，以及控制长江中上游江西、湖广各处要地的红巾军首领徐寿辉。另外，长江下游的镇江、扬州还在元军的控制之下。

总之，在朱元璋面临的三个敌人当中，张士诚、徐寿辉的力量太强，朱元璋根本无法与之抗衡。所以朱元璋将进攻的矛头指向元军，希望通过消灭元军来壮大自己的势力，然后再逐步蚕食、吞并周围的势力。

至正十九年（1359），从亳州迁至北宋故都开封的龙凤政权被卷土重来的元军击败，韩林儿、刘福通逃往安徽安丰，其势力范围也逐渐缩小。看准时机的张士诚于至正二十三年（1363）派兵包围了安丰。收到求援请求的朱元璋亲率主力赴援，击退张士诚的军队并救出了韩林儿。韩林儿在抵达南京后于翌年正月初一举行了盛大的庆祝仪式。就在这个仪式上，朱元璋被韩林儿封为吴王，而其所建立的政权也得到了龙凤朝廷的正式承认。

明朝的建立

到目前为止，韩林儿与朱元璋从地位上来看仍是皇帝与臣子的关系，但从掌握实权的方面看则正好相反。朱元璋并没有将韩林儿长期置于南京，而是把他安置到滁州。从这以后，朱元璋在奉韩林儿为大宋皇帝的同时，开始急速地远离白莲教。总而言之，白莲教对于朱元璋来说不过是在乱世中积攒实力的手段罢了。他在至正二十六年（1366）对张士诚最终讨伐战的布告中将白莲教斥为妖术，这大体上也暗示了白莲教教主韩林儿的最终命运。果不其然，韩林儿于同年十二月在从滁州前往南京的途中因长江上的覆舟事件而溺水身亡。

到了第二年，张士诚也被消灭了。除去苟延残喘的元政权，朱元璋统一了从四川到江苏的整个长江流域。但是，他在结束了对张士诚的讨伐战后一刻也没有停歇，立刻派兵北伐，准备给予元政权致命一击。

在此期间，亲信们也在紧锣密鼓地推进拥立朱元璋为帝的计划。到这年年底，南京的新宫殿落成，时年 41 岁的朱元璋于至正二十八年（1368）正月初一祭告天地，登基为帝，定国号为大明，建元洪武。从此以后，支那地区便实行一世一元的制度，人们也开始使用洪武、建文等年号来称呼皇帝。

而受朱元璋之命率部北伐的徐达接连占领山东、河南等地，兵锋直指大都（北京）。元顺帝妥懽帖睦尔放弃大都逃往上都（多伦淖尔）。但北伐军攻占大都后继续向上都进军，元顺帝无奈之下只得逃往应昌。

至此，战事朝有利于洪武帝的方向发展，但为确保战争的胜利，建立若干永久性保障中心仍是十分必要的。因此，洪武帝将位于大运河北段的开封定为“北京”并将其作为前进基地，通过大运河源源不断地将江南的军队、物资集结于此，进而最终将其建设为统治北支那的支撑点。洪武帝正是以南支那强大的经济实力为依托，才将北支那置于自己统治之下的。

后元朝时代

然而，元朝并没有因此而灭亡。在接下来的20年中，元朝以蒙古高原为根据地，向东通过满洲联合朝鲜半岛上的高丽王国，向西通过青海、西藏与云南的蒙古势力互通声息，形成了从三个方向威胁新生明朝的态势。这就是所谓的北元。也就是说，元朝在1368年失去的不过是支那地区的领土。虽然元顺帝于两年后在应昌病逝，但他的两个儿子爱猷识理答腊、脱古思帖木儿相继为帝，继续率领元军与明朝奋勇作战。

对此，洪武帝最初采取速战速决的策略。1372年，15万明军在徐达的指挥下兵分三路从山西进入蒙古地区，大军横穿戈壁沙漠后一路高歌猛进，兵锋直指哈剌和林，然而这次军事冒险以惨败告终。明军遭到元军的迎头痛击，在付出阵亡万余人的代价后不得不仓皇撤退。

洪武帝吸取这次失败的教训，立即改变作战方针，制定了首先割裂两翼，进而将北元孤立于蒙古高原的作战计划。1379年，征西将军沐英率领明军攻入青海并将驻扎于此的元军歼灭，同时也切断了蒙古高原与云南的联系。1381年，征南将军傅友德进军云南，仅仅经过百余日的战斗就平定了云南，梁王把匝剌瓦尔密被迫自杀。

这样，明朝就切断了北元的右臂，接下来就轮到作为左膀的满洲地区了。1387 年，征虏大将军冯胜率领大军从热河北进，迫使盘踞于今长春地区的元将纳哈出投降。纳哈出是拥众二十余万的地方实权派，他的投降不仅切断了北元与高丽的联系，更使蒙古高原受到三个方向的威胁并陷于被封锁和包围的不利形势之中。

在包围网完成的同时，洪武帝也开始了他盼望已久的决战。翌年，代替冯胜出任征虏大将军的蓝玉率领 15 万明军从热河出发，翻越大兴安岭后进入蒙古高原。

此时，元帝脱古思帖木儿为支援因纳哈出的投降而陷入危机的东部战线，正逗留于外蒙古东部的捕鱼儿海。得到情报的蓝玉立即火速赶往敌人的老巢，这一奇袭行动取得了极大的成功。被打了个措手不及的脱古思帖木儿仅带着亲信数十骑侥幸逃脱，但手下军民 8 万余人全部被明军俘获。

脱古思帖木儿在逃往哈剌和林的途中，于图拉河遭到同族也速迭儿的袭击，但这位也速迭儿并非忽必烈的直系后裔。遭遇罕见暴风雪又寡不敌众的脱古思帖木儿不幸被俘，最终被也速迭儿用弓弦缢杀。至此，从世祖忽必烈开始的元朝正统世系于 1388 年彻底断绝。

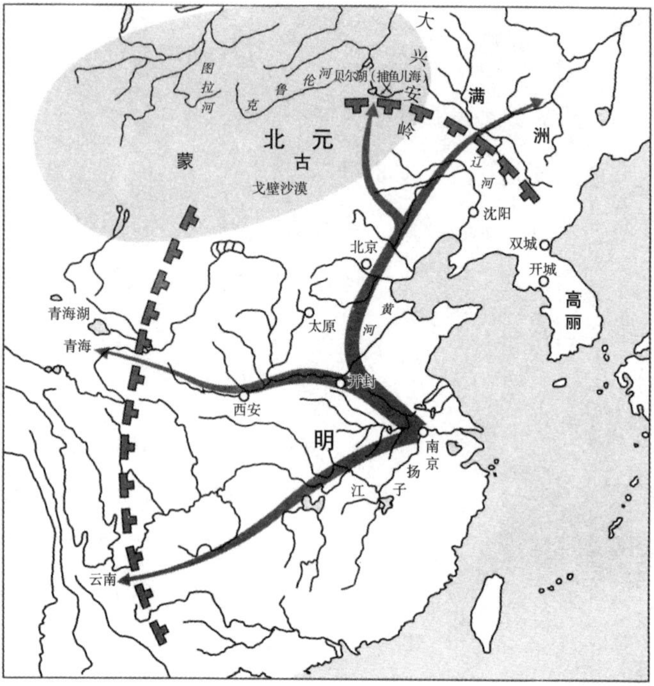

图6　明与北元的攻守

中央集权的强化

洪武帝完成了推翻元朝、将蒙古人赶回蒙古高原、使支那地区重新回到汉人手中等壮举，其作为武将的素质毋庸置疑。不仅如此，其在内政方面也极具才干。

洪武帝在政治、军事、法律、民生、教育等诸多领域的改革不胜枚举，其改革措施也开创了中国制度史的新纪元。而且，洪武帝出身贫寒，这些改革几乎都是由他本人在戎马倥偬的岁月中亲自督促实施的。清朝顺治帝在与群臣论及古今明君时，也对洪武帝做出了“历代贤君，莫如洪武……至洪武所定条例章程，规画周详。朕所以谓历代之君，不及洪武也”[①] 的中肯评语。

就中国而言，在秦始皇于公元前 3 世纪统一支那地区的时候，中央集权制度就已经建立起来了。作为皇权的基础，民政、军政、监察三个系统的官僚机构直属于皇帝，且分别对皇帝负责。但是，其间也曾出现因士族阶层独占选官权而削弱皇权的时期。随着 10 世纪宋代士族门阀势力的衰落，选官制度也出现了变化，只要通过国家考试，任何人都可以做官。这种国家考试就是科举制度。从这以后，科举出身的官僚对皇帝唯命是从，皇帝独裁统治也得以确立。洪武帝也沿袭了这种做法，其在位期间皇帝的独裁权力达到顶峰。但即便是洪武帝，在即位之初也没能做到乾纲独断。现在看来，即位只不过是其成为真正皇帝之路的第一步。

洪武帝自从 25 岁投身红巾军以来，一直在前线战斗，但他不过是郭氏的一个部将而已，他自己的嫡系部下仅有

① 《清世祖实录》卷 71，顺治十年正月丙申条，中华书局，1985 年影印本，以下所引《清实录》皆出此版本。

收养的二十余个义子。而后来成为明朝开国功臣的红巾军将领徐达、常遇春、邓愈、冯胜、汤和等人，归根到底与洪武帝一样都是郭子兴的部下，如果从这个角度来看，洪武帝与他们仅仅是同僚关系。直到渡江后，洪武帝成为郭氏部将的领袖并继承了郭氏的家业，徐达等人才真正成为他的部属。

但是，当洪武帝将南京作为根据地后情况便有了变化。当时，洪武帝因得到吴国公的爵位而成为韩林儿的直属部下，同时他也获得了不可动摇的地位。因此对渡江以后参加红巾军的人来说，洪武帝不仅是郭氏集团的首席部将，而且也是朱氏集团的首领。总而言之，洪武帝的部下中既有同僚战友出身的旧部，也有从小培养的新锐，如果不舍弃握有实权的旧部，就不可能建立起真正的独裁统治。这就是我们接下来要论述的洪武帝罪诛胡惟庸等文官的真正原因。

胡惟庸之狱

洪武帝刚在南京站稳脚跟就对知识分子委以重任，李善长、汪广洋、胡惟庸、刘基等一批文官就是在那个时候开始活跃起来的。洪武帝首先设置了江南行中书省，中书省相当于今天的总理府（国务院），韩林儿政权便设置了这一政府机关，中书左、右丞相相当于总理、副总理，他们在辅佐皇帝治理国家时握有极大的权力。而行中书省则作为中书省的分支机构负责地方的行政事务，以李善长为首的江南行中书省就担负着治理新占领区的责任。在朱元璋成为吴王后，江南行中书省升格为中书省，并成为吴王独立领地内的最高民政机关，明朝建立后该机构也依旧得到保留。

大都督府负责军政事务并管辖全国的军人。除了中书省、大都督府两个最高政府机关外，还有由刘基担任御史中丞的御史台负责对行政系统的监察工作。

然而，因为李善长、汪广洋、胡惟庸三人在洪武帝还是郭子兴部下的时候就是一起投身红巾军的伙伴，故而洪武帝将他们视作异姓兄弟，并像对待客人那样尊敬他们，即使成为皇帝后也对他们言听计从。而刘基原本是元朝的官员，在南京向洪武帝投降，因此他与红巾军没有任何关系，仅仅是洪武帝的臣子。正因为这样，刘基与红巾军派的大臣关系恶劣，不久后便辞职回乡，旋即病逝。而洪武帝似乎深信是胡惟庸毒死了他。

正因如此，明初的十几年间大都督府和中书省被原红巾军将领及与其同气连枝的文官李善长等人分别控制，洪武帝仅是名义上的皇帝，并没有发挥才能的空间。而这时候的洪武帝则开始为皇帝独裁布局并静候时机成熟。

洪武帝即位时已经有马皇后所生的标、樉、㭎三子和硕妃所生的棣、橚二子。

洪武帝立长子朱标为皇太子，将李善长、徐达、常遇春等中书省、大都督府、御史台的高层官员全部任命为东宫辅佐官。总之，他们一方面是政府高官，另一方面也是皇太子的执事。因为皇太子还只是14岁的孩子，这么做可以说是为了皇太子的教育，但没有必要仅为这样的目的而进行夸张的安排，只需设置数名合适的家庭教师即可满足需要。而洪武帝真正的目的是希望功臣们与注定会继承皇位的皇太子建立私人的亲密关系，从而让他在未来可以放心地将国家交给太子。

趁着功臣们疏忽大意，洪武帝稳步地建设直属于皇帝个人的军队，皇太子也受命负责宫禁警备事务。再说皇太子的弟弟们，朱樉受封秦王、朱㭎受封晋王、朱棣受封燕王，他们分别得到西安、太原、北平（北京）作为领地，而皇太子其他的弟弟们也都受封各地为王。因年幼不能之国的藩王，都住在洪武帝的老家凤阳，已经之国的诸王都获得了若干被称为“护卫”的直属部队。

洪武十一年（1378），藩王的数量达到20个。以此为契机，洪武帝终于开始了行动。秦王和晋王第一次前往自己的封地，并于翌年九月分别率领各自的护卫军返回南京。十月，征伐青海的沐英统率大军凯旋并抵达南京。沐

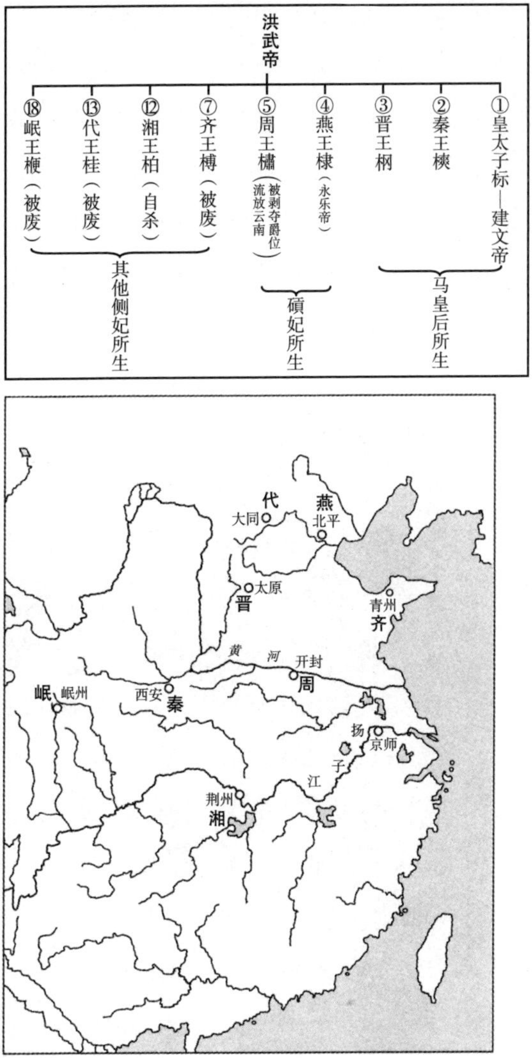

图 7　明初诸王的分封情况

英是洪武帝的养子之一，他从皇太子还是刚出生的婴儿时就与其同寝同食，并一直守护着他。所以，沐英的地位与洪武帝的嫡派诸王没有什么区别。至此，听命于洪武帝的军队在南京集结完毕。

十二月，中书右丞相汪广洋突然被流放海南岛，进而又在流放途中被随后赶来的敕使处斩。紧接着，右丞相胡惟庸在翌年（1380）正月初二遭到逮捕，初六即被处死。同时，皇太子指挥的军队还清洗了南京城内的红巾军系人物并虐杀了15000人。我们一般把这个事件称为“胡惟庸案”。

政变取得成功后，洪武帝便不断地提出改革计划。中书省被撤销，其下设的吏部、户部、礼部、兵部、刑部、工部六部获得独立地位且分别直属于皇帝。大都督府被分割为前、后、左、中、右五军都督府，与六部一样分别直属于皇帝。御史台也一度遭到撤销，不过不久后即以都察院的名义重新设置，但都察院的长官则由御史中丞改为左、右都御史，以期达到两足鼎立、相互制衡的目的。

改革进行到这种程度，洪武帝实际上已经将中书省、大都督府、御史台三大机关的最高长官兼于一身。至此，明朝的皇帝独裁体制已初具雏形。

然而，如果机构的运营者不变，无论怎样对机构本身进行改革都不会有效果。洪武帝将胡惟庸所属的红巾军系官员驱逐出政府机关后，起用了许多偃旗息鼓、静待时机的刘基派官员。但是，尽管这样做也还远远不够，人才的培养工作变得紧迫起来。因此，洪武帝通过不断扩大作为国立大学的国子监的办学规模，同时重新恢复被暂时中止的科举制度来培养新的官员。

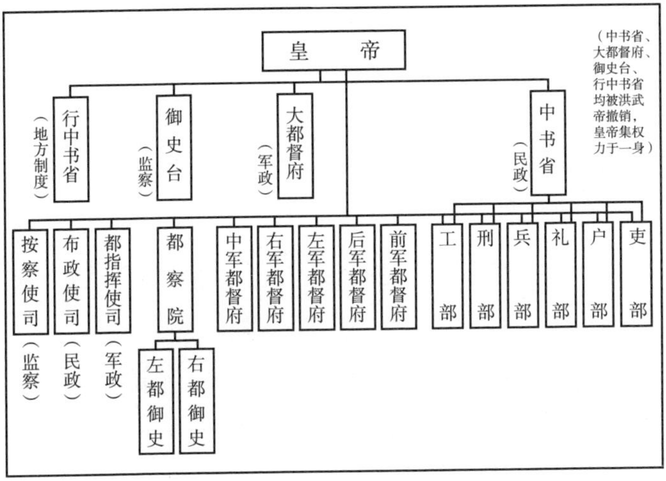

图 8　明代的行政机构

在地方制度方面，自元代以来地方官的任免实行原籍回避制，这就改变了地方官通常由当地人担任的情况，而且统治者还制定了南方人到北方赴任，北方人到南方赴任的原则。这样地方官就很难与当地人狼狈为奸，皇帝的统治力就可以渗透到全国各地。

不仅如此，洪武帝还改革了在各地设置行中书省来行使地方民政、军政、监察三权的制度。他改设都指挥使司、布政使司、按察使司来分管上述行政事务。三司互不统属，分别直属于中央政府，避免了权力集中于少数地方长官手中的弊端，皇帝就能将全国庞大的权力机构牢牢地掌握在自己手中。

里甲制度

洪武帝的改革也进一步深入普通百姓的生活。丰臣秀吉统一日本后因其所推行的土地丈量工作，即“太阁检地”① 而声名显赫。洪武帝即位后也立即在长江三角洲地区清丈土地，并随后将之推广到全国。

这项调查的严格程度可谓前所未有。根据调查结果，全国进行了土地改革。而记载调查数据的土地总账，也因所描绘的土地所属、四至情况形似鱼鳞而被称为“鱼鳞图册”。

洪武帝在处理了胡惟庸案之后，还在全国进行了人口普查。他将 110 户编为 1 里，选择其中最富裕的 10 户作为里长户；剩下的 100 户编为 10 甲，每甲设置甲首 1 名。

---

① 日本中世后期至近世，领主对于农民的保有地所进行的测量调查，称为检地。天正十年（1582），丰臣秀吉在全国统一的背景下，彻底施行检地法，史称“太阁检地”。

里长、甲首每年交替轮番服役，10 年为一循环。另外，每 10 年修订一次原簿，这种原簿也可称为“赋役黄册”，兼有户口本和纳税账簿的作用。里之上还有州、县等行政单位，由中央派遣官员（知州、知县）负责治理，而县之上还有州[①]、府等行政单位。

里甲制度使中央政府的统治力量延伸到社会最底层的农民阶级。而里甲组织的设立，也保障了租税的征收和运输，同时也加强了国家的财政基础。

除里长、甲首之外，每里还要从年高有德的百姓中选出里老人，负责教化农民、劝人向善，同时也负责处理本里内的民事纠纷。

此外，洪武帝亲自制定了六句四言圣谕作为里甲制度的指导方针，即我们通常所说的“六谕”，其内容由以下六条组成：“孝顺父母，尊敬长上，和睦乡里，教训子孙，各安生理，毋作非为。”[②] 每逢初一、十五民众都要集会诵读这六条圣谕。

“六谕”也被清朝继承下来，不久后又经琉球传到日本。明治时期发布的教育圣谕也受到洪武帝“六谕”的

① 明代的州按行政级别可分为直隶州和散州，直隶州相当于府，散州大致相当于普通的县。文中两次提到的州即分别指代散州和直隶州。

② 《明太祖实录》卷 255，洪武三十年九月辛亥条，台湾“中研院”历史语言研究所，1962 年校勘本，以下所引《明实录》皆出此版本。

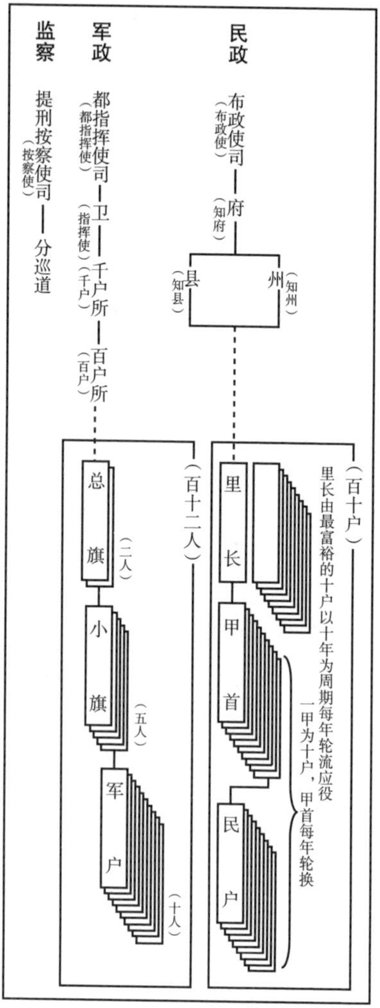

图9　明代的地方军政制度

影响，直到二战结束，每逢节日、祭日全体国民都要拜读，因此当时几乎所有的日本人都能背诵该圣谕。

但是，只有日本的教育圣谕中强调忠君爱国、国民有尽忠报国的义务。与此相对，洪武帝的“六谕”是对普通百姓的道德约束而没有要求民众尽忠报国，这是二者最明显的区别。究其原因，支那自秦代以来臣与民就是区别开来的。臣既然是官僚，他们就有报答皇帝的恩情并竭尽忠诚的义务。而作为民，普通百姓与皇帝没有直接关系，因而也没有对皇帝尽忠的硬性要求。

“六谕”中所列举的道德要求很早以前就开始在支那地区的村落社会中实行开来，之所以还要将这些完全是常识性的概念以“六谕”这种新的形式公布于众，是希望民众齐声歌颂这些没有人会反对的道德品质。在人们的诵读声中，皇帝就成为制定一切道德标准的最高权威。总而言之，“六谕”作为洪武帝的语录成为其控制人民的有力武器。

卫所制度

里甲制度实际上是仿照以前的卫所制度建立起来的。卫所制度中最小的单位——百户所，即由 120 名在特别划定的军户中选出的世袭职业军人所组成。这 120 人中设有小旗（10 人队长）10 人、总旗（50 人队长）2 人，这便是里甲制度中甲首和里长的原型。由 10 个百户所集合而成的千户所即与地方民政系统的州、县相当，而由 5 个千户所集合而成的卫则与府相当。全国总计设有三百余个卫，分别隶属于地方上的各都指挥使司，而 17 个都指挥使司又按照地域划分为 5 组，分别隶属于中央的五军都督府。有明一代，卫所制度一直通行不废。

像洪武帝这样掌控民政、军政、监察三大权力，事无巨细皆亲自裁决，诚然是强化皇权的有力手段，但如果继任者才能、精力有所欠缺，则很难胜任如此繁重的工作。而且历代皇帝也不可能都是英明的君主，更有冲龄践位的幼主。有鉴于此，洪武帝下令：如果今后有人建议恢复丞相制度，则以违背祖训的罪名处以极刑。因此，终明之世，丞相制度都没有得到恢复。然而这样做使得必须由皇帝裁决的事务过于繁杂，因此洪武帝设置了名为大学士的私人秘书以减轻负担。到了永乐帝时代，大学士可以公开参与政务，而由数名大学士组成的内阁则发挥了昔日中书省的功能。但是，大学士们没有政务裁决权，他们只能将处理意见写在纸条上并贴于奏疏之上再呈交给皇帝，处理意见必须得到皇帝的批准后才能实施，即所谓的票拟制度，同时这也是中书省丞相与内阁大学士的区别。另外，内阁这一称呼也是以大学士们在紫禁城内的办公场所——文渊阁而得名的。

本来是临时作为监察官从中央派遣到地方的巡抚以及统辖地方军队的总督逐渐掌握地方行政权并常设不废，进而最终成为事实上的地方最高行政长官。清朝时将管辖一省或多省的官员分别称为巡抚和总督的习惯就是从明代继承下来的。

蓝玉之狱

洪武帝分封诸子为王并建立了全新的军队，从而与桀骜不驯的红巾军分道扬镳。然而新的制度确立后，它便不再以制度建立者的意志为转移并开始走上不受控制的发展道路。

从诸王及其护卫军的角度来看，虽然完全镇压了以胡惟庸为首的红巾军系势力，但也不能对其他忠于洪武帝的功臣和他们手下的红巾军旧部掉以轻心。在这一点上，新官僚集团与诸王的看法是一致的。因此，这两股势力联合起来，功臣们面临更大的危机。

洪武二十三年（1390），有人再次揭发李善长 10 年前曾庇护过胡惟庸。63 岁的老皇帝立刻召见了 77 岁的李善长，二人追忆往事，不胜感慨，到最后洪武帝在朝堂上流着泪请求群臣看在他的份上饶恕李善长，然而大臣们都不同意。于是李善长大哭告辞，回到府邸后投缳自尽，另外还有四位功臣因受到李善长的牵连而被判处死刑。总而言之，即使是洪武帝自己也不能与日益强大的诸王及新官僚集团相抗衡了。

诸王对功臣的迫害变本加厉，不过因为皇太子对功臣的保护才没有造成什么极端的后果。然而洪武二十五年(1392)，朱标不幸因病逝世，享年39岁。

在那之前，洪武帝的政务几乎都交由这位能干的皇太子代为处理，他的逝世对洪武帝来说，等同于失去左膀右臂。已经老病缠身的皇帝遭此打击也变得更加衰弱，经常以泪洗面。此外，驻守云南的沐英惊闻噩耗，也因过度悲伤而暴卒。

朱标之子朱允炆被立为皇太孙，此时的洪武帝已经完全摆脱繁重的政务，只作为名义上的皇帝而存在。皇太子的同母弟秦王和晋王依然健在并成为皇太孙的坚强后盾，这也使得洪武帝十分安心。但是，在强烈的危机感的驱使下，诸王派与新官僚集团决定将功臣一网打尽。翌年，他们以谋反阴谋败露为罪名，逮捕并处决了蓝玉及其党羽15000人，这就是所谓的蓝玉案。受此牵连，明朝出身红巾军的功臣、官僚、吏目、士兵几乎全部被杀光，白莲教在社会上完全销声匿迹。但是，再次转入地下的白莲教组织仍然顽强地存活着，并将于明末掀起新的波澜。

在皇太孙的地位得到巩固的同时，诸王与新官僚集团的同盟也因功臣这个共同敌人的消灭而破裂。现在，与诸王对立的新官僚转而支持皇太孙的独裁体制，这种矛盾在秦王、晋王健在的时候尚可弥合，但秦王、晋王分别于洪武二十八年（1395）、洪武三十一年（1398）相继去世，成为诸王领袖的燕王因为不是马皇后所生，因此与皇太孙的关系非常疏远，支持皇太孙的新官僚势必与燕王发生激烈的冲突。而与此同时，洪武帝也于晋王去世的两个月后逝世，享年 71 岁。

第三章
北京的紫禁城

靖难之役

随着洪武帝的逝世，皇太孙朱允炆成为明朝的第二代君主，他于翌年（1399）改元建文，所以我们称其为建文帝。

建文帝身边的新官僚集团为加强皇帝的独裁权而着手削藩，燕王的同母弟周王首先被削去王爵、废为庶人并流放云南。紧接着湘王被迫自杀，岷王、齐王、代王也相继被废。意识到自己也不能幸免的燕王于建文元年七月发动叛乱，靖难之役爆发。顺便提一句，所谓“靖难”就是“清君侧”的意思。

此时，南京的朝廷手中虽然掌握着 50 万大军，但因蓝玉案的牵连，红巾军系的官兵于不久前几乎全部被处死或驱逐，所以建文帝的军队丧失了白莲教精神中根深蒂固的团结传统和武者之魂。而与此相对，燕王的护卫军虽然不过区区 3 万人，却是常年参与国境守备任务，并在与蒙古军队的战斗中积累了丰富作战经验的精锐之师。

经过长达 3 年的战斗，燕王的军队于建文四年（1402）六月攻克南京。城陷之时，建文帝与皇后在宫中自焚而死，但燕王入城后似乎并没有在废墟中找到建文帝的遗骸。燕王登基称帝并改元永乐，因此我们称其为永乐帝。

另外，关于建文帝最终的结局众说纷纭。如同在日本流传着自尽于衣川馆的源义经实际上活着逃往虾夷[①]的传说一样，有传言称建文帝在南京城破时打扮成僧人的模样，从地道逃出后在南支那流浪。幸田露伴在《命运》中就采用了这个传说。这部小说的前半部分忠实地还原了从建文帝登基到燕王夺位的史实，行文流畅，描绘生动，堪称无需改易一字的杰作；后半部分则根据传说描绘了建文帝弃城逃走后的坎坷一生，从中我们也能窥见露伴独特的历史观。

历史总是讽刺的。洪武帝将分封诸子为王作为实现皇帝独裁体制的手段，并巧妙地达到了目的。但是，随后他就被诸王架空，而他的继承人建文帝也被燕王推翻。

① 北海道的古称。

迁都北京

永乐帝即位后首先开始的工程之一就是迁都北京。

1949 年以后，插满红旗的天安门广场成为中华人民共和国的象征。前文也曾提到过，现在中国的首都北京自古以来就是向东进入满洲、朝鲜的咽喉，同时也是向北经内蒙古到达外蒙古并最终延伸到中亚、西伯利亚国际贸易路线的终点，这座繁荣的贸易城市当然也被从满洲、蒙古兴起的辽、金、元三朝用作统治支那地区的窗口。总而言之，北京是最适合将满洲、蒙古、支那合并起来进行统治的政治枢纽。而继承元帝国的遗产并想要建立世界帝国的明朝，不可能只满足于统治支那一隅。

即使是洪武帝也从来没有打消过想要迁都北方的念头。但是，他最终选择留在南京主要是基于以下三点原因：第一，长江流域是支那地区的经济中心；第二，洪武帝自受封吴王起就驻扎在南京，其城中已经修筑了壮丽的宫殿，而在建国之初，百废待兴的时节再修建新的宫殿必将给国家财政带来沉重的负担；第三，洪武帝部下将士几乎都出身于江淮地区，不想远离故土。

但是到了永乐帝时代，一切都发生了改变。永乐帝在还是燕王的时候就在北平（北京）修建了王府并培植了自己的势力，在北部边疆多年的经验告诉他，将国都迁往北方对于防御北元的入侵是十分有利的。况且，为了树立万象更新的形象，离开建文帝的都城南京也是必要的。因此，永乐帝在永乐元年（1403）就下定了将北平改为北京并迁都于此的决心。只是，想要迁都北京，就必须解决物资运输方面的严重问题，无论是陆运还是海运都有很大的困难，为此永乐帝采取了大规模改修大运河的措施来保障物资运输。此外，永乐帝还将南京作为留都并在此驻扎了精锐的军队来震慑南方。

永乐帝于永乐五年（1407）开始在北京营建新的宫殿，在永乐十八年（1420）工程完工后正式迁都于此。实际上永乐帝在永乐七年（1409）以后就已经常驻北京，直到永乐十五年（1417）才返回南京，其间都由皇太子在南京监国。

北京城与紫禁城

由永乐帝建造的北京城到底是一座怎样的城市呢？北京城由东西约 7 公里、南北约 5 公里的长方形城墙包围着，表面包砖的夯土城墙高约 10 米、厚约 20 米。南城墙的正中开有丽正门作为正门，丽正门后来又改称正阳门，即一般俗称的前门，为人们所熟知的旧前门火车站即在其附近。

因为正阳门是北京的正门，所以仅限执行政府公务的人员使用，普通百姓出入北京一般走东侧的文明门（即后来的崇文门，俗称哈得门）或西侧的顺承门。除了南城墙上的这三座城门以外，北京城的其他三面城墙上都分别有两座城门：位于东城墙上的是齐化门（朝阳门）、东直门；位于西城墙上的是平则门（阜成门）、西直门；位于北城墙上的是安定门、德胜门。

皇城位于北京城的中央，进入正阳门马上就可以看到皇城的正门——大明门。大明门在入清以后改称大清门，中华民国成立时又改为中华门，现在大明门已经与皇城的城墙一起被拆除了。而今天著名的北海公园和国务院所在地中南海都位于昔日皇城的范围之内。

大明门前面的广场因铺砌正方形的石板而被称为棋盘街。棋盘街的东侧有宗人府（皇族事务局）和六部中的吏、户、礼、兵、工五部，西侧则排列着五军都督府的衙署。唯独刑部与都察院、大理寺（最高法院）不在棋盘街，而是位于皇城的西部。

进入大明门后再一直向北走就到了承天门，承天门在清顺治帝时改称天安门。是的，这就是那座中共领导人于其上集体向参加五一大游行的群众挥手致意的天安门。

承天门的北方就是独立于皇城正中的宫城，也就是明代的紫禁城。进入承天门后再一直向北走就到了端门，端门的东侧建有供奉皇帝先祖的太庙，即今天的劳动人民文化宫。西侧则建有社稷坛，是皇帝祭祀谷物神的地方，也就是今天以建有纪念孙中山的中山纪念堂而得名的中山公园。

穿过端门继续向北走就到了世界上最大的城门建筑——午门。在清代午门以北的区域被称为紫禁城，就是

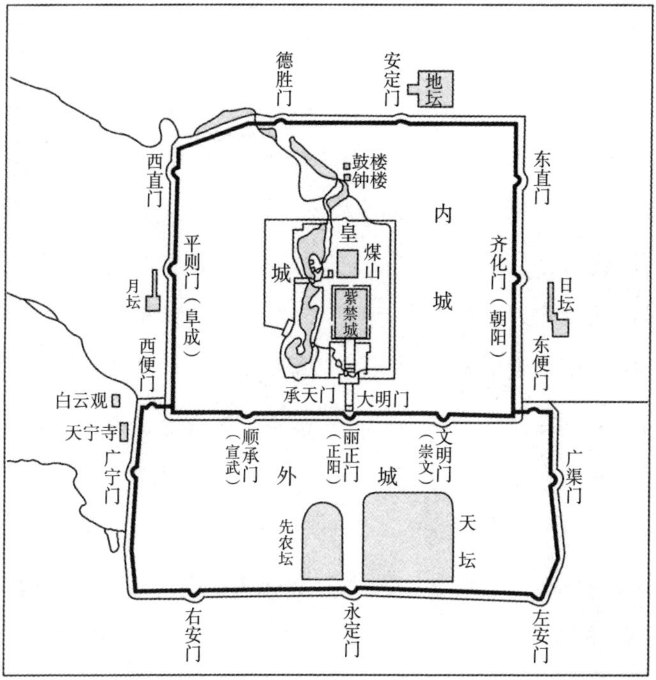

图 10　明代的北京城

今天的故宫博物院。穿过午门向北走，门前的广场上挖掘了弓状弯曲的人工河，河上排列着五座石桥，这就是所谓的金水桥，在日本皇宫中与之相当的则是二重桥。五座石桥中最中央的一座是供皇帝专用的，臣民通行只能使用两侧的四桥。穿过金水桥正北的奉天门（清称太和门），前方广场上由南向北排列着为举行国事典礼仪式而建造的奉天殿（太和殿）、华盖殿（中和殿）和谨身殿（保和殿）。

谨身殿的北方是乾清门，从这里向北就是相当于皇帝私宅的区域了。正对乾清门的乾清宫是明清两代皇帝日常生活起居之所。不过，实际上皇帝们住在省躬殿（交泰殿）后方的坤宁宫的时间更多一些。坤宁宫同时也是皇后的寝宫。皇子、公主以及女官则居住在乾清宫、坤宁宫东西两侧的诸多宫殿中。

上文提到的奉天门两侧分别开有东华门和西华门作为紫禁城东西方向上的出入口，东华门内建有文渊阁，即前文提到的大学士们的办公场所。

让我们再把视线放回到坤宁宫。坤宁宫的北侧有一座美丽的御花园，御花园的正中建有钦安殿，钦安殿的北方是顺贞门，从顺贞门再向北走就到了玄武门（神武门），如果从玄武门出去的话，就离开了紫禁城。

虽说离开了紫禁城，但我们还在皇城之中。玄武门的

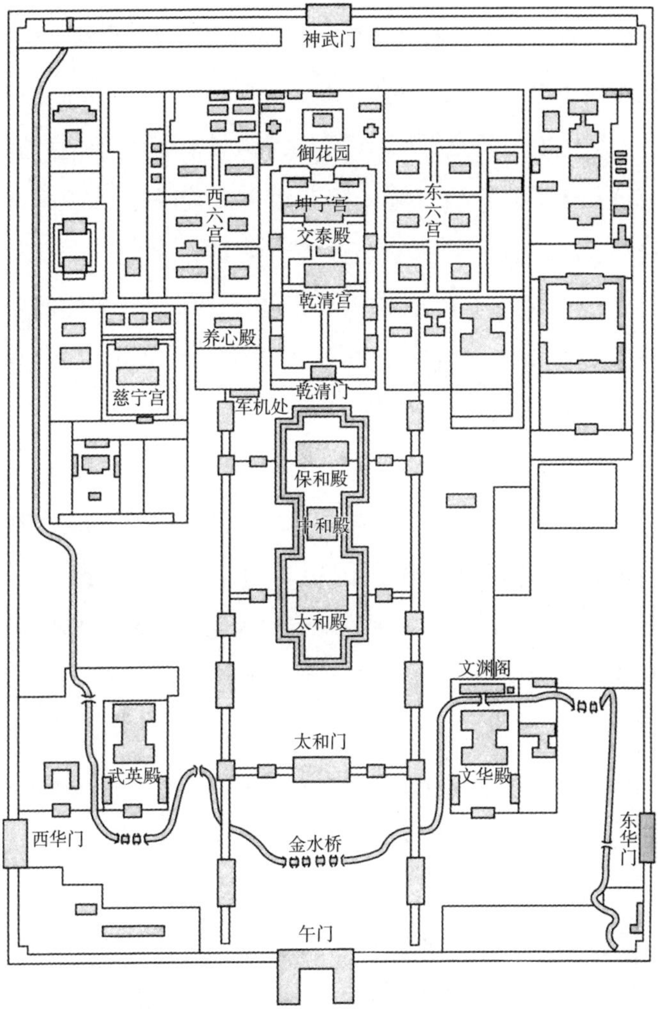
神武门
御花园
西六宫
东六宫
坤宁宫
交泰殿
乾清宫
养心殿
慈宁宫
乾清门
军机处
保和殿
中和殿
太和殿
文渊阁
太和门
武英殿
文华殿
西华门
东华门
金水桥
午门

图 11　清代的紫禁城

正北方是北上门，从北上门再向北走就到了景山门，人工筑成的景山之上建有倚望楼，明朝的末代皇帝崇祯帝就在这座景山之上投缳自尽。

穿过景山北侧的观海殿、寿皇殿并沿着大街一直向北前进，出了北安门（地安门）就离开皇城进入了内城。这样一座接着一座的城门也是紫禁城的一个特色，支那古语有云“天门九重”，所以皇帝要用一重又一重的城墙、一道又一道的大门将自己与外界隔绝开来，以此将皇权塑造为一种难以接近的存在。

皇城的中轴线南北延伸，自然而然地将北京城分为东西两部分，这就是我们俗称的东城、西城。因为城内差不多都被与政府有关的建筑、官员住宅、兵营所占据，几乎没有可以称得上是商业区的地方，因此商业区和普通民居都建在正阳、崇文、宣武三门的南侧，故而城外的商业变得十分发达。到了 1544 年，为了保护这片新街区，在北京城南又修筑了新的城墙。人们为了将其与北京城的内城区别开来，将这片城区称为外城。著名的天坛就在这片区域之内。

清顺治帝迁都北京时，内城的居民迁往外城，取而代之的则是从满洲跟随而来的八旗军民（有关八旗的内容将在第七章“元朝的传国玉玺”一章中详述）。东城中从南向北依次驻扎着正蓝旗、镶白旗、正白旗、镶黄旗；西城中按同样的顺序依次是镶蓝旗、镶红旗、正红旗、正黄旗。八旗诸王也各自在本旗驻扎的区域内建立府邸，这就是所谓的王府。据称现在与日本银座齐名的王府井大街就得名于该地王府中的一口水井。

总之，北京的内城完全是一座政治城市。

如果山之手[①]的高级住宅区应该被称为内城，那么相对的，下町手工业者聚居区充满活力的繁华街市不管怎样都应被称为外城。正阳门外的银市每天早上很早就开始进行银两、铜钱、纸币的交易活动，同时商人们也在粮市进行谷物商品的买卖。另外，正阳门外还有肉市、菜市、果市、糖市、玩具市、估衣市、玉器市等交易市场。

崇文门外则有羊肉市、油葫芦[②]市、玉器市、旧物市。宣武门外有菜市、鸟市和旧物市。

这些商业中心区聚集了大量与百姓生活息息相关的饮食店、杂货店、小货摊、妓院等商业设施，娱乐事业与演

---

① 东京的住宅区大致分为“山の手”和“下町”两种。“山の手”就是指位于市街中的高台地区，包括四谷、青山、小石川等地。“下町”包括浅草、下谷、上野等。在日本人的印象中，“山の手”一般都住的是比较富裕的人。而“下町”住的则是一般的小市民和劳动者。此处作者是以江户幕府时期日本东京的情况来类比明代的北京。

② 油葫芦，蟋蟀科昆虫，由于其全身油光锃亮，鸣声类似油从葫芦里倾注出来的声音，以及其成虫爱吃各种油脂植物，如花生、大豆、芝麻等，所以得“油葫芦”之名。其是在明清时代北京人中颇受欢迎的赏玩宠物。

艺活动也十分发达。正阳门大街、大栅栏、打磨厂、骡马市、琉璃厂、菜市口、西河沿、鲜鱼市、肉市、崇文门内大街等商业街市直到清朝末年依然繁华。而上文提到的位于内城的王府井大街和东安市场进入20世纪后才发展为繁华的商业区，现在被称为“平民的天堂”、“北京的浅草”的天桥地区，因为北临天坛，近来也逐渐得到发展。

就像一说中餐马上就想到北京菜一样，北京被认为是中餐的发源地。但是十分有趣的是，北京外城生意红火的饭店几乎都是山东人经营的，四川菜等菜系的餐馆数量很少。现在我们品尝的所谓纯正“北京菜”，实际上是融合了北京饮食习惯的改良版鲁菜。

国际都市北京

无论是作为汉、唐两代都城的西安，亦或是北京，都是丝绸之路的终点站。因此，两地的国际化色彩十分浓厚。

我们再回到迁都北京这件事本身，明朝憧憬着元大都的繁华，渴望重现大元帝国的强盛，进入永乐时代后，外国朝贡使络绎不绝地到访北京。所谓朝贡，即友好国的使节觐见中国皇帝并以此表明双方亲善关系的一种外交仪式。因为这些使节带来的国书是用外国文字书写的，所以明朝为了翻译、解读这些国书而设立了四夷馆这一机构。

四夷馆分为鞑靼（蒙古）、女直（女真）、西番（西藏）、西天（印度）、回回、百夷（傣泰民族支系）、高昌（维吾尔）、缅甸8馆，后来又加入了八百（泰国北部土司）、暹罗（泰国）2馆，共10馆。由这些译馆就可以管窥当时亚洲世界的大体情况。

因为四夷馆需要翻译人才，所以朝廷从国子监监生，也就是当时的大学生中挑选合适的人学习翻译技巧。但是因为当时正是汉族中华意识最为昂扬的时期，所以曾出现一些被选中的监生自诩为未来的精英人才，不屑于学习蛮夷的文字而激怒了永乐帝并最终遭到惩罚的事例。

永乐时代一直都维持着外国使节迎来送往无虚日的状态，但这也是明代对外交往的顶峰，后来因为花费过高，又没有真心希望学习外语的翻译人才，而跟四夷馆外籍教师学成外语的不肖之徒们逐渐官僚化，并与外国朝贡使内外勾结谋取私利。明中期以后，这些弊端逐渐显露，对外交往事业也不复往日繁华。

四夷馆在清代改为四译馆，馆址位于紫禁城东华门内。

二十四衙门

上文已经叙述了拱卫紫禁城的皇城的地理区划，而每天为日理万机的皇帝提供服务的宦官们就居住于皇城的内侧。

宦官制度从很早以前就是皇帝独裁制的附属物，永乐帝就重用宦官。支那君臣是完全意义上的契约关系，皇帝施与的恩惠产生臣下忠诚的义务。而皇帝想要施展独裁权，可以绝对信赖的手下是必要条件，宦官就正好完全满足这个要求。说到原因，不男不女的宦官是不能被普通社会所认可的，因此宦官如果不依靠皇帝就无法生存。所以当永乐帝确立了皇帝的独裁权，宦官的活跃就是理所当然的了。

在这里先叙述一下明代皇城内的组织结构。皇城之内，“二十四衙门”是主要的管理机构，由十二监、四司、八局组成。在十二监里最重要的是司礼监，设有提督太监、掌印太监、秉笔太监、随堂太监等内官。提督太监总揽皇城内的一切事务。掌印太监负责接收上奏给皇帝的文书，如果不由掌印太监经手，臣子就不能向皇帝请示和报告政务。秉笔太监、随堂太监则承担替皇帝起草全部文件的任务。总之，司礼监就如同是明帝国影子内阁一般的存在。

其他的十一监，是内官监、御用监、司设监、御马监、神宫监、尚膳监、尚宝监、印绶监、直殿监、尚衣监、都知监。授予日本国王的堪合符上所用之印章的原物就收藏在印绶监。

四司和八局是负责为十二监的运行筹措必要物资的机构，其职责相对较轻。

宫中除了二十四衙门外还有很多的官署，其中最重要的是被称为东厂的机关，其长官由十二监的宦官兼任。东厂作为皇帝的耳目统辖着如同宪兵队一般的锦衣卫，频繁地进行间谍活动，同时还负责执行对罪犯的刑罚。

此外，永乐帝还大量派遣宦官作为使者出使各国。派往奴儿干的亦失哈、派往西藏的侯显、派往中亚的李达全部都是宦官。其中郑和更是在前后 30 年间率领 60 余艘巨舰、多达 30000 名兵士 7 次远征南海，在大洋上航行数千海里，从印度支那半岛直抵苏门答腊、爪哇、婆罗洲、印度、锡兰及波斯湾诸国，他甚至还组织了空前绝后的经阿拉伯半岛直抵东非的大规模远航活动。

永乐时代的宦官以女直人、蒙古人、朝鲜人、阿拉伯人居多，永乐帝似乎也是根据派遣地的不同，酌情任命出身于该地的宦官作为使者。譬如前往满洲的亦失哈就是女直人、前往伊斯兰文化圈的郑和则是伊斯兰教出身。

西南支那的开发与越南

也正是在永乐帝时代，西南支那开始逐步得到开发。

现在的云贵地区原来是苗、瑶、彝、白等泰系、藏系、缅甸系少数民族聚居区，唐代为南诏国、宋代是大理国，汉族的势力尚未到达这里。元朝时中央政府才控制了这一地区，明朝也同样继承了这笔遗产，却无法将其内地化，只是依靠授予土著首领官职的方式来实行间接统治。这就是土司土官制度。受此影响，远在缅甸、泰国北部的八百等土司也向明朝朝贡。永乐年间，云南北部因为得到开发而以贵州这一行政单位的形式独立。有明一代，西南支那的土司土官虽频繁发动叛乱，但该地区开发的脚步一刻也没有停歇。

此外，明朝的势力也延伸到越南。13 世纪时越南陈朝成功地击退蒙古人的侵略，然而到了 14 世纪末，因击退越南南部的占城的入侵而建功的陈朝将军黎季犛取代陈氏自立为王。而此时正值明朝进入永乐时代的前夜。

不久之后，永乐帝突然表示不承认越南政权的更替，更以复兴陈氏为名，于永乐四年（1406）派出 80 万大军击灭黎氏，进而在越南设立布政司，直接进行统治。越南重回支那中央政府直接管辖的版图之内，是唐宋以来未有之变局。

但是越南人的抵抗活动十分频繁，不断掀起反明叛乱。仅仅过了 20 年，焦头烂额的明朝就不得不放弃对越南的统治。随着明朝势力从越南迅速撤出，领导越南反明战争的黎利建立了黎朝，该王朝在越南的统治一直持续到18 世纪。

明代社会

通观明代历史，明朝积极的对外政策一直延续到宣德帝时代。但是到了正统帝时，该政策因土木堡之变而转向消极。从那以后，明朝以长城线为界对北方采取守势。进入 16 世纪后，明朝愈加衰弱，正德帝、嘉靖帝因北方蒙古人以及东南沿海的倭寇问题而头疼不已。这就是所谓的“南倭北虏”之祸。但是在 16 世纪后半叶，大政治家张居正于隆庆时代以及万历朝的前期进行了政治改革，明朝的国力也稍有恢复。另外，与明朝国力的衰落形成对比的是，明代的社会经济在 16 世纪中叶得到飞速的发展，同时在文化事业等方面也取得了长足的进步。

西班牙人胡安·冈萨雷斯·德·门多萨（Juan Gonsales de Mendoza，1545—1618）在其所著的《中华大帝国史》中事无巨细地描绘了 16 世纪明代社会的面貌。当时已在菲律宾立足的西班牙人希望能在整个明帝国范围内开展贸易与传教事务，因此，支那地区是其关注的焦点。

在当时欧洲人的心目中，明朝人穿戴精心裁剪的华美

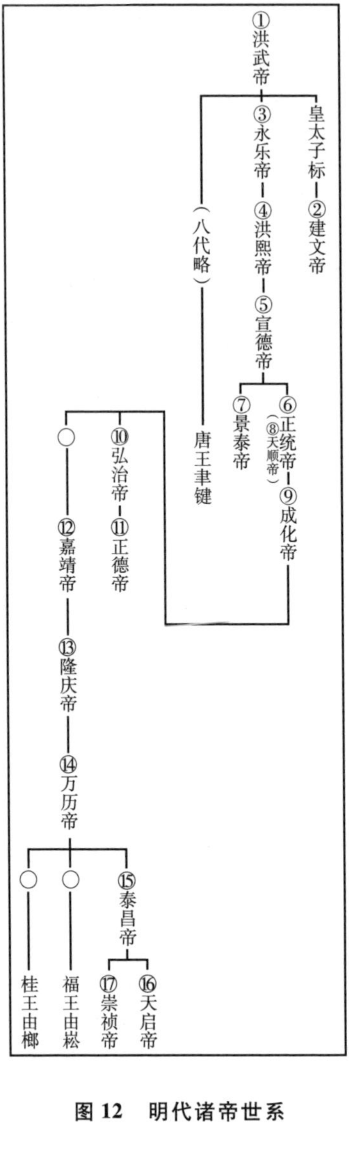
①洪武帝
皇太子标
②建文帝
③永乐帝
④洪熙帝
⑤宣德帝
（八代略）
唐王聿键
⑥正统帝
（⑧天顺帝）
⑦景泰帝
⑨成化帝
⑩弘治帝
⑪正德帝
⑫嘉靖帝
⑬隆庆帝
⑭万历帝
⑮泰昌帝
⑯天启帝
⑰崇祯帝
福王由崧
桂王由榔

图 12　明代诸帝世系

服饰，用异常精美的日用器具装饰房间，热衷于醇酒美食并发自内心地喜爱和享受生活，而明朝也可以说是当时世界上最富庶的国度。[①]

在这里，欧洲人为之疯狂的锦缎、天鹅绒等丝织品的价格与西班牙和意大利相比简直不值一提。从元代开始引入栽培的棉花则已经成为平民百姓的主要衣料来源。

食物的种类应有尽有，物美价廉。珍贵的砂糖货源充足。而且道路四通八达，交通便利，有利于各地物产的运输和交易。如果大量生产铜、铁等金属材料，珍珠和宝石的开采量也能得到极大的提高。总之，这里不缺少任何人们生活所需的物品，诚然是世界上最适宜定居的国家。

无论你前往哪一座城市，都能看到宏伟壮丽的城门、宽阔坚实的街道，每条道路两旁都设有 3～4 个公共厕所。城中销售古董字画以及各类手工制品的商铺鳞次栉比，任何顾客在这里都能满载而归。

地方官员的宅邸就如同大型庄园一般宏伟豪华，平民也在其住宅的中庭或庭院中种花养鱼。

---

① 以下 7 段均为原作者转引的欧洲人对明朝社会生活的描述，因此行文、人称均有变化。

富庶的生活使人们热衷于各种娱乐活动并频繁地举行宴会。装饰华美的餐桌，依客人身份地位不同可提供超过百种的精致菜肴，侍宴的艺妓、伴奏的乐师以及戏班一应俱全。有时宴会甚至可以持续 20 天，但其豪华程度丝毫不减。

每年的例行节日都会举行盛大的仪式，特别是在新年时无论男女老幼都盛装华服，佩戴精美的首饰并用金线刺绣的布帛和鲜花来装饰自家大门，门前还要高高地挂起灯笼。

举行祭祀仪式时也有戏剧表演，在祭典期间人们整日围坐在杯盘罗列的餐桌旁，一边欣赏戏剧一边品尝美酒佳肴。

以上就是到访明帝国的欧洲人向我们展示的有关明代中叶汉族人生活水平急速提高的一个侧面。

葡萄牙人、西班牙人抵达东南亚并开展与欧洲之间的贸易，与此同时，广东、福建的汉族也为追求商业利益而到东南亚发展。以“倭寇”为名并活跃于巨港、婆罗洲、吕宋等地的海盗集团则与其殊途同归，他们的目的是走私贸易和商业活动。这些人是华侨中的先驱者。

因此，东南亚各地都出现了华侨聚居区。在西班牙统治下的菲律宾马尼拉，有着被称为“帕里安”的唐人街，到明末时，这里的人口已达到两万，其繁荣程度令欧洲人都惊讶万分。西班牙人从墨西哥获得的白银大都经过这里的华侨之手被源源不断地运往明朝。帕里安自 1582 年建城起，历经近 3 个世纪的营建而迎来其全盛期，城中华丽壮美的石造建筑鳞次栉比，以至于当时马尼拉大主教在给西班牙国王的报告中称“在王国中再没有什么地方能媲美这座美丽的城市”。

虽然华侨们很早就来到爪哇岛，但大规模的商业活动是在荷兰人到达后才开始的。华侨们以雅加达为中心从事商贸活动并垄断了当地的制糖业，1720 年雅加达的人口已达到 10 万。婆罗洲也是同样的情况，罗芳伯建立的“兰芳公司”几乎就是一个独立国家。

明代的文化发展

如此和平繁荣的社会，使得学术研究也取得了惊人的成就。明初永乐帝就组织学者编撰《永乐大典》这部百科全书式的巨著，这毫无疑问是依靠皇帝的权威而推行的国家事业，同时也是为了笼络整天聒噪不休的儒家学者们，关于这一点我们姑且不表。从明代中期开始，民间的图书编纂出版事业也出现了一个高潮，与明代历史相关的著作层出不穷。其他学术领域也名著不断，《唐宋八大家文钞》、《唐诗选》等通俗读物成为畅销书。大型书店如雨后春笋般在全国范围内兴盛起来，印刷业也得到了很大的发展，图书价格比欧洲要便宜得多。

另外，平民生活水平的提高，促进了戏曲、小说等通俗文学的流行，出现了被称为“四大奇书”的《三国演义》、《水浒传》、《西游记》、《金瓶梅》等杰作。尤其是《金瓶梅》赤裸裸地描绘了明代万历时期城市商人的私生活情况，极富时代特色。

明朝从洪武帝时期起就大力发展教育，在国子监以下设立了大量的公立学校。经府、州、县学考试合格的生员被称为秀才，拥有免除赋役等特权，同时也获得参加更高级别科举考试的资格。如果再通过考试则会被授予官职，即使没有通过，也可以终身享有特权。官员与秀才都被称为读书人，他们也是明清时代文化事业的旗手。地主、富商阶层则用钱捐官或资助子侄读书以考取秀才，他们大体上也属于读书人群体。

因此，学校教育要向科举制度倾斜，同时还需要固定的应试教材。于是永乐帝以元代以来学术界的主流——朱子学为基础，编撰了《四书大全》、《五经大全》、《性理大全》等国家指定教科书。一旦考生违背这些教科书中的观点和学说，他非但无法通过科举考试，还会被永久地贴上异端思想的标签。就这样，人们即便坐在自家书斋中也不能逃脱国家的思想控制。

程朱理学是具有严密逻辑且条理清晰的唯理论[①]学说，因居于官方正统地位而不可避免地逐渐趋于形式化、固定化。这就如同为应付司法考试而不得不死记硬背枯燥的《六法全书》[②] 一样，一旦脱离科举制度，程朱理学也必然被人们所厌弃。而对程朱理学持怀疑态度的知识分子们又因受到禅宗的影响而创立了偏重自我思考的心学，进而又在心学中分化出了阳明学。

阳明是王守仁的别号。王守仁出身科举正途，曾先后镇压宁王叛乱和广西瑶族起义，可谓是战功赫赫，功成名就。同时他也是一位著述颇丰的大哲学家。而此时在位的正德帝是有明一代最为荒嬉怠政的昏君，他所宠信的大宦官刘瑾独揽大权，横行无忌，王守仁就因反对刘瑾而被贬为贵州龙场驿的驿丞。在龙场这片“万山丛薄，苗僚杂居”且言语不通的荒蛮之地，王守仁潜心思索，形成了以“心即理”、“知行合一”为核心的哲学思想。

与程朱理学探究万物进而领悟真理不同，“心即理”

---

① 唯理论是一种与经验论相对立，片面强调理性作用的认识论学说。唯理论者不承认经验论者所主张的一切知识都起源于感觉经验的原则；他们认为具有普遍必然性的可靠知识不是也不可能来自经验，而是从先天的、无可否认的“自明之理”出发，经过严密的逻辑推理而得到的。

② 《六法全书》是日本宪法、刑法、商法、刑事诉讼法、民事诉讼法、民法的总称，也是日本司法考试的主要参考资料，素以卷帙浩繁、艰深枯燥而著称。

则主张人生来即具有良知（也可以说是良心），通过发挥良知这种本能，就可领悟世间万物之理，除此之外再无探究真理的途径。另外，“知行合一”则要求理论与实践必须得到统一，获得知识而不进行实践就如同没有获得知识一样，获得知识并进行实践才能真正领悟真理。

与日渐僵化并遭到社会厌弃的朱子学相比，以上这些阳明学的基本观点更为时人所接受并迅速传播开来。但是，说到“心即理”，如果将其解释为人的欲望即是天理，则容易陷入绝对唯心主义的泥沼之中。随着阳明学的发展，不久之后又出现了李贽反理学的“异端”思想。此外，经过中江藤树、熊泽蕃山等日本学者的宣传，阳明学又作为明治维新的原动力之一而为世人所知。

文人画

作为宋代宫廷画室而存在的画院在进入明代后得以恢复，宫廷画家们则在宦官十二监之一的御用监的管辖下承接皇命并绘制供皇帝御览的画作。依照一直延续下来的优待制度，画家们还可以得到诸如指挥使、千户、百户等武官职衔。

风流天子宋徽宗极善书画，其治下的画院也呈兴盛之势。而明朝第五代君主宣宗亦极富才干，对画家们也是优容有加，所以明代画院在宣德时代极盛，涌现出诸如戴进、李在、石锐、周文靖、马轼等杰出画家。

但是，画院画家终究还是以接受皇帝订货为生的专聘画师，如果上供的画作没有让皇帝满意，很可能遭到流放甚至被处死。有鉴于此，画院画家们被迫形成了以注重技巧为中心的形式主义绘画风格，即画院派画风，因而不可避免地随着时代的推移逐渐衰落下去。

明中期以后，推崇“元四家”——黄公望、倪瓒、王蒙、吴镇的文人画派（南宗画）代替画院画派成为画坛的主流。此时该画派的代表人物为沈周（石田）、文征明、唐寅、仇英，即我们通常所说的“明四家”。因这4人全部出身于南支那的苏州地区，所以又被称为“吴派”。苏州于明代中期开始作为丝织业的中心而进入全盛时期，工商业十分发达，在经济繁荣的大背景下，文人们享受着以诗文书画相唱和的风雅人生。

现在，我们通常说支那绘画艺术以山水画为最，主要是因为自“明四家”出现以后，以山水风景为题材的文人画达到了第一个艺术高峰。而且这种倾向到了明末南京礼部尚书董其昌时便已固定下来，文人画成为画坛的主流。另外，董其昌作为书法家被推为明代第一人，他的书法作品即便在日本亦备受推崇。

此外，董其昌也作为风靡一时的书画评论家，在艺术理论层面赋予文人画卓越的地位。一方面，在很大程度上可以说，正是在他的熏陶下，清初享誉画坛的“四王吴恽”才得以诞生。但是从另一方面说，董其昌使文人画逐渐形式化，最终导致支那画坛陷入千篇一律的陈规故套之中。

提到宋代瓷器就会想到青瓷，提起明代瓷器就会想到青花瓷和赤绘彩瓷。明代赤绘彩瓷以景德镇出产的最为有名，该镇的制瓷规模在嘉靖、万历年间达到顶峰，相关从业人员达到50万，成为世界上最大的制瓷工场。现在日本还藏有数千件嘉靖、万历年间制造的青花瓷和赤绘彩瓷，可见当年支那瓷器出口的规模是何等惊人。到了明末天启年间，日本还从明朝大量订购赤绘瓷器。

万历时期华丽浓艳的赤绘彩瓷象征着明中叶以来文化发展的极盛，但不能忽视的是，这种文化现象是建立在明帝国经济实力增强、都市商业繁荣以及市民阶层生活水平不断提高等基础之上的。

第四章 不灭的元朝

三个时期

让我们再来看看明代蒙古高原的形势。一般的历史著作将 1368 年明军攻占大都（北京）作为元朝灭亡的标志，我们已经在上文中指出这是错误的。直到 20 年后的 1388 年，元帝脱古思帖木儿在捕鱼儿海之战中为明军所败，并在逃亡途中被也速迭儿杀害，这才在事实上宣告了元朝的灭亡。

元帝国虽然崩溃，但之后统治蒙古高原的历代大汗们仍自称大元皇帝。总而言之，元朝的传统并没有在蒙古高原断绝。

我们可以把 1388 年捕鱼儿海之战后的蒙古历史划分为三个时期。

第一个时期是 1388 年到 1454 年。这一时期的瓦剌部拥有比北元皇帝还要强大的力量，最终瓦剌部首领也先取得了与元帝平起平坐的地位，明代蒙古高原进入瓦剌时代。

第二个时期是作为北元正统世系的达延汗一支重振皇权的时代。自此以后，蒙古各部又有发展为游牧帝国的趋势，但这种趋势在 1634 年随着北元末代皇帝林丹汗的败亡而终结。

第三个时期到 1755 年为止。林丹汗败亡后不久，瓦剌部[①]便发展为准噶尔帝国并与清朝持续对抗了近一个世纪，但最终清朝平定了准噶尔的叛乱。

那么，我们首先对第一时期即瓦剌时期进行说明。

瓦剌部的发展

元朝最后一位皇帝脱古思帖木儿为何会被同为黄金家族的也速迭儿所杀？这还要从 120 年前说起。脱古思帖木儿是元朝建立者忽必烈的直系后代，而杀死他的也速迭儿是忽必烈的弟弟阿里不哥的直系后代。忽必烈与阿里不哥在长兄蒙哥汗死后分裂了蒙古帝国并围绕着汗位继承问题

① 瓦剌又称卫拉特，二者实为同一部族，根据中国学界的通常观点，明代称瓦剌，入清后称卫拉特，本书采用此说。

进行了 4 年的内战。最终忽必烈成功地夺取帝位并建立了元帝国，而忽必烈的子孙最终为阿里不哥的子孙所杀，这不得不说是命运的嘲弄。

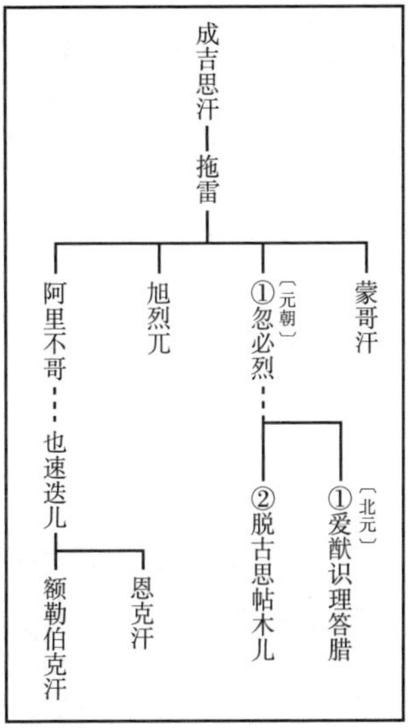

图 13　北元诸帝世系

也速迭儿代替脱古思帖木儿成为皇帝，其所新建的王朝却仍以大元为国号。但是帝国的实权已不由皇室掌控，而是落入帮助也速迭儿谋逆的瓦剌部手中。

瓦剌部属于蒙古人的一支，他们的活跃从 13 世纪初便开始见诸于史册。这支蒙古人当时以外蒙古西北部的达尔哈特盆地为根据地，向东与今贝加尔湖周边的布里亚特蒙古人的祖辈交往，向西则与在西伯利亚草原游牧的吉尔吉斯突厥人联络。总而言之，瓦剌部这个活跃于西伯利亚森林地带的游牧部族，充分利用居于交通要冲的便利条件，作为繁荣的东西贸易中转站而发展起来。

从成吉思汗时代开始，瓦剌部就是世代与蒙古皇室通婚的豪阀部族。自从 1388 年参与也速迭儿的谋逆以来，其势力迅速向阿尔泰山脉方向发展，并吞并了大量蒙古系、突厥系的部族。

这一时期皇帝的权威究竟下降到何种程度，我们可以从也速迭儿两代之后的额勒伯克汗被瓦剌人杀害的传说中窥知一二。下面我们就来谈谈这个传说。

一次额勒伯克汗于雪中狩猎，开弓射中一只兔子。兔血滴在白雪之上十分耀眼。额勒伯克汗自言自语地感叹道："此景好似肌肤胜雪，面若桃花的美人啊。"陪侍在侧的瓦剌部首领浩海达裕回禀道："确实有如此美貌的女子存在。"额勒伯克汗继续问道："是谁?"浩海达裕则回答道："是您的弟媳，皇太弟妃鄂勒哲依图洪郭斡比吉。"接着，他还向额勒伯克汗绘声绘色地描绘了鄂勒哲依图洪郭斡比吉的姿容是如何美丽。

浩海达裕的描述点燃了额勒伯克汗胸中不伦之恋的邪火，他派遣浩海达裕作为使者向皇太弟妃袒露了自己的思慕之情。这种不道德的爱慕理所当然地遭到皇太弟妃的拒绝，然而她的拒绝反而最终促使额勒伯克汗犯下杀害亲弟、霸占弟媳的罪行。

虽身为女子却性格刚烈的鄂勒哲依图洪郭斡比吉则在暗中谋划为亡夫复仇的行动。一天，鄂勒哲依图洪郭斡比吉趁额勒伯克汗出巡在外，借机拜访了浩海达裕并将其邀入自己帐中殷勤劝酒。她一边双手捧壶为浩海达裕斟酒一边说道："我能从身份低微的皇太弟妃进位为皇后多亏了您啊。"与此同时，她用同一个酒壶给自己的杯中倒酒，且频频与浩海达裕干杯。

然而这个酒壶内藏玄机，虽然只有一个壶嘴，但壶内有两个空间，一侧装有烈酒，一侧只是普通的水。鄂勒哲依图洪郭斡比吉给浩海达裕喝的是烈酒，自己只喝清水，如此饮法即使是酒量极佳的蒙古人也招架不住，浩海达裕很快便酩酊大醉，昏昏睡去。

鄂勒哲依图洪郭斡比吉将浩海达裕拖到自己床上，并向闻讯赶来的额勒伯克汗哭诉浩海达裕酒后失态将她侮辱。对鄂勒哲依图洪郭斡比吉深信不疑的额勒伯克汗立即对逃亡的浩海达裕展开追捕。

最终，浩海达裕为额勒伯克汗所捕杀，但他也在拼死反抗中射落额勒伯克汗的小指。额勒伯克汗将浩海达裕后背的皮肤剥下与自己的小指一起送给了鄂勒哲依图洪郭斡比吉，后者将这两样全部吞入口中，并用"屠弟大汗与弑君逆臣的血肉都已经尝到，我一介女流也能为亡夫复仇，是杀是剐，悉听尊便”来宣告自己大仇得报的喜悦。

虽然额勒伯克汗很快意识到自己被鄂勒哲依图洪郭斡比吉巧妙的伎俩所骗，但这所有的一切都是因己而起，所以他最终原谅了鄂勒哲依图洪郭斡比吉并任命浩海达裕之子巴图拉为丞相和瓦剌部的领主。但是这一举动引起了瓦剌部另一个领主乌格齐·哈什哈[①]的嫉恨和背叛，额勒伯克汗也于1399年为其所杀。从此以后，蒙古[②]与瓦剌便陷于冲突与敌对的关系之中。

这个传说的真实程度究竟如何已难以考证，但我们从中不难读出瓦剌部实力不断增强并最终压倒阿里不哥系皇族的过程。

克拉维约眼中的帖木儿

我们把视线稍微向中亚地区转移。此时这里的统治者是著名的帖木儿。帖木儿出身蒙古巴鲁刺思部名门，其祖先做过察合台汗国的大臣。其以撒马尔罕为都城，横扫广

---

① 原文为“巴图拉”，实误。

② 此时的蒙古可分为瓦剌与鞑靼两部，故与瓦剌陷入冲突的实为鞑靼。鞑靼对外称自己为蒙古。

大的东欧、西亚地区，其兵锋直指波罗的海、地中海，建立起无人能及的武勋。

1398年，也就是额勒伯克汗被杀的前一年，一位名叫完者帖木儿的蒙古皇子逃到了帖木儿位于阿富汗喀布尔的宫廷中。这位蒙古皇子与额勒伯克汗的关系我们不得而知，不过他确实从瓦剌人手中逃到了帖木儿的宫廷。这位皇子在帖木儿宫廷中以塔伊吉·奥库兰（皇太子）的称号而闻名，毫无疑问他必定是一位具有高贵身份的蒙古皇族。帖木儿也用隆重的礼节接待了这位流亡的皇子并将其安置在撒马尔罕城。

不久，北元额勒伯克汗被杀，他的次子在内战中获胜的消息传到了撒马尔罕。对于一直关注蒙古高原形势的帖木儿来说，这次北元的内乱无疑是一次复兴元帝国的好机会。与此同时，北元的使者也到达撒马尔罕，并向帖木儿索取多年未至的贡赋。

北元使者的要求听起来可能有些荒唐，但实际上帖木儿所领有的现在的阿姆河以北地区，从成吉思汗时起一直是蒙古大汗的直辖领地。忽必烈建立元朝后，这里又成为元帝国的皇室领地，之后才被察合台汗国侵占，最终又被帖木儿所领有。所以，以元朝正统继承者自居的北元大汗以早先的正当权利为由，向帖木儿要求皇帝应得的贡物。

但是使者得到的是帖木儿的嘲讽：

> 确实如此，我们会马上献上贡物。不过我想各位既然是使者，那就请你们自己将贡物带回蒙古，这也算不上麻烦的事情吧。

然后，帖木儿就立即开始准备远征东方的计划。

克拉维约（Ruy González de Clavijo，？—1412）作为偶然被西班牙国王恩里克三世派往帖木儿帝国使团的一员，在他的游记中如实地描绘了帖木儿发动战争的决心。克拉维约于1404年9月觐见了帖木儿，并记录了觐见后赴宴的情形：

> 近侍们准备将我们西班牙使团引导至Kitai皇帝通古斯汗的使者下首就座。帖木儿曾纳贡于Kitai皇帝，其使者此次前来是向帖木儿催讨历年拖欠的贡赋。帖木儿见我们坐于Kitai使者之下，就命令我们与其交换座位，西班牙使者坐于上首，Kitai使者坐于下首。落座之后，有一名王公贵族走上前去，向Kitai使者及在座诸人传达了帖木儿的旨意："殿下（帖木儿）命我通告Kitai人：我现与西班牙国王亲善，待之如子。视Kitai国使者如仇寇，为帖木儿之敌人，今日特引见西班牙使团于Kitai专使之前者，即以示不悦之意。关于我与Kitai之交涉，应俟其恩

典，不日将予解决。今后 Kitai 无须再派使者来此催索贡赋，我已将对 Kitai 使者之恩赐宠遇，转赐与西班牙使者。自是之后，宴会引见，席位皆当如是云。王公传命之后，帖木儿又命通译将调整坐席的旨意原文转译给我们听。上文中被称为“通古斯汗”的 Kitai 皇帝，其称号之意为：“统有九州之大帝。”鞑靼人则戏称为“通古斯”，意为“嗜食猪肉之人”，实则是在讽刺 Kitai 皇帝为“猪皇帝”。即便 Kitai 皇帝领有辽阔的领土，以至于就连帖木儿也曾经向其纳贡，但是，如今的帖木儿已对这位 Kitai 皇帝毫不在意，据我们所知，帖木儿此后再也没有向其纳贡。（《帖木儿帝国纪行》[①]）

（注：通常克拉维约在纪行中提到的“Kitai”即指明朝，“通古斯汗”则被认为是洪武帝，于是克拉维约在报告中就曾写到“先帝死后，三个儿子为夺取继承权而争夺不休”，洪武帝的孙子建文帝与其叔父永乐帝之间 4 年的内战也原原本本地被记录在纪行中。但是，“Kitai”实际上是指曾统治蒙古高原、满洲、华北等地区的契丹帝

① 此处参考《克拉维约东使记》，杨兆钧译，商务印书馆，1957，根据日文略做调整。

国，而明朝以南方为统治中心，所以蒙古人通常称呼明朝皇帝为“manji（蛮子）的汗”。而且，我们确认“通古斯汗”实为脱古思帖木儿汗，特于本书文库化之际注明。——冈田英弘）

瓦剌帝国

1404 年冬，完成战争准备的帖木儿带着完者帖木儿和 20 万大军开始向蒙古高原进军。

但是罕见的严寒袭击了帖木儿和他的军队，翌年 1 月帖木儿才抵达奥特拉尔城，然而他于 2 月 18 日为驱寒而饮酒过度，最终暴卒于此，东征的壮举也不得不落下帷幕。

不过，完者帖木儿却没有死心，他独力通过天山北麓返回蒙古并于 1408 年称帝，即为本雅失里汗。

迎回了强有力的新领导者，蒙古再兴可期。对这种形势深感忧虑的永乐帝发起了著名的五次亲征，意图粉碎本雅失里的势力。这便是明军五次进入蒙古高原，三次战胜蒙古军的“五出三犁”。但永乐帝也于最后一次亲征途中病死于蒙古高原。他的五次亲征不仅限制了蒙古皇室力量的发展，同时也为瓦剌扫除了竞争者，使其变得愈发强大。

当时瓦剌部有3位实力超群的首领，其中最为强大的是马哈木。马哈木是明朝记录中的称呼，实际上他即是前文提到的蒙古传说中的巴图拉丞相。

1416年马哈木死后，其子脱欢子继父业。脱欢极富才干，他首先打倒了另外两个首领，一统瓦剌部，接着又消灭了盘踞蒙古高原东部的本雅失里汗残部，最终成为全体蒙古人事实上的独裁统治者。尽管如此，因脱欢本人不是成吉思汗家族的成员，不敢妄自称帝，所以他拥立脱脱不花为帝，以期达到挟天子以令诸侯的目的。

史籍中对脱脱不花的出身语焉不详，不过他应该是成吉思汗血统最高贵的子孙。所以，表面上拥立脱脱不花是元朝统治形式的延续，而实际上脱欢则在建设属于自己的瓦剌帝国。

土木之变

1439年脱欢死后，他的儿子也先继承了瓦剌部。瓦剌在他的领导下取得惊人的发展，其势力向东越过大兴安岭并控制了满洲的女直人，还向朝鲜递交了敦促睦邻友好的国书；向西则占领了东察合台汗国，兵锋直指西土耳其斯坦并打败当地的乌兹别克人。瓦剌的急速扩张几乎再现了成吉思汗蒙古帝国的辉煌。

但是，瓦剌与明朝维持了传统的和平关系，通过对明贸易的顺利开展，贵族们需要的支那物产源源不断地流入瓦剌，这使瓦剌的经济大受实惠。但是，这种和平却被明朝一方所打破，明朝随即就遭到瓦剌大军的全面入侵。

当时明朝在位的皇帝是正统帝，他此时还仅是个年方二十、血气方刚且草率冲动的青年天子。此外，明朝诸帝作为乾纲独断的独裁者，大都拥有一个共同点，那就是身边的亲近宦官往往握有很大的权力。而此时最有权力的宦官便是王振。王振基于宦官常有的对名利病态的欲望，极力鼓动正统帝对瓦剌采取强硬激进的态度。

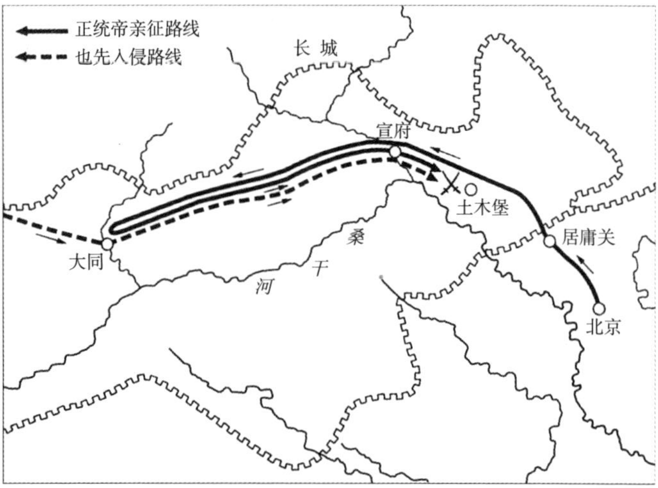

图 14　土木之变

直接导致两国决裂的导火索是瓦剌朝贡使团的人数问题，正统帝将瓦剌使团的人数严格限制在 3000 人，回赐给瓦剌的恩赏数额也被大幅削减，而这种挑衅行为无疑激怒了也先。1449 年夏，瓦剌军兵分四路，从东起满洲西至甘肃的漫长边境线全面入侵明朝，也先则亲率主力进攻大同。

接到报告的正统帝和王振立刻决定御驾亲征，8 月 5 日他们率领 50 万大军从北京出发，出居庸关经宣府，于 8 月 19 日抵达大同。在目睹边境遭到也先军大肆烧杀抢掠的惨状后，王振心生恐惧，随即决定返回北京。因此至 8 月 28 日时，正统帝和王振已返回宣府。

然而危险转瞬即至。装载着正统帝及王振一切用度的数万辆牛车行进得异常缓慢，终于被已侦知其行踪的也先军全速赶上。9 月 4 日，从宣府出发的明军殿后部队 4 万人遭到也先军的攻击而全军覆没。5 日后，行进至宣府以东土木堡的明军主力被 2 万也先军包围并于第六日的决战中遭到全歼，明军死伤数十万人，以王振为首的从征文武大员全部罹难，这就是所谓的“土木之变”。

正统帝于乱军中纵马突围不成，只好坐于地上引颈受缚。一个瓦剌士兵上前欲剥掉正统帝的甲胄，遭到后者的拒绝，愤怒的士兵拔刀准备斩杀正统帝，另一个士兵以“此人非比寻常”为由阻止了他并向首领赛罕王报告。赛罕王是也先之弟，他见到正统帝后非常惊讶，立刻向也先急报了这一消息。也先让曾担任过朝贡使节赴京的部下前去辨认，得到了俘虏确实是明朝皇帝的肯定答复。得到了正统帝这个可以要挟明朝的“奇货”，也先欣喜若狂，故而用较高的规格接待了他。

而在另一边，皇帝被俘的消息使北京陷入极大的混乱。同时，精锐京军于土木堡全军覆没也给北京的防御部署造成极大的困难。此外，迁都南京的议论也甚嚣尘上，时任兵部尚书的于谦力排众议决定死守北京，并拥立正统帝的弟弟郕王为帝，是为景泰帝，这就断绝了瓦剌以正统帝为人质要挟明朝的可能。

也先的末日

也先起初打算要求明朝以有利的条件来交换正统帝，但刚刚即位的景泰帝并不欢迎兄长的归国，因而双方迟迟不能达成和平协议。失去耐心的也先一气之下于当年秋天再次入侵明朝，并挟持正统帝将北京包围了 5 天，然而明朝君臣不为所动。最后到了 1450 年 9 月，也先无奈之下将正统帝无条件释放，而此时的正统帝已经度过了一年多的囚徒生活。

发生于 1449 年的土木之变使明朝皇帝成为俘虏，国

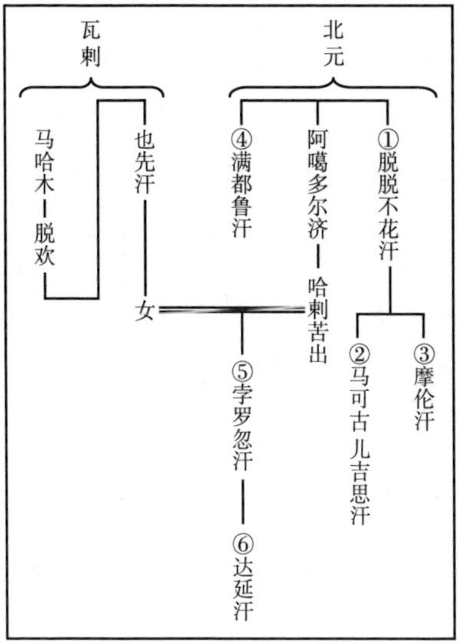

图 15　北元与瓦剌世系

都北京也被瓦剌军所围，这一系列惨剧成为明人心头挥之不去的梦魇。同时，这一事件也导致明朝在之后的岁月里不再计划进攻蒙古高原而是努力维持长城防线。总而言之，明朝最终放弃成为世界性帝国的梦想，而仅仅满足于建立一个支那王国。此外，明朝也有求必应地提供财物以安抚、结好蒙古人，并尽量满足他们的各种要求。从这个意义上来说，万里长城并不是光荣历史的象征，而是苦难历程的见证。

此时，战胜了明朝而威名赫赫的也先却与他父亲拥立的脱脱不花汗因皇位的继承问题而发生冲突。脱脱不花汗的第一皇后，即也先的姐姐生下一位皇子，也先自然希望奉其为太子。但脱脱不花汗并没有顺从他的意思，而是立另一位皇后所生的皇子为太子。于是二者之间爆发了内战，失败的脱脱不花汗于逃亡途中被杀。

获胜的也先将与瓦剌人没有血缘关系的蒙古皇族全部处死，这也标志着瓦剌部在内战中完全取得胜利。最终，也先于 1453 年自立为大元天圣皇帝，改元天元，并非成吉思汗子孙而登上大元帝位的皇帝在蒙古历史上也仅有也先一人。此时也先的威势已然如日中天，但他的天下也仅有一年的寿命罢了。

翌年（1454）秋，也先手下的重臣阿剌因私怨而发动叛乱，突然袭击也先汗的驻地。身边仅有两名心腹部下的也先在逃亡途中因口渴而向道边的牧民讨水，看家的妇女给了他们一些酸奶。也先离开后，回家的主人在从妇女口中得知客人的样貌后，识破了也先的身份，立即骑马追赶并杀死了他。

随着也先的离世，他所建立的瓦剌帝国也分崩离析。蒙古高原又陷入一个持续 20 余年的部落割据混战时代。到了 1475 年左右，已故的脱脱不花汗一族又着手发起统一蒙古各部的行动。进入 16 世纪后，达延（大元）汗再一次复兴了元朝。

第五章 大汗与大喇嘛

蒙古最大的英雄

达延汗（1464—1524）[1] 的父亲巴彦蒙克是脱脱不花汗的外甥与也先汗的女儿所生的孩子。所以作为北元皇族的达延汗，血管中也流淌着瓦剌王室的血液。他于 1487 年继承汗位[2]，并在 38 年的戎马生涯中大体完成了对外蒙古东部以及内蒙古地区的统一。

在达延汗统治时期，蒙古与明朝重新建立了联系并大体维持和平的关系。但到了他的孙子博迪阿剌克汗统治时期（1524～1547 年）[3]，蒙古针对明朝边境的入侵和抢掠

① 关于达延汗生卒年月有多种说法，此处谨遵原文观点。

② 此处指达延汗亲政时间。

③ 关于博迪阿剌克汗执政时间存疑，此处谨遵原文观点。

愈加频繁。从 1532 年起，在博迪阿剌克汗的从弟衮必里克和俺答的领导下，蒙古军每年都要对甘肃、宁夏、陕西、山西的明朝边境进行残酷的抢掠。1542 年，衮必里克因日夜与前一年从山西掳掠来的妓女饮酒玩乐，导致身体状况迅速恶化而暴卒，时年 36 岁的俺答代替兄长成为一部之主。

从之后的情况来看，俺答无愧为元帝国瓦解后蒙古最大的英雄。

俺答首先计划与明朝进行和平谈判。为此，俺答派遣他最信任的汉人部下石天爵作为正使，带着两个蒙古人和用于表明身份的两支箭、一块牌符（证明文件）前往大同的镇边堡。石天爵在此与明朝官员进行了交涉：

> 现在博迪阿剌克汗率领九大部落游牧于天山，急需中国的丝绸。我们获得丝绸的手段有抢掠和贸易两种。不过，通过抢掠能得到人口和牲畜，丝绸却很难得到，而且免不了要给贵方造成损失。基于贸易可以给双方带来好处，大汗派我们至此请求与贵方进行贸易。请求一次被拒绝就再次请求，两次不行就三次。如果请求三次仍然不能得到贵方的同意，我们就准备发兵 30 万，一路沿黄河东岸南下，一路从太原向东南方进军，同时我军将集结精兵于大同城下与贵方决战。

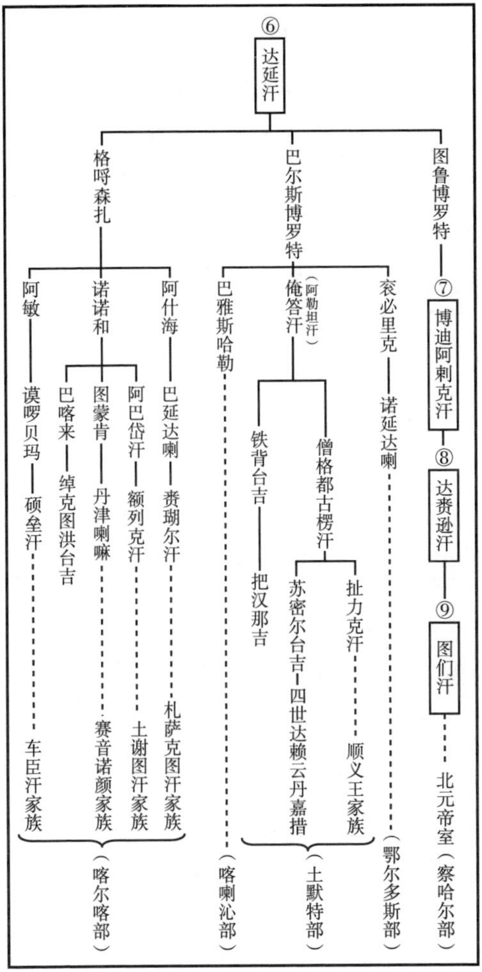
⑥
达延汗
格呼森扎
巴尔斯博罗特
图鲁博罗特
阿敏
诺诺和
阿什海
巴雅斯哈勒
俺答汗（阿勒坦汗）
衮必里克
⑦
博迪阿剌克汗
⑧
达赉逊汗
⑨
图们汗
谟啰贝玛
巴喀来
图蒙肯
阿巴岱汗
巴延达喇
铁背台吉
僧格都古楞汗
诺延达喇
硕垒汗
绰克图洪台吉
丹津喇嘛
额列克汗
赉瑚尔汗
把汉那吉
苏密尔台吉
扯力克汗
四世达赖云丹嘉措
顺义王家族
车臣汗家族
赛音诺颜家族
土谢图汗家族
札萨克图汗家族
北元帝室
（喀尔喀部）
（喀喇沁部）
（土默特部）
（鄂尔多斯部）
（察哈尔部）

图 16　达延汗的后代

此时驻扎在大同负责监督防务的龙大有为抢功而起了歹念，引诱石天爵等人进入长城并加以逮捕，随后又斩杀了两名蒙古副使，进而将石天爵作为用计擒获的俘虏向北京报告。嘉靖帝闻报龙颜大悦，给予龙大有及其部下数十人升职、加俸、金钱等赏赐。石天爵则被押赴北京的市场处以极刑并传首九边。

杀死使者是严重的背信行为。得到报告的俺答极为愤怒，立即提前展开了预定的攻击行动。在这次有明以来规模空前的突袭中，蒙古军于 1542 年 7 月 31 日在大同左卫（左云县）附近的双山墩突破长城防线并进入大同盆地，越过雁门关后经太原继续南下，前锋直达山西省东南端的长子县。蒙古军借口为石天爵复仇，兵锋所过杀掠极为残酷，直到 9 月 2 日俺答才率军返回长城以北。这次入侵给明朝造成了极大的损失，蒙古军在 34 天的行动中攻破明朝 10 个卫、38 座州县，杀掠人口 20 余万、家畜 200 余万头，烧毁房屋 8 万间。而与此相对的是，明军各部面对蒙古军的挑衅坚守不出，皆作壁上观。

俺答称汗

1547 年博迪阿剌克汗病死后，留下以 27 岁的长子达赉逊为首的 3 个孩子。羽翼渐丰的俺答抓住机会，一举夺取了全蒙古的控制权。就这样，41 岁的俺答成为事实上的蒙古最高统治者，达赉逊无奈之下只得率领自己的心腹部族向东迁徙，最终在大兴安岭的东坡、辽河的上游地区安顿下来。

成为全蒙古新领导人的俺答打算像 5 年前一样再次攻击明朝并迫使其屈服。1550 年 8 月 28 日，俺答指挥蒙古骑兵突破古北口南下，而此处距离北京仅 100 公里。翌日，蒙古军抵达北京城东的通州，在这里抢掠了数日之后于 9 月 2 日包围北京。蒙古军还纵火焚烧了北京安定门外的民房，火光在夜色中直冲天际。北京城外惊恐的百姓为入城避难而疯狂敲打城门，寻子觅爷、哭爹喊娘的混乱状况无法用语言描述。与此同时，目睹如此惨状而勃然大怒的嘉靖帝又收到俺答的信件，其大意为："予我币，通我贡，即解围，不者岁一既而郭！"即要求明朝向蒙古屈服。之后，蒙古军于 9 月 5 日开始撤退，而明军连反攻的勇气也没有，放任其于 9 月 8 日全军安然返回长城以北。在战斗中，明军总是在一定距离外尾随蒙古军并极力避免与其接触，于是蒙古军在各处墙壁上题写诸如"送行辛苦"的文字来讽刺明军的懦弱怯战。而俺答的这次入侵使明朝损失的人畜数量高达 200 余万。

这次事件也促使明朝做出一些让步。翌年春天，明朝首先在大同，紧接着在延绥和宁夏设置了交易市场并用

10 万两白银交换了 4771 匹蒙古马。不过，蒙古提出要购买粮食的要求被拒绝，于是双方争端再起，好不容易才打开的和平贸易之门又一次被关闭，而蒙古每年骚扰、抢掠明朝边境的惨剧便一再重复上演。

到了 1551 年，见识到俺答强大实力的达赉逊汗也不得不与其妥协，并在俺答的同意下正式举行了登基仪式。作为承认达赉逊汗宗主权的补偿，俺答得到元代以来臣子能拥有的最高职位之一——司徒，并被允许称汗。从这以后，俺答便以司徒格坚汗的称号闻名于世，他的子孙们也世代承袭之。“格坚”即蒙语聪明之意。元朝时自不必说，即使进入北元以后，非成吉思汗家族嫡系子孙而能称汗者除俺答外，也仅有瓦剌部的也先汗一人。从这里我们也能看出俺答的实力是多么强大。

完成内部统一之后，俺答汗转而开始着手征服瓦剌。翌年，即 1552 年，俺答汗击败盘踞外蒙古西部的瓦剌辉特部。辉特部是成吉思汗的直系后代，也是自元代以来一直与元朝皇室通婚的强大部落。自此以后，瓦剌各部遭到俺答汗的频繁攻击而日趋衰落，再也不能与之为敌了。

继瓦剌之后，中亚也落入俺答汗囊中。1572 年，蒙古军绕过天山北麓直抵锡尔达利亚，进而奇袭哈萨克王的军队并大获全胜。翌年，俺答汗再次入侵哈萨克并俘虏了哈萨克的3位王子，不过据说俺答汗最终释放了他们。总而言之，俺答汗的威势已经影响到西土耳其斯坦，丝绸之路也在其统治之下。

汉人移民潮

无论是1566年征服青海的藏人，还是1572年对卡姆（西康[①]）的入侵都表明俺答汗对藏区的控制和渗透取得了惊人的成果。他的这些行动恢复了自元代以来蒙古与西藏在政治、文化方面的联系，同时在蒙古军远征行动中被俘的阿升喇嘛也使俺答汗第一次接触到藏传佛教，并初步建立起对其的信仰，这也是我们之后要讲到的俺答汗改宗藏传佛教格鲁派的最初起因。

俺答汗每次入侵明朝都会掳掠大量的汉人，并将他们迁往蒙古高原各地集体从事农耕，为蒙古人生产谷物。这些整齐排列着汉式建筑的汉人定居点逐渐发展为城市，且设有交易市场，从北亚各地远道而来的商队在此聚集，因而商业贸易十分繁盛。这些汉人定居点被称为“板升”，

① 藏区主要分为三大区域：卫藏地区、康巴地区、安多地区，其中的康巴地区简称康区或西康。康区主要包括今天四川甘孜藏族自治州、四川阿坝藏族羌族自治州、西藏昌都地区、云南迪庆藏族自治州以及青海玉树藏族自治州，这一地区是以藏族为主的少数民族聚居地，亦是中华人民共和国成立前一省区名。

其中最大的便是俺答汗直辖的呼和浩特（青色的城），此城也是现在内蒙古自治区的首府和最大的城市。定居于“板升”的不仅有掳掠来的俘虏，还有不能在明朝统治下生活而自发逃难于此的汉人。其中白莲教领袖吕鹤、赵全等人颇受俺答汗的信任，他们不仅参与处理蒙古的内政，还在蒙古对明作战中积极为俺答汗出谋划策。1565 年，在修建呼和浩特的工程中成为俺答汗统治集团核心人物的赵全建议俺答汗称帝，因为此时俺答汗已不仅是全蒙古人的大汗，同时还统治着数十万汉人。如果依照元世祖以来的传统，俺答汗已经具备称帝的资格。于是，蒙古地区的汉人们将俺答汗控制的蒙古与明朝视为两个对等的帝国而分别称其为北朝和南朝，并积极劝说俺答汗经略山西进而征服北支那。受此影响，俺答汗于 1567 年大举入侵山西，杀戮男女老幼数万人。总而言之，如果我们能充分理解因背叛明朝而骑虎难下的汉人们热切地期望明朝灭亡和俺答汗成功的心情，那么就不难解释自古以来，每当北方诸民族发动征服支那的战争时，积极充当先锋的实际上都是汉人，这种现象在不久以后的清朝初年又再次出现。而没有这些汉人的帮助，游牧、狩猎民族想要征服支那几乎是不可能的。但是，因为俺答汗最终与明朝达成妥协，这些汉人的命运也因此发生了极大的转变。

和平的来临

双方议和的契机是俺答汗之孙把汉那吉的逃亡事件。俺答汗有8个子女，其中第三子铁背台吉（“台吉”从汉语“太子”演化而来，有皇子之意）早死，身后只留下把汉那吉（“把汉”意为“小的”）一个儿子。俺答汗对这个孙儿十分怜爱，将其留在身边悉心栽培。然而，和历史上很多例子一样，这对祖孙因为一个女人而分道扬镳。俗话说“英雄难过美人关”，俺答汗也是如此，他强娶了自己貌美聪慧的外孙女为妻，这位夫人便是所谓的“三娘子”。三娘子在俺答汗死后成为掌握呼和浩特实权的蒙古女杰，不过此乃后话，在此暂且不表。实际上，三娘子起初被许配给俺答汗亡兄衮必里克之子诺延达喇济农，而俺答汗强娶三娘子的行为必然会激怒诺延达喇。为了安抚这位侄子，俺答汗将把汉那吉的未婚妻改嫁于他。于是义愤填膺的把汉那吉决心投靠明朝，并于1570年10月逃入明朝边境，同时向宣府的明朝官员通报了情况。宣大总督王崇古认为这是与俺答汗交涉的良机，而多年遭受蒙古骚扰的朝廷也赞成王崇古的判断。于是，明朝与俺答汗展开交涉，作为送还把汉那吉的条件，俺答汗将指挥蒙古对明作战的顾问赵全等人遣还给明朝。以此次事件为契机，明蒙和谈顺利推进，双方于翌年以如下条款达成和平协议：

第一，明朝册封俺答汗为顺义王，同时任命其弟巴雅斯哈勒、其子辛爱、其侄诺延达喇为都督同知，其孙把汉那吉为指挥使；

第二，作为友好的表示，蒙古的首领们每年要派遣使者前往北京向明朝皇帝献上礼物，即通常所指的朝贡；

第三，双方每年定期在边境互市，蒙古可以用牲畜、皮革、乳制品等土产交换明朝的布匹和日用杂货；

第四，明朝根据蒙古人的地位和级别给予相应的津贴。

不管怎样，通过这次议和，明朝节省了巨额的国防开支，北部边疆初获安宁，社会经济也得到极大的发展，进而迎来文化大繁荣的万历时代。

从另一个角度来说，与明朝开展和平贸易使蒙古获得大量物资，社会经济也取得长足的进步。和平时代的来临促使蒙古领导者们将注意力转移到精神文化建设方面，而这种倾向最突出的表现便是俺答汗将达赖喇嘛从西藏请到蒙古传教这一盛事。

西藏概况

在此简述一下西藏的历史概况。从地理上来说，西藏地区类似一条隧道，其中一侧的出口位于昆仑山脉西端与克什米尔喀喇昆仑山脉之间，即东土耳其斯坦塔里木盆地西南方的和田一带，另一侧的出口则位于黄河的发源地附近，即青海西宁一带。而在隧道内部，雅鲁藏布江沿着横亘西藏南部边界的喜马拉雅山脉蜿蜒东流，河谷区域气候温暖湿润，适宜农耕。在河谷农耕区的北侧，多湖的草原地带与其平行并向东西方向延伸，因为降雪量较大，这片草原并不适宜农耕，自古以来便是游牧民的活动范围，而这块游牧地带的东西两端就是我们刚才提到的和田和西宁。由游牧地带再向北直至昆仑山脉之间的区域，便是辽阔的羌塘高原，这里极度干燥缺水，非但人类不能生存，就连野兽也难以在此活动，所以此处便成为西藏这条隧道的北侧边界。

这种特殊的地理构造，导致自古以来西藏一向少有与印度、支那的政治、军事联系，而仅在文化上受到上述地区的影响。公元5世纪初，来自和田的游牧民族征服了雅鲁藏布江流域的农耕民族，建立起西藏历史上第一个中央集权国家。这个国家在突厥语、蒙古语中被称为“tobetto”，汉人则转写为“吐蕃”。现在英语中用来称呼西藏的“Tibet”，即是从“tobetto”一词转化而来的。

公元7世纪初，吐蕃的领土已不再局限于西藏本部，

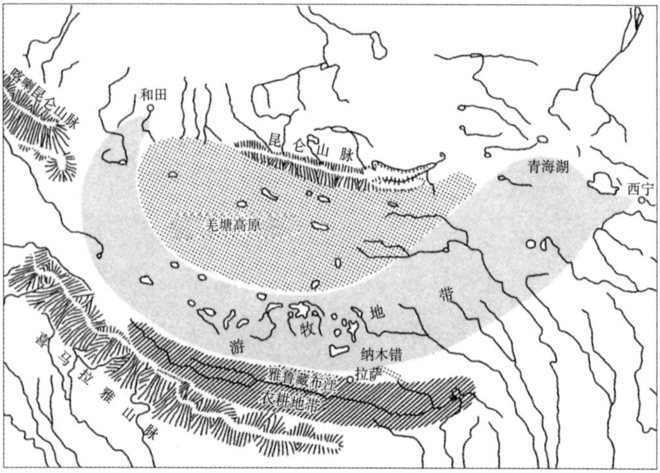

图 17　西藏的人文地理

它发展为一个包含新疆、青海、云南等地区的大帝国。不仅如此，吐蕃还占领甘肃，进而控制了丝绸之路并垄断东西贸易的巨额利益。但是，吐蕃帝国在持续两个半世纪的繁荣之后，随着末代赞普于 841 年被暗杀而土崩瓦解，西藏地区再次陷入众多地方王国割据混战的黑暗时代。

进入 11 世纪后，阿富汗的突厥系穆斯林大举入侵北印度，并对佛教徒施加残酷的迫害，导致大量的印度佛教学者逃往西藏。印度的高僧们不仅带来佛教神学与哲学，还将医学、天文学等各种科学技术传入西藏。西藏的佛教化进程就此开始。

与吐蕃王室不同，此时的西藏地方诸侯政权大都是由农耕民族建立的。他们的军队也只是农闲时进行战争、农忙时解散从事生产的农民兵，这与长时间保持战备状态的游牧民族军队大不相同。由于土地的生产力低下，诸侯们根本没有使战争持续一年以上的能力，而这势必迫使他们采取和平的手段来扩张势力，所以佛教恰好成为一个政治扩张的必要手段。

在诸侯们的保护和支持下，大量寺院如雨后春笋般建立起来。众多僧侣的进驻使得消费的需求也变得旺盛。所以，各地的商人聚集于此，设立市场开展贸易，而寺院则发挥了银行的作用，向商人们提供资本。此外，寺院还附设了医院、工场、印刷厂和图书馆。换言之，寺院正向着城市化的方向发展。此外，佛教宣扬众生平等，一旦进入寺院，人们便打破旧氏族等级关系的羁绊，人与人之间则建立起一种个体的、自由的联系。就这样，藏传佛教文化之花逐渐开遍了整个西藏地区。

格鲁派的胜利

藏传佛教从教义上来看是密教的一支，与日本的真言宗、天台宗十分相似，强调通过持续不断的修行以提高领悟的层次，进而净化心灵，最终达到成佛的目的。要进行这种修行，有经验的指导者必不可少，这种指导者在藏语中被称为“喇嘛”（上师），所以藏传佛教又被称为喇嘛教。藏传佛教中不同宗派的差异大都集中于修行的顺序和技术等细微方面，所以现在主要以总寺所在地及保护该宗派的诸侯来对其加以区别。

前文也曾提到过，西藏地区生产力发展较为落后，仅仅是供养本地的寺院已经非常困难，所以各宗派都竞相致力于获得区域外信徒的支持。藏传佛教最初以统治宁夏、甘肃、青海的西夏王国的巨额布施为财源，从敦煌千佛洞中出土的大量藏语佛教典籍就是这一时代的遗产。西夏王国灭亡后，蒙古人又成为藏传佛教的保护者。各宗派分别与蒙古部落中的权贵联合起来并接受后者的保护。其中，萨迦派的八思巴与忽必烈联合，在元朝建立后被任命为国师。不久以后，作为萨迦派在日喀则周围最大施主的昆氏家族便成为西藏事实上的王族。

萨迦派因元朝末年的战乱而式微，噶举派取而代之。1403 年，永乐帝派遣侯显出使西藏，噶举派教主哈立麻应邀亲赴南京觐见永乐帝。不过，受西藏自然地理情况的影响，蒙古人仍然是藏传佛教最主要的传教对象。

在俺答汗用武力一统蒙古之后，萨迦派与噶举派竞相请求他的保护，呼和浩特一时之间聚集了大量的西藏僧侣。而就在此时，藏传佛教中最后发展起来的格鲁派在以拉萨为中心的卫藏地区急速扩充实力。该派以拉萨附近的甘丹寺为总寺，此外还有哲蚌寺、色拉寺等主要寺院。而哲蚌寺的住持便是佛法精深、品行高洁的索南嘉措（1543—1588）。

索南嘉措被称为观音菩萨的化身，也是第一位通过转世制度被选出的哲蚌寺住持。所谓转世，是指高僧圆寂后，他的灵魂出于救助大众超脱苦难的慈悲之心而放弃成佛并返回人间的理论。该理论实际上是从高僧圆寂十个月后出生的幼儿中挑选合适的人选并交给寺庙，由专门的人员负责抚养教育，而贵族的孩子未必会在这种选择中成为赢家。不管怎样，不能结婚的僧侣们通过转世制度就可以将财产不断传承下去。索南嘉措应俺答汗之邀前往蒙古并接受了他的皈依，从这以后，格鲁派便时常借助蒙古人的力量，进而逐步掌握整个西藏的统治权。

达赖喇嘛的诞生

1576 年，俺答汗已经是一位 70 岁的老人了。自中年以来饱受足部痛风的折磨而倍感人生无常的他为寻求长生灵药，向索南嘉措派出了使者。就在使者即将到达哲蚌寺的某一天，索南嘉措突然对座下的弟子们说道：“那位蒙古的俺答汗虽说年寿已高，但壮心犹坚。”弟子们不解其意，纷纷猜测发生了什么事情。不久之后，俺答汗的使者便到达了哲蚌寺，他们向索南嘉措呈上俺答汗的信件和礼物并邀请他前往蒙古。索南嘉措笑着回答说："因为我们之间有前世佛法因缘的羁绊，如今我务必前往，请诸位使者先行一步，把消息禀报给蒙古的施主们吧。"

接到使者的报告后，俺答汗立即着手安排迎接索南嘉措，他在青海湖以南的恰卜恰修建了仰华寺，并于翌年率领蒙古大小首领于此恭候索南嘉措的到来。

索南嘉措一行所到之处都受到蒙古人的热情接待，其旅行途中也多次出现神奇的祥瑞事件。尤其是在五郎木连河畔住宿的一晚，索南嘉措派遣听从护法神马头明王调遣的灵体大力巴克匝打败了蒙古的土地神、龙神、魔神和族灵等神祇。不久之后，又有头脸呈现骆驼、马、牛、羊、猫、鹰、狼诸相的魔神前来挑战，索南嘉措则以佛力将他们降服，并使之立下不再危害信奉佛法者的誓言。

1578 年，索南嘉措终于到达恰卜恰，并受到等候于此的俺答汗等蒙古首领的热烈欢迎。在盛大的法会上，当俺答汗第一次看到索南嘉措时，便若有所思地凝视着他。索南嘉措感到迷惑不解，并向俺答汗寻求答案。俺答汗答道："我有足痛风的老毛病，发作时将脚放入马的胸腔中，病情立刻就会缓解。但当我因此宰杀马匹时，头顶则会出现一位白衣人对我说道：‘大汗啊，你怎会造下如此的罪孽！’言毕便消失不见。这使我内心惶恐不安。为此，阿升喇嘛传授给我六字真言来缓解痛楚，我每天都要念诵108遍。而今天当我看到您时，才知道您就是那位白衣人，所以不觉茫然失措。”

听了俺答汗的解释，索南嘉措微笑着说道：“听大汗如是说，就知道今天并非我们的初次见面。从很久以前开始，我们便已多次相会。俺答汗啊，你的前世曾是薛禅汗，我则是八思巴喇嘛，我向你传授诸般奥义，你皈依我教并授予我国师大宝法王的尊号。”①

于是，皈依了格鲁派的俺答汗授予索南嘉措“瓦齐尔达喇·达赖·喇嘛”的尊号。该尊号是一个梵、蒙、藏三语的合称。“瓦齐尔达喇”在梵语中意为“金刚持”，“达赖”在蒙语中意为“大海”。自此以后，格鲁派的法王便被称为“达赖喇嘛”。索南嘉措虽说是首个被封为达赖喇嘛的高僧，但根据转世制度，他被后世公认为哲蚌寺的第三代住持，所以学界一般将索南嘉措称为三世达赖。

① 此处有关三世达赖与俺答汗会面之史实参考萨冈彻辰《蒙古源流》，乌兰校注，内蒙古大学出版社，2014；五世达赖喇嘛《三世达赖喇嘛：索南嘉措传》，陈庆英译，全佛文化事业有限公司，2001，并斟酌翻译。

达赖喇嘛的政治影响力

此后，达赖喇嘛索南嘉措一直停留在青海，同时派遣弟子东科尔·云丹嘉措随俺答汗一起返回呼和浩特，并驻节于其修建的弘慈寺从事传教弘法活动。后来，索南嘉措又前往卡姆南部的理塘另建一寺，并主要活动于此。

此时，俺答汗的病情日渐沉重，而蒙古其他有实力的首领诸如达赉逊汗之子图们札萨克图汗、外蒙古喀尔喀部的阿巴岱等也听说了达赖喇嘛的传闻。阿巴岱从前来交易的商队处听说达赖喇嘛的事迹后，立即向俺答汗派出使者，请求派人去他那里传教。当使者于 1582 年 1 月 14 日抵达时，俺答汗正处于弥留状态并已经昏迷了 7 个昼夜，左右近侍向他通报了使者到来的情况，俺答汗只回答了一句“如果格曼·南苏在就好了”便停止了呼吸，享年 75 岁。

此时，三世达赖正在内蒙古各地巡锡，直到 1585 年才抵达土默特部。当他看到俺答汗被土葬时，立即责备道：“你们为什么要把这无比珍贵的宝物弃置于地下啊!”当俺答汗的遗体被挖出并火葬时，出人意料地烧出了大量舍利子，所有的人都惊讶万分。

俺答汗死后，他的子孙对各部的控制力急剧下降，草原上的首领们为权势而展开了激烈的争夺。尽管如此，格鲁派仍然频繁地以传教活动和汗号授予来笼络各部首领。最早被授予汗号的便是喀尔喀部的阿巴岱，他于 1587 年亲自前往内蒙古拜见三世达赖，并献上外包貂皮、涂漆嵌骨的组合房屋作为听讲佛法的报酬，后者则授予阿巴岱“瓦齐赉汗”（金刚王）的称号。同年，图们札萨克图汗也邀请三世达赖前去传教，三世达赖则回应道：“如果今年能来迎接我的话，我便可以去，明年可能就无暇分身了。”当时没有人能理解此言的意义，实际上三世达赖已经预见自己即将圆寂。

1588 年初冬的某一天，三世达赖正坐在高山上一棵结满果实的树下，一位衣衫褴褛的僧人前来问候，并用梵语与三世达赖交谈了一会，随后便离去了。旁边的弟子们向其请教这位僧人的来历，三世达赖回答说：“那是住在尼鲁木草地寺院的塔巴坚赞，他知我即将启程，故前来为我送行。”

正当此时，万历帝和图们札萨克图汗派来迎接三世达赖的使者先后赶到，而三世达赖已经卧床不起，不久之后便圆寂成佛，享年 46 岁。①

① 此处有关三世达赖临终异象的内容参考萨冈彻辰《蒙古源流》，乌兰校注，内蒙古大学出版社，2014；五世达赖喇嘛《三世达赖喇嘛：索南嘉措传》，陈庆英译，全佛文化事业有限公司，2001，并斟酌翻译。

恰于此时，俺答汗之孙苏密尔台吉的妃子答喇·和屯正怀有身孕，且总是感到腹中有异响。1589 年，她顺利生下一个男孩，而令人惊奇的是，这个男孩刚一降生便宣称自己是三世达赖。他可以识别三世达赖所乘之马，甚至还能准确地在大量念珠、佛经中选出三世达赖的遗物。同时，他也多次使用藏语与别人交谈。这个男孩便是后来的四世达赖——云丹嘉措。不用说，云丹嘉措身上所发生的种种神异都是格鲁派演的好戏。到了 1602 年，14 岁的云丹嘉措被带到西藏。但是，让这样一个孩子来做格鲁派的法王仍然太过勉强，所以教育、培养云丹嘉措的重任便落到罗桑却吉坚赞的肩上。罗桑却吉坚赞作为初代班禅额尔德尼，是西藏地区继达赖喇嘛之后第二个获得转世继承权利的高僧。然而，罗桑却吉坚赞的付出也不过是一场空，四世达赖云丹嘉措于 1616 年圆寂成佛，年仅 28 岁。

翌年，西藏琼结地区一个贵族的儿子被指定为达赖喇嘛的转世灵童。1622 年，班禅额尔德尼罗桑却吉坚赞将这个孩子带到哲蚌寺并赐名阿旺罗桑嘉措。而这位未来的五世达赖作为一位不世出的优秀政治家，极大地改变了 17 世纪北亚地区的政治格局。

第六章 日本国王

明朝来使

我们在前文已经多次论述过明朝继承元朝的遗产，并企图以支那地区为中心构建中国的历史。从这个视角入手，能更好地理解当时的明日关系，但这些话题我们暂且不表。而纵观中国历史，除了蒙古人建立的元朝之外，再没有一个王朝曾积极地发动进攻日本本土的战争。元朝进攻日本的“文永之役”、“弘安之役”虽以失败而告终，但对于元朝来说，日本仍被认为是所谓“天下”的一部分。而明朝在兴起之后也很快向日本派出了使者，其中固然有禁绝肆虐北支那沿海地区之倭寇的目的，但从根本上来说，这可能还是基于自元代以来“中国”世界观的考虑。

1368年，日本还处于南北朝[①]时期，年幼的足利义满刚刚当上室町幕府第三代将军。与此同时，洪武帝向占城、爪哇、日本等国派出使者，告知明朝建国的消息。出使日本的杨载于1369年到达九州岛，而当时以太宰府为中心的北九州地区正处于南朝征西将军怀良亲王的控制之下，杨载误以为怀良亲王就是日本国王并向其递交了国书。不过，怀良亲王因为这封带有威胁口吻的国书而大发雷霆，为了向明朝展现强硬的态度，他将杨载一行7人中的5人杀死，杨载本人也被关押了3个月才得到释放。但到了第二年，明朝再次向日本派出使者，紧接着怀良亲王也向明朝派出了由9位僧侣组成的使团。自此以后，日明双方使者往来不断，明朝也从中或多或少地获得了一些日本方面的情报，进而得知与怀良亲王敌对的京都北朝更具实力。不久以后，由室町幕府任命的九州探题今川贞世攻占太宰府并控制了北九州地区，怀良亲王则逃往内地。因为日本崇佛，明朝将僧侣作为使者派往北朝幕府，该使团于1373年被迎入京都，明朝与室町幕府的交涉也由此展开。但是，双方并没有就朝贡贸易问题达成一致。

上文曾经论述过有关1380年“胡惟庸案”的一些情

① 日本的南北朝出现于1336～1392年，此时正值镰仓幕府向室町幕府过渡的重要时间节点。在这一时期，日本同时出现了南、北两个天皇，并有各自的传承体系。

况，其中胡惟庸的罪状之一便是“通倭”。具体是说胡惟庸在制订谋反计划时曾希冀得到日本的帮助，所以他首先与计划中日军登陆点——宁波的军事长官林贤相勾结。胡惟庸首先在洪武帝面前诬告林贤，将其流放到日本并借机与日本朝野互通消息，之后胡惟庸再奏请洪武帝让林贤复职并将其召回，而此时林贤已经将请求军事援助的信件送到日本。日本则派僧人如瑶率400名精兵诈称进贡并随林贤一起返回明朝。为保险起见，如瑶等人还将刀剑、火药等武器放在作为贡品的大蜡烛中以逃避检查。不过，当他们到达明朝时，胡惟庸的阴谋已经败露，而这个精心布置的计划也就没有用武之地了。数年之后，这个计划被揭发，林贤遭到灭族。洪武帝在《皇明祖训》这本告诫子孙的家训书中以此为理由，将日本列为15个“不征之国”之一。此处的“不征之国”有断绝外交关系的意味，这就表明明朝自身是将日本排斥在中国范围之外的。不过，仅以胡惟庸案中请求日本军事援助一事来解释这种排斥，并不能说明什么问题。总而言之，在洪武年间，日明关系确实处在一种冷淡的氛围之中，这是毫无疑问的。

前期倭寇

倭寇是早期日明关系中的核心问题。向日本传达明朝建国消息的杨载便强硬地要求日本禁绝倭寇。他甚至表示，如果日本不作为，那么它将面临明朝的战争威胁。这个时期的倭寇一般被称为前期倭寇，他们在元朝末年，也就是日本南北朝初年便已开始在朝鲜半岛沿岸活动。而此时的朝鲜正处于高丽王朝的末期，国力凋敝，疲于应付倭寇的袭扰。一开始，倭寇活动于朝鲜南部沿岸以及其首都开城附近，袭击运送租米到首都的船只和仓库来补充自己的粮食储备，此外他们还掳掠居民作为奴隶。随着时间的推移，倭寇的活动越来越猖獗，他们逐渐深入内地并开始袭扰朝鲜北部地区。活动规模也由两三条船、五六个人逐渐发展到四五百艘战舰、三五千人的庞大规模。

自古以来，朝鲜海峡中的对马、壹岐等岛屿就如同踏脚石一般为日本与朝鲜之间的交通活动提供了便利。而居住在田土狭窄、贫瘠的岛屿上的岛民们除了渔业之外，也多以海上贸易为生。高丽时代，对马岛民从事日本到朝鲜半岛的“进奉贸易”，并在釜山附近设置了定居点。随着高丽王朝遭到蒙古人的压迫，朝鲜半岛与日本之间的贸易活动也陷于瘫痪。不能自给自足的对马岛民只得依靠将奴隶作为商品转卖等活动来确保粮食供应。因此，以对马为首，壹岐、北九州松浦等地的居民组成了首批袭扰朝鲜半岛的倭寇。此外，当时活跃于九州、濑户内海的海盗、武装商团也加入这场掠夺的“盛宴”，并肆无忌惮地蹂躏朝鲜半岛沿岸地区。面对如此严峻的形势，高丽王朝一方面向日本派出使者要求其禁绝倭寇，另一方面则不遗余力地加强军备，进而对倭寇加以讨伐。

李氏朝鲜的建立

出身女直的高丽将军李成桂在讨伐倭寇的战争中建立功勋，后来他推翻了高丽王朝，成为李氏朝鲜王朝的开国君主。

元代时，高丽王国是元帝国的一部分。历代高丽国王都在大都保有宏伟壮丽的宅邸，同时迎娶元朝公主以便得到“驸马（婿）高丽国王”的封号。而他们所生的王子作为蒙古贵族，从小便充当元帝的宿卫（侍从）。对于高丽国王来说，高丽不过是一生中要视察几次的遥远知行地[①]罢了。此外，从历代高丽国王都担任征东行中书省左丞相一例便可以推知，实际统治高丽的并不是在开城投降且徒具形骸的高丽朝廷，而是元朝中书省下辖的征东行中书省。

与高丽接壤的满洲地区由辽阳行中书省管辖，在这一地方最高行政机关中也有高丽人担任要职的例子。因为高

① 日本封建时代领主作为俸禄恩赐给家臣的土地。

丽在投降元朝之前曾持续抵抗蒙古侵略军长达30年之久，其间大量的高丽人作为俘虏被迁到满洲。此外，在元朝暂时将朝鲜北部作为直辖领地时也有大量高丽人移居辽阳、沈阳附近的平原从事农业生产。综上所述，元朝时在满洲地区逐渐形成了一个高丽人的殖民地。而统辖从日本海沿岸一直到双城（咸镜南道永兴）的辽阳行中书省就是为了管辖这些高丽人而设置的行政机关。高丽人在满洲地区与土著的女直人杂居并相互融合，与此同时，二者又在文化上深受蒙古统治者的影响。

元末顺帝在位时，高丽王国的国君是恭愍王。而元顺帝的皇后奇氏是高丽人，因为生有太子爱猷识理达腊而得宠，故奇氏的兄长奇辙也在高丽国内拥有超过国王的滔天权势，恭愍王对此颇感恐惧。恰逢南支那张士诚发动叛乱，高丽王国也受命发兵助剿，恭愍王从统兵将军崔莹处了解到元朝国祚将尽，因而下定了与元朝为敌并除掉奇辙的决心。1356年，恭愍王实行改革，处死了奇辙。与此同时，高丽军兵分两路，一路越过鸭绿江占据通往辽阳的交通要道，另一路则攻陷元朝边境重镇双城。

正在高丽军势如破竹之时，女直首领李吾鲁思不花率部来降。他的儿子李成桂则加入高丽军，成为崔莹的部下。李成桂后来在1359～1360年、1361～1362年两次反击红巾军入侵高丽的战争中屡立战功，进而在朝堂上崭露头角。

与元朝处于敌对状态的恭愍王于 1369 年接到洪武帝发来的建国通告后，立即与明朝建立了外交关系。同时他又派遣李成桂再次攻击辽阳，据称李成桂在这次战斗中率军扫荡了整个辽河以南地区。

恭愍王于 1374 年被宦官崔万生等人暗杀，高丽王位则由他的长子辛禑继承。而此时倭寇对朝鲜半岛的袭扰正值高潮，且尤以 1380 年的入侵最为猖獗。是年，李成桂率领麾下的女直兵于全罗道的云峰将这股倭寇尽数歼灭，从此以后，倭寇的气焰才逐渐衰微下去。

就在李成桂四处征讨倭寇时，满洲地区的北元军统帅纳哈出于 1387 年降明，明朝的势力范围已达高丽北境。对此感到威胁的辛禑王在与崔莹商议后，制订了武力夺取满洲的计划。次年，曹敏修、李成桂率左右两军从开城出发直取鸭绿江，辛禑和崔莹也亲临平壤指挥前线战事。

崔莹计划占据辽河一线并以此作为国境。辽河素称天险，隋唐两朝的部队在与高句丽（满洲）的部队作战时总是在这里遭到失败。自元代以来，辽阳、沈阳一带又是高丽人的聚居区，特别是当时明军主力前往捕鱼儿海与元帝脱古思帖木儿作战，满洲地区防御空虚，所以崔莹进攻满洲的计划绝不是鲁莽无谋的。如果他的目的最终达成，在满洲地区将会出现一个高丽—女直联合王国，亚洲的历史走向也将发生改变。但是，形势并没有像崔莹预想的那样发展。

正当高丽军列阵于鸭绿江中的威化岛时，李成桂与曹敏修却突然合谋发动政变。他们率军返回开城，处死崔莹并废黜了辛禑王。

李、曹二人拥立辛禑之子辛昌继任高丽国王。不久之后，曹敏修因与李成桂发生矛盾而遭到流放。李成桂则毫不留情地没收了反对派的土地并重新分配，以此来建立自己的统治基础。后来，辛昌也遭到废黜，李成桂又拥立出身王族旁系的恭让王。不过，此时高丽王国的行政、军事大权已被李成桂牢牢握在手中了。经过充分的准备，李成桂终于在 1392 年废黜恭让王并自立为高丽国王。同时，他还上书洪武帝通报政权变动的情况，并请求其赐予合适的国号。翌年，在得到洪武帝的批准后，高丽正式将国号改为朝鲜。自此以后，朝鲜半岛便从中国分离出来，进而成为独立的国家。

不过，此时倭寇仍然频繁地袭击朝鲜半岛，而朝鲜政府则积极地采取怀柔政策，用粮食、住宅、官职来笼络日本人，使得倭寇的力量迅速衰落下去。

此外，倭寇从元末明初便已开始袭扰支那沿海地区，他们沿朝鲜半岛北上直达大陆沿岸，并也像在朝鲜活动时那样抢夺粮食、奴役居民。其中尤以距离朝鲜较近的山东受害最深，此外江苏、浙江、福建也不同程度地遭到袭扰。对此，明朝一方面派使者赴日要求日本禁绝倭寇，另一方面则加强沿海地区的防御。到了 1419 年，明军终于在辽东望海埚给予倭寇决定性的一击。同年，朝鲜王国也派遣大军进攻作为倭寇巢穴的对马岛。至此，在东亚海域猖獗一时的倭寇问题终于在一定程度上得到解决。而此时明朝已经与室町幕府正式建立了外交关系。

日本国王

结束了南北朝对峙并一统日本的足利义满于 1394 年将征夷大将军一职传给年幼的长子足利义持，而他自己则出家为僧，并隐居于建有著名金阁的“北山第”。名为隐居但实际仍牢牢掌握幕府实权的足利义满在解决国内问题之后，接下来便雄心勃勃地将注意力转移到对明朝的贸易上。

日本九州岛博多地区的商人自宋元以来便以从事日本与大陆间的海上贸易而致富，其中一位名叫肥富的博多商人从明朝归来后，建议足利义满开展对明贸易以获得巨额利润，后者对这一建议欣然接受。1401 年，足利义满派肥富作为副使随同正使祖阿一起出使明朝，并向明朝皇帝呈递国书。此时，洪武帝已经逝世，取而代之的建文帝则忠实地遵守了将日本作为“不征之国”的祖训。次年，明朝派遣由僧人组成的使团回访日本，足利义满特意携妻女前往兵库港迎接，并在“北山第”为使团举行了盛大的欢迎仪式。由此可见，足利义满对与明朝建立友好通商关系抱有极大的热情。但是，明朝使者所带来的签署日期为建文四年二月六日的国书中有“尔日本国王源道义”的字样，并要求日本尊奉以《大统历》为标准的明朝正朔。所谓《大统历》即是明朝所用历法的名称。自古以来，中国的历法都必须由朝廷制定并强制百姓和藩属国使用。而“正朔”则有“正确的朔日”的意味，即要尊奉由皇帝颁布的历法之意。然而，日本虽然在递交给明朝的国书中使用了明朝年号，在国内则一如既往地使用本国独有的历法和年号。

此外，到了建文四年六月，朱棣在“靖难之役”中推翻建文帝并取而代之，是为永乐帝。令人感到意外的是，足利义满很快便得知了这一情报。次年，他派遣天龙寺僧圭密随明使一起返回明朝，还在由圭密呈递给永乐帝的国书中自称“日本国王臣源”。而此时永乐帝恰好要派遣使者前往日本通告自己即位的消息，使者尚未成行，而圭密等人已经抵达宁波，得到报告的永乐帝自然十分高兴。他在使者带往日本的诏书中表示：“兹尔日本国王源道义，知天道，达理义，朕登大宝，即来朝贡。归乡之速，足以褒嘉。”同时还赐予足利义满国王级别的冠服和金印。永乐帝赐予足利义满作为国王行使权力象征的金印，即表明其已经被明朝正式册封为日本国王。足利义满则在“北山第”迎接了明朝使臣并恭恭敬敬地接受了国书、金印和冠服。又过了一年，明朝派遣使者将日本的某座山封为“寿安镇国之山”并于其地立碑纪念，永乐帝更是亲自为其撰写了碑文。这座山曾长期被误认为是阿苏山，但其实际位置应在京都万寿寺附近。

足利义满接受了明朝赐予的日本国王的封号，而且在政治、外交活动中也使用这一封号。这种行为即使是在当时也遭到很多人的非议，大家普遍认为足利义满的行为是无视日本国体的国耻之举。从日本人感情的角度出发，这确实让人无法接受。不过为了与明朝进行贸易，使用这一封号是势在必行的。因为自古以来，汉族以中华自居，将周围诸民族蔑称为“戎狄蛮夷”。而皇帝作为中华帝国的君主和普天之下至高无上的唯一存在，其地位远高于周边诸民族的君主。基于这样的世界观，周边诸国不可能与支那建立起平等的邦交关系，而只能在皇帝的恩准下建立所谓的朝贡关系。此外，明朝因倭寇等问题的困扰，自建国之初开始便厉行海禁，严禁百姓乘船出海，更禁止外国船只随意进出本国海域。故明朝与周边诸国的交往通商必须依靠官方途径。说到官方的交往途径，除朝贡一途外并无其他方式，而周边诸国想要建立朝贡关系则必须要获得支那皇帝授予的官职和封号。实际上，所谓朝贡关系只是一种交往的表面形式，双方则在朝贡的名义下进行贸易活动。所以足利义满要开展日明贸易就必须要接受日本国王的封号。

勘合制度

足利义满除了被授予日本国王的金印之外，还获得了勘合。所谓勘合，即明朝用来辨别周边诸国所派使者真伪的符契。明朝一共向暹罗（泰）、占城（越南南部）、柬埔寨等50余国发放过勘合，日本也在其列。

日本获得的勘合计有“日”字、“本”字两种。“日”字勘合从“日字壹号”到“日字壹百号”共计100道。“本”字勘合数目与“日”字相同。勘合加盖印章后一分为二，左半部分作为证明使者真伪的符信，右半部分则制成被称为“底簿”的账本。底簿由100道勘合的右半部分组成，称为一扇，一式两份。其中一百道“日”字勘合符由明朝礼部保管，两份底簿则分别保存在明朝礼部衙门和日本政府手中。100道“本”字勘合符由日本政府保管，两份底簿则分别保存在明朝礼部衙门和浙江布政使司手中。此外，每当有新皇帝登基，明朝都会发放新的勘合。而日本向明朝派遣朝贡船队时，每一艘船都要按编号顺序携带日本政府保管的“本”字勘合符。船队到达宁波时，首先要用勘合符与浙江布政司保存的底簿进行对照，抵达北京后还要与礼部保存的底簿再次对照，用过的勘合符立即被礼部回收。如此严密的勘合制度使得假冒朝贡船和走私船被排斥于朝贡贸易之外。

遣明船

日本国王足利义满在国内大力镇压倭寇，同时于1404年首次向明朝派出勘合贸易船，即所谓的“遣明船”，此后每年不辍。不过，足利义满的儿子足利义持对其父的政治观点和对明政策持批判态度，故在其担任将军的20年中没有派出遣明船。直至其弟足利义教担任将军时，这一制度才被恢复。到1547年为止，日本在100余年间一共向明朝派遣了11次遣明船。

遣明船队的首领则在携带日本国王呈给大明皇帝国书和贡品的正、副使节及京都五山的禅僧中选出。此外，因为遣明船要开展贸易活动，所以还要带上数十名与贸易事务相关的办事员、翻译、商人和船夫。大体上来说，每艘遣明船大约载货1000石，并搭载150名左右的乘客。起初，每次派遣的船只数量为6～7艘。不过，将军足利义政在1451年派遣了一支由1200人和9艘贸易船组成的大船队。这支船队抵达宁波后，照例派出使团前往北京朝贡。但由于使团规模达300余人，明朝地方政府疲于供应，于是发生了诸如使团成员向沿途居民强索酒食、杀害阻止他们抢掠的山东地方官员等暴力事件。针对日本朝贡使团的暴行，明朝政府将日本遣明船的数量限制在3艘，朝贡使团的人数则不能超过300人。此后，使团人数姑且不论，遣明船的数量确实得到了控制，派遣频率也大体被限制在10年1次。

日本朝贡正使携带的贡品主要有马、日本刀、硫黄、玛瑙、金屏风、扇子等日本特产。与此相对，明朝皇帝在接受这些贡品后一定会以“回赐”的名义恩赏银两、铜钱、锦缎、纻丝等财物，后来因为钱荒，则不再赏赐铜钱。总而言之，朝贡也可以看作一种以货易货的贸易形式，但是由于这种贸易形式更偏重于礼仪，所以用于交换的商品数量并不是很大。而遣明船的真正目的是销售随贡品一起运到的大量商品，这些商品中的一部分随使团一起被运到北京，由明朝政府全部收购，其中主要以日本刀、硫黄为大宗，辅以苏木、扇子，明朝则用铜钱、绢布等物支付货款。除此之外，剩余的商品则用于往返北京、宁波的途中与明朝商人进行交易。

商品交易的价格随市场走势而波动，这里以1451年遣明船的交易情况为例，一把在日本卖800文到1贯文的日本刀在明朝可卖到5贯文，在日本10贯文1驮的铜运到明朝则可以卖到 40 ~ 50 贯文。获利最多的商品还是生丝，生丝在明朝的收购价格是 250 文 1 斤，到了日本则可以卖到 5 贯文，价格翻了近 20 倍。日本的商品卖到明朝可以获利，反过来明朝的商品在日本亦颇受欢迎，扣除运输费用等杂项成本，每艘遣明船可获得 10000 贯文以上的净利润。既然利益如此可观，人们怀着极大的热情且甘冒风浪危险也要从事遣明船贸易就是情理之中的了。所以自室町幕府以下，细川氏、大内氏等实力派诸侯，天龙寺等神社和寺院，以及堺港、博多等地的商人们都积极地参与遣明船的贸易活动，并从中获得了巨额利润。

琉球的登场

苏木在遣明船运到明朝的商品中占了很大比例。苏木，在日本被称为苏枋，是一种原产于印度、马来亚等地的灌木，熬煮这种灌木的枝干和果荚可以得到优质的红色染料。这种生长于低纬度热带地区的植物并不是日本的特产，而是日本通过琉球得到的商品，日本将其进一步转卖到了明朝。

琉球之名很早就已见诸史料，最早便是公元 7 世纪时，隋炀帝曾远征“流求”。不过，此处的“流求”指的是今天的台湾岛，并不是琉球所在的冲绳群岛。据说洪武帝首次派往日本的使者杨载也曾到过冲绳，他还将冲绳岛民带回明朝并令其以“琉球国人”的名义入贡。从此以后，冲绳逐渐开始被称为琉球。到了14世纪，琉球才开始活跃起来，冲绳本岛上的诸豪族逐渐整合为“山北”、“中山”、“山南”三大势力并相互对立。明朝承认了这一事实且派遣使者将这三大势力的首领封以王爵。这是琉球历史上首次成为支那的朝贡国并作为中国体系的一员而登场，对于琉球和中国来说都是划时代的大变革，同时这也是宋元以来东洋方向新航路开辟、台湾以及东海海上贸易逐渐发展的结果。

在“三山”中的中山从一开始便最具优势且经常向明朝朝贡，同时也是最早被明朝授予王爵的势力。15世纪初，中山王尚巴志一统山南、山北，自此以后，中山王就成为琉球国的代表。对于土地稀少、物资匮乏的琉球岛民来说，谋生之道只有从事海上贸易一途。从地理上来看，在东海的东缘呈弧形排列的琉球群岛天生便具有适宜于海上贸易的优越条件，而明朝禁止本国人民乘船出海的海禁政策对于琉球则是一种幸运。琉球人频繁地通过福建泉州（后来改在福州）市舶使司与明朝进行朝贡贸易，而这不外乎是转口贸易的一种表现形式。琉球的贸易船经常前往东南亚的暹罗、马六甲、苏门答腊岛的巨港、爪哇、越南等地区收购货物并转卖给明朝、日本以及朝鲜等国。琉球还将日本九州的博多作为与朝鲜贸易的转口港，而且不少博多商人以琉球国使者的身份前往朝鲜从事贸易活动。15 世纪，琉球贸易船的活动达到极盛时期，并以此为纽带将日本、朝鲜、明朝以及东南亚地区联系起来。

查阅《历代宝案》中琉球与外国的往来文书便可以了解当时琉球贸易船活动的具体情况。比如说将支那产的瓷器和日本产的扇子卖到暹罗，用以交换苏木等土产。不管怎么说，琉球人于万里波涛之中搏斗并不知疲倦地从事转口贸易，其艰辛可想而知。

遣明船贸易的衰亡

发生于 15 世纪后半期的“应仁之乱”使得室町幕府威权丧尽，日本也进入了战国时代。此时，垄断遣明船贸易的是与堺港商人结盟的细川氏和与博多商人结盟的大内氏两大集团。这两家诸侯在遣明船贸易兴起之时便已建立起紧密的联系，不过双方在“应仁之乱”后为独占遣明船贸易的利润而发生冲突。其矛盾的激化，最终掀起了一场巨大的外交风波。

1523 年，大内氏的三艘遣明船持正德帝新换发的勘合符在宁波入港。而细川氏的一艘遣明船则持已经失效的弘治勘合符于数日后抵达宁波。于是双方就勘合符的真伪问题展开了激烈的争论。作为细川氏使团副使的明人宋素卿本就出生于宁波，由于被其叔父卖给日本商人抵债而流落日本，进而又因文笔不错而得到细川氏的重用。宋素卿在抵达宁波后立即向市舶使司的主管太监行贿。市舶使司是明朝管理遣明船的政府机关，其长官由皇帝派遣的宦官担任，而向这些贪得无厌的宦官行贿在当时被认为是理所当然的事情。由于宋素卿对宁波市舶使司的官场黑幕十分了解且熟练地用金钱进行运作，因而取得了立竿见影的效果。细川遣明船虽然比大内遣明船晚到宁波，却被市舶使司准许优先上岸验货，在宴请日本使团的宴会上，细川氏使者的座位也被安排在大内氏使者的上位。大内氏正使宗设不堪其辱，在盛怒之下举兵袭杀细川氏正使鸾冈，并烧毁细川氏的遣明船；之后更索性一不做二不休，在追击逃入绍兴城并得到明朝庇护的宋素卿时，于绍兴城下烧杀抢掠，犯下严重的罪行。宗设在返回宁波时又俘虏了明朝的军官并劫持船只逃到海上。就这样，大内、细川两家诸侯在日本国内积累的矛盾终于在作为商品销售地的明朝爆发，进而上演了一场华丽的武斗闹剧。

这次宁波争贡事件不可避免地给日明关系投下一抹阴影。此后，大内氏垄断了遣明船贸易，并于 16 年后的 1538 年再次派出遣明船。1547 年，大内氏最后一次派出以天龙寺的僧人策彦为正使的遣明船队。策彦回国后的第二年，大内氏便因重臣陶氏的叛乱而灭亡。于是不久之后，惨烈的倭寇之乱再起。

走私贸易

15 世纪盛极一时的琉球转口贸易在进入 16 世纪后趋于衰落。与此同时，东海和南海的形势也发生了很大的变化。随着欧洲迈入近代的门槛，西欧诸国兴起一波“地理大发现”的热潮。其中葡萄牙人继发现印度航线后，又于 1511 年占据马来半岛上的交通要地——马六甲，并以此为据点向东亚地区渗透。很快，到了 1517 年，广州港就出现葡萄牙船只的身影，这些葡萄牙人要求与明朝通商贸易。而此时正值明中期正德帝时代，明朝地方政府基于海禁政策拒绝了他们的要求。不过，葡萄牙人着眼于支那贸易的广阔市场，又受到走私利益的驱使，故继续乘船北上寻找机会。而明朝虽然采取海禁政策并屡次重申禁令，但效果不太理想。16 世纪，明朝沿海偷越国境的走私贸易十分猖獗，很多支那商人违反禁令乘船出海。受此影响，福建漳州的月港和宁波的双屿成为其与葡萄牙人进行走私交易的根据地。

此外，明朝商船在日本最后一批遣明船停止活动之时，突然开始前往日本各地从事贸易活动。这种公然违反海禁政策的走私贸易，其目的就是从日本带回白银。因为进入 15 世纪后，支那地区盛行使用白银作为流通领域的支付手段，以往缴纳实物的地租也逐渐被白银化的“金花银”所取代。但是，在支那社会中变得无比重要的白银，在其国内的产量却很低，而日本白银的产量却从 16 世纪中叶开始急剧增加。着眼于此，支那商人开始吸引日本商人参与走私，以期获得白银，这也是此时走私贸易突然兴盛起来的一个原因。

对走私贸易头痛不已的嘉靖帝于 1547 年派朱纨任浙江巡抚并兼任浙、闽海防军务提督，其目的就是要彻底根除东南沿海猖獗的走私活动。朱纨是一个办事认真、忠于职守的官员，他到任后立即整顿沿海防务，并于翌年率兵攻击了走私贸易的巢穴——双屿岛。岛上的走私者或死或俘，港口也被朱纨阻塞。但是，与走私贸易有关联的官员们联合起来反对朱纨，使其获罪落职并于绝望中服毒自尽。

总的来说，走私贸易的从业者主要由来自福建、浙江和广东沿海的居民组成。尤其是福建泉州、漳州等地土地狭窄贫瘠，人们很早便开始出海谋生。此外，这些走私贸易从业者的背后也有当地乡绅的暗中支持。所谓乡绅阶层，大体上是由当地已致仕归隐的官员或出身富裕地主阶层但未能通过科举考试的知识分子所组成的集团。这些乡绅虽然不是现任官员，但他们以曾经任职为官的经历作为资本，与地方官员甚至中央官员都有联络。而走私贸易这一违法行为之所以屡禁不绝，就是因为查办走私的官员要么迫于乡绅集团的压力和威胁，要么贪图贿赂，故大都对走私贸易持默许和放任的态度。朱纨则以法令为盾，又以强硬的措施来查办走私，必然会冒犯到以走私贸易获利的乡绅集团，故最终在他们的反击下获罪落职。而在当时旁观者的眼中，朱纨是因为在履行自己的职责时过于迂执，才落得如此悲剧的结局。所以自朱纨失败以后，东南沿海的海禁愈加松弛，而走私贸易则愈发兴盛。

后期倭寇

在朱纨消灭了双屿岛上的走私据点之后，王直[①]成为东海地区走私贸易的执牛耳者。王直又号五峰，为人豪爽任侠而有男子气，且足智多谋擅长谋划，故在走私者中颇具人望。他起初以经营盐业为生，失败后便与同伴们将硝石、硫黄、生丝等违禁品运往东南亚的暹罗、马六甲等地高价出售，5～6年遂至巨富。由此可见，想要做一本万利的买卖，贩卖国法不容的违禁品无疑是最好的途径。东海地区也是王直主要的活动区域，他频繁地出没于日本各

① 一作汪直。

地，并在九州岛的平户修建了宅邸。众所周知，葡萄牙人于 1543 年乘船到达种子岛，并首次将火枪传入日本，而据称王直也在那艘船上。

就这样，王直带领东南沿海的贫民将走私贸易越做越大，同时他的实力也越来越强。为迫使明朝满足其自由贸易的要求，王直于 1552 年开始袭击江苏、浙江等地的沿海地区。从这以后的 10 年间，即后期倭寇最为猖獗的时期，仅 1555 年一年就有超过 100 次倭寇袭扰的记录。既然是走私贸易，说不定什么时候就会遭到官府的查处，所以走私者在紧急情况下拿起武器进行反抗也是理所当然的了。反过来说，官府严厉的查处措施又会刺激走私者反抗。在这样的恶性循环中，官府与走私者之间的过激行为逐渐趋于失控，而倭寇袭扰所造成的损失也达到了极点。

倭寇频繁出没于明朝东南沿海，他们杀人、纵火、抢掠，无恶不作。当时甚至有这样一个骇人听闻的例子：一队仅 60 ~ 70 人的倭寇侵入明朝内地，在 80 天内流窜数千里，兵锋直达今安徽省的腹地，而在被明军歼灭前他们已经于沿途杀掠了 4000 余人。此外，当时明朝的文献中也有“真倭三”这样的记载，这也说明后期倭寇的主要参与者还是汉族，日本人在其中只占很小的比例。虽然都被称为倭寇，但后期倭寇的特点与前期倭寇截然不同。此外，后期倭寇肆虐的区域主要在走私贸易比较活跃的长江以南，这一点也与前期倭寇大不相同。

不久之后，首开倭寇大举入侵明朝之先河的王直就返回日本并自称徽王，同时以五岛列岛为基地指挥倭寇的行动，一时间声势大振。明朝则悬赏白银万两和伯爵封号以换取王直的首级，不过收效甚微。作为处理东南倭患最高负责人的总督胡宗宪借与王直同乡的便利条件，对其施以怀柔政策。胡宗宪先将王直的母亲和妻子释放出狱，又写信以开放贸易为条件劝王直投降。后者在得知家人安全获释后心有所动，但仍不能完全信任胡宗宪，故由日本赶赴舟山观望形势。但是在胡宗宪派出人质表明诚意且竭力劝说的攻势下，王直终于打消疑虑，亲自赴约会谈，结果遭到诱捕并最终被处以极刑。在此之前，另一个曾与王直一起从事明日间走私贸易并频繁地袭扰过明朝的大倭寇头子徐海，也被胡宗宪用反间计迫降并处死。

就这样，自 16 世纪 60 年代以后，倭寇的势力终于衰落下去。名将戚继光又在福建攻破倭寇的巢穴，给予其致命一击。倭寇残党则转移到明朝官府鞭长莫及的台湾等地继续活动。而最终使倭寇彻底绝迹的契机则是明朝海禁令的解除。1567 年，明朝进入隆庆帝时代，自明初以来实行了近 200 年的海禁政策终于走到尽头，海外贸易也获得了合法的地位。福建漳州的月港原本是走私贸易的据点，不过此后该地以海澄县的新面貌成为海外贸易的重要门户。明朝虽然仍禁止商人前往日本开展贸易，不过这条禁令只是在表面上得到执行罢了。自海禁令解除以后，汉族很快便掀起了一个出海远航、从事海外贸易的发展热潮。

朝鲜之役

不久以后，日本结束战国混战并迎来崭新的安土桃山时代。持续活跃近半个世纪的后期倭寇使日本人积累了海外贸易的经验并保持对国外事务的高度热情。而一统日本的丰臣秀吉则一直怀有征服中国的野心，在朝鲜拒绝与日本合作后，他于 1592 年派兵入侵朝鲜。是年为日本的文禄元年，即明朝的万历二十年。

此时朝鲜正值宣祖李昖在位的李朝中期，朝堂上群臣陷于无休止的党争之中，对日本的外交政策也受党争左右而毫无定见，国防军备更是无从谈起。正当朝鲜朝野对战和问题争论不休的时候，日军便如潮水般涌入。是年 5 月，在釜山登陆的日军一路势如破竹，仅用 20 天就攻占朝鲜首都汉城。而后日军于此兵分两路，小西行长继续北进夺取平壤，加藤清正则转向东北，攻入日本海沿岸的咸镜道。不久之后，临海君和顺和君两位朝鲜王子就在边境的豆满江①

① 即图们江。

附近被加藤清正所俘。

朝鲜自立国以来便是明朝忠实的朝贡国。所以，朝鲜宣祖在逃到鸭绿江边的新义州后，马上就向作为宗主国的明朝求援。而明朝内部对于是否出兵亦有争论，不过明朝君臣在讨论后认为日本侵朝的根本目的在于借道攻明，故最终下定了出兵援朝的决心。明朝首先以距离战场最近的辽东军队为前锋开赴朝鲜，结果在平壤城下被日军击溃，领兵的将领也仓皇逃窜。感到颜面受辱的明朝这才鼓起干劲认真地调配兵力组建援朝部队，同时指派名将李如松负责指挥。李如松入朝后立即率领4万明军袭取平壤，但在其南下追击日军时，于汉城附近的碧蹄馆遭到小早川隆景部的伏击，李如松大败而归[①]并退守平壤。曾经主张向明朝求援的朝鲜大臣们也苦于明军的暴行而纷纷改变了看法。诚然，当时的朝鲜已经沦为日明两国的战场，这种痛苦对于朝鲜人来说是无法用语言形容的。不过，朝鲜各地的义兵抗日运动风起云涌，朝鲜水军名将李舜臣又夺取了制海权，导致侵朝日军的补给陷于困境。在这种情况下，日军也丧失了继续作战的勇气，转而竭力固守朝鲜半岛南

---

① 译者认为，碧蹄馆之战明日双方均未达成战役目的，且于战后形成僵持局面。即日军未能成建制地歼灭明军，明军也未能收复汉城，理应视为平局，而从双方的损失对比来看，明军伤亡虽大，但远谈不上“大败”。有关该次战役的明、日、朝三方史料颇多，请感兴趣的读者自行查阅比对，在此不再赘言。

部地区。就这样，战争陷入胶着状态，而明日之间和谈的时机已悄然成熟。

和平谈判

对于明朝来说，援助朝鲜的负担也是非常沉重的，所以其内部亦有求和的呼声。而与日本人谈判的工作则交给了沈惟敬负责。沈惟敬，浙江嘉兴人，据说他是一个身份不明的市井无赖。不过，他熟悉日本的情况，且颇具处变不惊的胆识，又能言善辩，长于辞令，倒是一名合格的外交人才，故而被明政府看中。古往今来，外交舞台往往就是这类人展露才华的机会。

沈惟敬接受任务后立即赶往朝鲜，首先在平壤与小西行长进行了会谈。自此之后，明朝与日本又展开了长达5年的马拉松式谈判。碧蹄馆之战后，双方曾一度就和议达成一致。于是，日军从汉城撤往朝鲜南部，明朝则派遣使者到日本与丰臣秀吉面议。丰臣秀吉则在会谈中提出7点议和条件，其主要内容可总结为如下4条：

第一，明朝公主嫁与日本天皇为妃；

第二，明朝恢复勘合贸易；

第三，汉城及朝鲜北部四道归还给朝鲜王国，南部四道则割让给日本；

第四，日本释放被俘的两位朝鲜王子。

丰臣秀吉还表示，为体现日本议和的诚意，他将下令撤回一部分驻扎在朝鲜南部的日军，明使回国时也可以将两位朝鲜王子先行带走。

与此同时，日本也向北京派出了议和使者。虽然明朝内部对议和问题争论了很长时间，但终归还是统一了意见。明朝开出的议和条件为：

第一，册封丰臣秀吉为日本国王；

第二，授予日军将领小西行长等人都督级别的官职；

第三，不允许日本进行朝贡贸易；

第四，日本撤出驻扎在釜山的全部日军；

第五，日本做出不再侵略朝鲜的承诺。

由此可见，日明双方对于议和条件的分歧之大，但明朝还是派出了正式的议和使团并平安抵达日本。然而，从北京到大阪的几千里路程，使团花了 1 年零 9 个月才走完。这就表明，使者们普遍对议和信心不足并企图拖延时间，敷衍搪塞。而且在使团经停日军控制的釜山期间还发生了正使李宗城逃亡回国的奇闻。

李宗城出身名门，是明朝开国功臣李文忠的后代。关于他的逃亡，曾有这样一个传说。话说李宗城在前往日本的途中贪得无厌地接受馈赠，而日方对马岛的一位领主进献了两三个美女侍寝，令李宗城十分高兴，不过他又得寸进

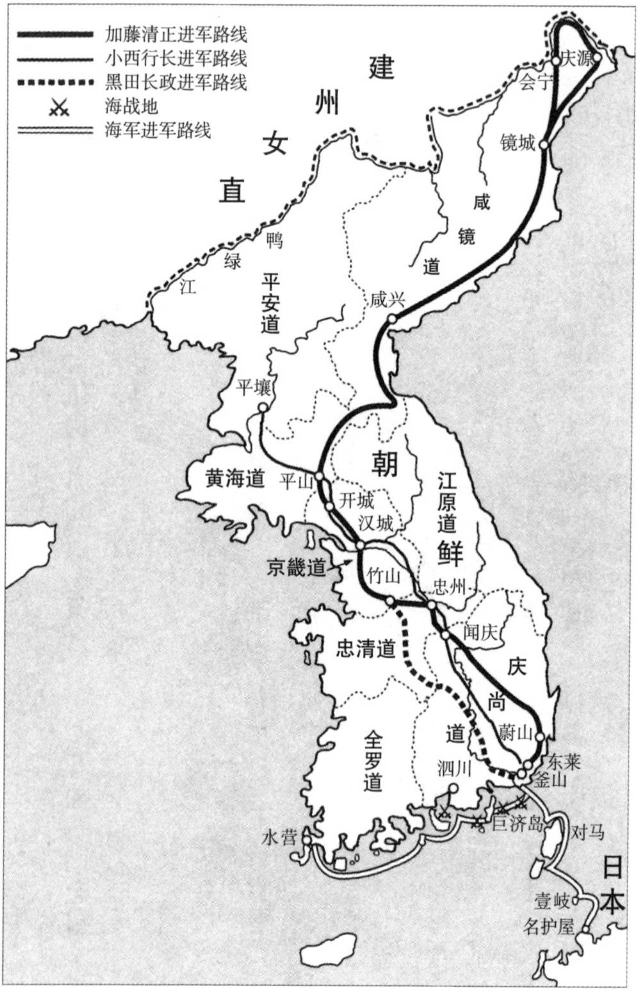
加藤清正进军路线
小西行长进军路线
黑田长政进军路线
海战地
海军进军路线
建
州
女
直
庆源
会宁
镜城
咸
镜
道
鸭
绿
江
平安道
咸兴
平壤
朝
黄海道
平山
开城
汉城
江原道
鲜
京畿道
竹山
忠州
闻庆
忠清道
庆
尚
道
蔚山
全罗道
泗川
东莱
釜山
巨济岛
对马
水营
日
本
壹岐
名护屋

图18　日军侵朝路线

尺地看中了漂亮的领主夫人，因而被愤怒的日本人追杀，不得不仓皇逃亡。这个传说的可信性自然不高，真实的情况可能是李宗城认为与丰臣秀吉的会谈必然会失败，出于对自己人身安全的担忧才被迫决定弃职而逃。故而，在明朝使团经停釜山的某个早晨，李宗城装扮成一名普通士兵逃出城外。

李宗城逃亡后，明朝又指定杨方亨、沈惟敬为正副使节继续完成出使日本的任务。到了庆长元年（1596）九月，经历了换帅风波的明朝议和使团终于得以在大阪面见丰臣秀吉。明朝使者虽然将日本国王的冠服和金印交给了丰臣秀吉，但转瞬之间，和谈还是破裂了。造成和谈破裂的原因固然复杂，但归根结底还是因为双方提出的议和条件分歧过大。而且我们已经在前文中谈到过，接受明朝皇帝赐予的封爵是与明朝建立邦交关系的先决条件。其实，在明朝内部反对加封丰臣秀吉为日本国王的意见亦不少，只是因为之前有足利义满和俺答汗封王的先例才决定如此。至于日本提出的割让朝鲜南部四道的要求，明朝根本就不可能予以考虑。这次鸡同鸭讲的和谈主要是靠沈惟敬与小西行长欺上瞒下，隐瞒双方在和谈立场上的分歧才勉强组织起来的，所以从一开始便注定不会有什么结果。

随着和谈的破裂，丰臣秀吉于翌年再次出兵进攻朝鲜，但日军的气势已大不如前，在战场上只能勉强招架住明朝联军的攻势而再难有所进展。而直到 1598 年丰臣秀吉病死前下令撤回在朝鲜作战的日军，这场稀里糊涂持续了7年的战争才最终落下了帷幕。不过，日本人也不是一无所获。在这场战争中，日本获得了接触朝鲜先进技术和学术理论的机会，譬如“唐津烧”、“萨摩烧”等制陶工艺便是由从朝鲜俘虏来的陶艺工人开发出来的。此外，朝鲜是当时世界上活字印刷技术最为先进的国家，而在战争中从朝鲜传入的铜活字印刷术更是极大地促进了日本印刷技术和文化事业的发展。

从学术研究方面来说，通过这场战争，后来成为江户时代主流学术思想的朱子学在日本得到广泛传播。而这主要得益于日本学者吸收了早前朝鲜学者李滉（退溪）对朱子学的研究成果。被称为日本朱子学鼻祖的藤原惺窝就是在李滉著作的基础上进一步进行研究的。

丰臣秀吉发动的这场被称为“文禄、庆长之役”的侵朝战争，在东亚的历史长河中激起了巨大的涟漪。姑且不论丰臣氏因这场战争而衰落，并最终导致德川氏夺取日本政权，仅就惨遭兵燹蹂躏的朝鲜来看，便是一幅“白骨露于野，千里无鸡鸣”的悲惨景象。另外，在这场战争中明朝也付出了巨大的牺牲，而这必然会加速其灭亡的进程。然而，趁着明、朝两国因战争而国力大损的有利时机，定居于两国交界处的女直部落则迅速发展起来，在不久之后建立清朝并称霸东亚。

第七章
元朝的传国玉玺

狩猎农耕民族

蒙古高原东部地区的地势呈陡坡状急剧下降并向东过渡为满洲平原，而二者的分界线便是大兴安岭。如果站在西侧的蒙古高原上观察大兴安岭，它只不过是一片起伏不定的丘陵罢了，而从东侧的满洲平原眺望，大兴安岭则变成了壁立千仞的险峰。由大兴安岭分隔开来的两个地理区域的自然环境和气候也截然不同。有别于西侧干燥的蒙古高原，大兴安岭东坡水系发达，降水量充沛，河谷中可用于农耕的土地数量亦不少。这里的居民很早以前就在从事游牧活动的同时进行农业生产。总而言之，大兴安岭地区是游牧区与农耕区的中间地带，建立北魏的鲜卑人、建立辽国的契丹人都曾定居于此。进入元代以后，蒙古人也曾在这附近活动，而今天大兴安岭地区便属于内蒙古自治区的管辖范围。[①]

由大兴安岭继续东行就会进入真正意义上的满洲平原。西起辽河、松花江一线，东到长白山之间并无高山密林，只有生长着稀疏灌木的丘陵点缀其间。这里便是栽培麦、谷、稗、黍等作物的雨水农耕区。但是因为土地的生产力低下，仅靠农耕并不能使当地居民过上自给自足的生活。所以在这片区域，狩猎和养猪也是重要的生产手段和副业。久而久之，人们便因这种养猪的特色而称呼当地居民为“通古斯人”，“通古斯”是从突厥语“tonguzu”即“猪”一词转音而来的。

通古斯人的狩猎活动与其说是猎取禽兽和鱼类来果腹，不如说是采集供交易用的土产商品更为恰当。松花江及其下游阿穆尔河的两岸分布着西伯利亚特有的泰加林[②]，其中栖息着大量诸如貂、狐狸、松鼠、水獭等能提供优质毛皮的动物。而位于满洲平原与朝鲜半岛交界处的长白山地则出产具有珍贵药用价值的高丽参和中餐中不可缺少的木耳、蘑菇、松子等珍贵食材。此外，满洲平原各地也盛产淡水珍珠，这种单纯的奢侈品在当地没什么市场，而是要通过村落之间接力运输的方式将其从满洲内地

① 实际上，今天大兴安岭地区在行政上归黑龙江省管辖。

② 即亚寒带针叶林。

运到辽河下游的辽阳、沈阳等地销售。这一带属于辽河肥沃的三角洲地区，从很久以前便开始使用支那先进的农业灌溉技术。汇集于此的商品则通过热河山地到达北支那平原上的北京。通过这条商业渠道，满洲的居民可以获得谷物、纺织品、金属工具以及其他产自支那的商品。而这条渠道早在史前时期就已经存在，所以满洲的居民无论在多么偏远的内地都可以将北京作为中转站并通过这条隐形的渠道与支那地区的经济联系在一起。

自 10 世纪以来，作为通古斯人一支的女直人便一直定居于辽河及松花江以东地区。“女直”是女直语诸申（jushen）的汉语音译。在女直人的社会结构中，一个家庭是由主人和奴隶两个阶层构成的。一方面，主人通过狩猎来获取毛皮、采集人参，然后将积攒下来的商品运到远方的市集上换取生活必需品。此外，在女直人的社会活动中，战争也是一种以掠夺为目的的狩猎，而这通常也由主人负责。

另一方面，奴隶则负责种田、养猪，任劳任怨地为主人生产食物。主人世世为主，奴隶代代为奴，双方的地位永久固定。不过，主人与奴隶寝同房，食同桌，主人的战利品、交易所得以及奴隶生产的食物都在家庭内平均分配，并没有地位高下之别。在某种意义上，主人与奴隶的身份只是家庭内部生产活动的不同分工，例如主人是丈夫，妻子是奴隶的情况。所以女直人家庭中主奴之间有着强大的精神凝聚力，主奴关系也能像俗话所说的“主从三世”那样一直延续下去。而家庭则是一个生活共同体，主人与奴隶都不可能在缺少对方的情况下独自生存。

由部落到卫所

进入 12 世纪后，女直人征服了北支那进而建立了金国，不过最终为蒙古人所灭。残存在满洲地区的女直人被置于元朝辽阳行中书省的管辖之下。但是，由于元朝对满洲的统治较为宽松，女直人几乎获得了完全的自治权。而我们在之前的章节也曾提到过，辽阳行中书省只是元朝为统治迁居于辽河三角洲地区的高丽农耕民而设置的政府机关。

明朝兴起后，洪武帝为切断蒙古高原与朝鲜半岛之间的联系而派兵占领了满洲地区。这一时期明朝对满洲的经营完全是出于军事方面的考量。但在永乐帝统治时期，这种情况发生了改变。永乐帝曾长期以燕王的身份驻节北京，甚至还纳了女直首领阿哈出的女儿为妃，这自然使他与满洲的女直人建立了紧密的联系。后来在靖难之役期间，女直兵和大兴安岭以东的蒙古兵都参加了靖难军一方并与建文帝的军队奋勇作战。1403 年，永乐帝登基后，将这些女直兵、蒙古兵改编为明朝正规军，并效仿内地的制度，以部落为单位设置卫所。吉林附近的女直人被编为建州卫，由阿哈出担任指挥使，又在哈尔滨以北设置了兀者卫。大兴安岭以东的蒙古人则分别被编为朵颜、泰宁、福余三卫，而这三卫的成员均由兼营农耕的游牧民组成。

起初，女直人的卫所都隶属于辽东都指挥使司。但随着明朝的势力逐渐到达阿穆尔河流域，满洲内地也陆续建立大量的卫所，故永乐帝又设置了奴儿干都指挥使司负责管理它们。

1411 年，永乐帝派遣宦官亦失哈率兵士 1000 余人分乘 25 艘大船直抵阿穆尔河河口，并在这里设置了奴儿干都指挥使司衙门。早在元代时，这里就设有征东元帅府，负责管理库页岛及北海道等地的阿伊努人，而现在这里又成为明朝开疆拓土的前进基地。实际上，奴儿干都司的情况曾长期不为外人所知，直到 19 世纪中叶俄国人别尔米金①发现永宁寺碑并将其公之于众后，学术界才逐渐得以获知这一事实。其中原因不外乎清朝官方为否认自己祖先世代定居的土地曾为明朝所统治的历史事实，而删除了史

① 俄文全名及生卒年月不详，其于 1856 年在《俄罗斯地理学会西伯利亚会刊》上发表《从乌斯奇—斯德列尔卡伦到鞑靼湾的阿穆尔河航行志》，其中提到有关永宁寺碑的内容。

书中有关明朝设置奴儿干都司的记载。间宫林藏在文化六年（1809）从库页岛（桦太岛）出发游历今天俄罗斯的滨海边疆区时，也曾看到永宁寺这座修建于都指挥使司衙门附近的观音堂，并在其《东鞑纪行》① 一书中提到了永宁寺碑：

> 次日经过名为山靼卫之地方，从前俄罗斯强盗沿亨滚河（发源于其国内，流入此河）下航，来此地盘踞，他们招抚附近夷人并掠夺其产物，企图蚕食这一片土地，后为满族人所讨伐，兵败归国（年代不详）。当时贼夷所建房屋尚在。在此江岸高处，有黄土色石碑两座。林藏从船上遥望，看不清有无文字雕刻。众夷至此处时，将携带之米粟、草籽等撒于河中并对石碑遥拜，其意为何不得而知。

即使间宫林藏的记录与事实有出入，此处提到的石碑也确为永宁寺碑无疑。根据石碑上的碑文，当时亦失哈不仅收服了被称为“海外苦夷”的当地土著，甚至还招抚了库页岛上的阿伊努人。

① 下面引文参考间宫林藏《东鞑纪行》，《黑龙江日报》编辑部、黑龙江省哲学社会科学研究所编译，内部发行，1974。

努尔哈赤的崛起

永乐帝去世后，继任的宣德帝（1425～1435年）维持了明朝的盛世，对满洲地区也继续执行直接统治的政策。但到了正统帝（1435～1449年）时，明朝要应对来自新兴瓦剌帝国的压力，故而在战略上转变为守势，并彻底放弃了进攻蒙古高原的企图。此外，明朝在满洲也放弃奴儿干并退守辽河下游，奴儿干都指挥使司也遭到废弃。自此以后，明朝在满洲地区的防御重心就被限定在开原、沈阳一线。

可有趣的是，女直人虽然不再作为明朝正规军参与战争，但运行了数十年的卫所制度逐渐融入了他们的社会组织，世袭的指挥使、千户、百户等官职也成为女直人和平时期与明朝进行边境贸易的特权身份和有力保障。各卫所首领的主要工作就是将部民的商品集中起来送到设于边境关隘的定期集市上进行交易，回到卫所后再将交易所得的物资分配给部民。

这些关隘主要有位于开原东北方的镇北关、东南方的广顺关，以及沈阳以东的抚顺关这三处。因为近水楼台先得月，在这些关隘附近形成了强大的女直部落国家。镇北关外有塔鲁木卫（叶赫国），广顺关外有塔山前卫（哈达国），抚顺关外有建州左卫。“卫”是明朝方面的称呼，女直人则把“卫”看作一个部族，甚至是一个国家。而且，在连接关隘与内地的商路上也出现若干作为商品集散地的部族国家。位于吉林北部的建州卫旧地有塔山卫（乌拉国），在三关与松花江、阿穆尔河的连接点、乌拉国南方的辉发河河谷中则有辉发国，它联系着哈达国、建州左卫和乌拉国。此外，建州左卫以东的佟家江流域还有由阿哈出子孙统治的建州卫和建州右卫。

在这期间，建州左卫出现了一位杰出的领导者——努尔哈赤（清太祖），他在明朝辽东驻军最高指挥官李成梁的保护下，以赫图阿拉为根据地不断扩张势力，并于1588 年成功统一了建州三卫。1593 年曾到访赫图阿拉的朝鲜使臣申忠一著有一部名为《建州纪程图记》的著作，其中有对努尔哈赤当时情况的生动记述。

根据申忠一的记述，赫图阿拉城为三重结构，努尔哈赤的宅邸位于中心的内城并围以木栅。内城被一分为二，右侧为努尔哈赤及其家族的居所，左侧则为办公区域和鼓楼。

内城中还住有努尔哈赤的亲族 100 余户，外城住有努尔哈赤的部将及其家族 300 余户，在外城之外则住有士兵 400 余户。此外，外城中还有努尔哈赤之弟舒尔哈齐的宅邸，其形制与努尔哈赤的宅邸几无区别。

努尔哈赤的部将 150 余人以及舒尔哈齐的部将 40 余人同样都是建州女直的部落首领，他们将附近村庄的全部物资源源不断地运进赫图阿拉。另外，即使是努尔哈赤本人也不能对舒尔哈齐的部下进行任何形式的干涉，申忠一也认为努尔哈赤与舒尔哈齐是对立的关系，同时他们还保持着平等的地位。

申忠一对努尔哈赤的样貌描写也细致入微。努尔哈赤中等身材，肤色微黑，长脸，大鼻子，戴着貂皮帽子，身穿绣有鲜艳且华丽龙纹的貂皮大衣，腰系金带，带上挂有大小不等的刀具以及打火石等工具，脚上穿着鹿皮鞋，这些毫无疑问是女直人的传统服饰。另外，舒尔哈齐则身材高大，肤色较白，穿着与努尔哈赤相同的服饰，还戴着银质的耳环。

此后，努尔哈赤又分别于 1599 年、1607 年吞并了哈达和辉发两部，进而稳步推进女直民族的统一大业。

后金的建立

努尔哈赤的保护人李成梁是元代移居满洲地区的高丽人后裔，他与宫中的宦官相勾结，垄断了满洲的毛皮和人参市场。而当时的明朝已经转型为消费型社会，到处都掀起了一掷千金的奢侈品消费热潮。与李成梁结交的努尔哈赤则垄断了与明朝进行关门贸易的交易权，同时他也为控制出产商品的满洲内地而不断发动战争。

然而，随着1608年明朝宫廷斗争形势的变化，李成梁失势下野，努尔哈赤也失去了靠山。但是，羽翼渐丰的努尔哈赤继续推进女直部落的统一事业，他于1613年吞并乌拉部并进一步向内地进军。到了1615年，努尔哈赤终于统一了除叶赫部之外的整个女直民族。翌年，努尔哈赤举行即位仪式并自称后金国大汗，这也表示他的成功即是对昔日金帝国的再次振兴。

努尔哈赤还在后金国内部编制了8个被称为“固山”的军政集团。所谓“固山”即以卫所制度为原型，将军队用不同颜色和镶边的军旗加以区分。汉语中一般将“固山”翻译为“旗”，所以“固山”又被统称为“八旗制度”。军旗有黄、白、红、蓝四种颜色，同时又以镶边与否分为八类，纯色军旗曰“正”，有镶边的军旗曰“镶”，如黄、白两色军旗即以“正黄旗”、“镶黄旗”、“正白旗”、“镶白旗”来区分。每旗下又分为5个“甲喇”（参领），这相当于卫所制度下每卫的5个千户所，每个甲喇又分为5个“牛录”，牛录则相当于百户所，每个牛录负有在战争、狩猎、缴纳赋役时提供300个男性劳动力的义务。总之，努尔哈赤的后金政权可以看作八旗组织的联邦，而八旗制度也成为有清一代女直人社会组织的根本原则。到后来不仅是女直人，甚至包括汉军（汉族）、蒙古（蒙古人）等无论由什么民族组成的八旗都被统称为“旗人”，而旗人则是清朝建立统治的基石。

萨尔浒之战

李成梁失势后，努尔哈赤与明朝的贸易也无法再顺利地进行下去。如果贸易遭到禁绝，好不容易收集到的毛皮和人参就会失去买家，粮食等生活必需品则无处购买，走投无路的努尔哈赤开始诉诸暴力的手段来解决问题。1618年，努尔哈赤首次进犯抚顺关，自此以后他便频繁入侵明朝领土，破坏生产，抢掠粮食。

针对努尔哈赤的暴行，明朝正式发起讨伐战争。万历皇帝发表了讨伐努尔哈赤的敕谕并任命在“文禄·庆长之役”中表现突出的杨镐为讨伐军主帅。1619 年春，杨镐兵分四路，十万明军浩浩荡荡杀奔努尔哈赤的老巢——赫图阿拉。自李成梁以来，这种分进合击的战术一直是明军讨伐女直人的标准战法，杨镐希望用这种战术阻止女直骑兵的游击战并于赫图阿拉城一举歼灭女直军主力。而且明军不光拥有绝对的兵力优势，还装备着女直军所没有的大炮、火枪等火器。

接到明军出动的报告后，努尔哈赤认为据城而守会遭

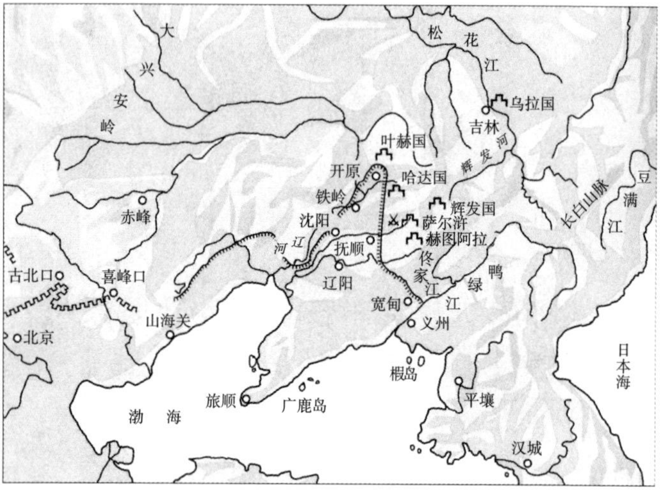

图 19　明末的东北南部地区

到明军优势炮火的攻击，于己不利，因而决心与明军野战决胜。努尔哈赤还在苏子河两岸的萨尔浒、吉林崖等地分别修筑了城堡并制定了迎击明军的作战计划。

明军的分进合击战略需要四路大军紧密联络、密切配合方能取得成功。然而，率领明军主力自沈阳经抚顺，沿浑河、苏子河直趋赫图阿拉的左翼中路军主将杜松抢功冒进，违背既定作战计划，攻击了后金新近修筑的萨尔浒城。接到报告的努尔哈赤亲率八旗主力由赫图阿拉出发，经过奇迹般的五小时 50 公里急行军，出其不意地突袭了占领萨尔浒的明军，毫无防备的明军未及列阵便被歼灭殆尽。后金军乘胜渡过浑河，从背后袭击了驻扎于吉林崖的明军杜松部并将其全歼。

由开原进军的明军左翼北路军主将马林此时正驻扎在尚间崖南麓，而他尚不知晓友军杜松部已遭歼灭。而侦查到马林部确切位置的后金军在努尔哈赤赶到后立即发起了攻击，仅以数千兵力便击溃了马林部的两万明军。

而此时由猛将刘綎率领的右翼南路军正与一万朝鲜援军一起从宽甸出发并一路北上，进展神速。不过李如柏率领的右翼中路军则行动极为缓慢。明军统帅杨镐在得知杜松、马林两路大军已全军覆没后，立即命令刘綎、李如柏撤军。距离沈阳较近的李如柏在接到命令后安然撤回，但遗憾的是刘綎部因过于深入敌境，因而未能及时接到撤退命令。在后金军主力的围攻下，刘綎部全军覆没，斗志全失的朝鲜军则向后金投降。

就这样，被称为“明清之际的关原合战”[①] 的萨尔浒之战以努尔哈赤的胜利而告终。据战后的报告，明军一方45000 人战死，损失战马 28000 匹。

① 关原合战是日本战国时代末期，即 1600 年美浓国关原地区的一场战役，交战双方为德川家康领下的东军以及石田三成领导的西军。在西军将领小早川秀秋叛变的情况下，这场战争在一天内即分出了胜负，德川家康取得了日本的统治权，三年后建立德川幕府。

进军辽东

在边防军遭到歼灭后，明朝的辽东防御体系陷于崩溃。同年，努尔哈赤吞并叶赫部。1621 年，后金军一举攻陷辽阳、沈阳，兵锋直抵辽河一线。

虽然努尔哈赤在夺取辽河左岸的农耕区后，粮食供应情况稍有好转，然而如果不能恢复与明朝的和平贸易，新生的后金政权仍然难以巩固。于是，努尔哈赤再三向明朝表示希望展开和平谈判并重新开放山海关进行贸易。但是，要弥补已经破裂的外交关系又谈何容易。

不久后，一位名叫毛文龙的明军将领擅自从山东渡海到达鸭绿江口，并在朝鲜境内的椵岛（皮岛）建立了根据地。他在岛上开设市场收取商税，同时还向过往商船收取过路费。起初，毛文龙以游击战的形式不断骚扰后金国后方，但很快他便与后金妥协，甚至还与这个明朝的敌人开展走私贸易活动。

1626 年，努尔哈赤病死，时年 68 岁。之前曾提到过，因为八旗军政集团的独立性较强，为巩固后金政权，加强八旗军政集团内部的团结，努尔哈赤将八旗分别分封给自己的子侄，而这些掌握八旗大权的女直贵族则被称为“贝勒”（王）。努尔哈赤死后，诸贝勒中有 4 人实力最强。这4人经过互选和角逐，八贝勒皇太极（清太宗）最终成为后金国新的大汗。

翌年，后金军渡过鸭绿江进入朝鲜，一路长驱直入，兵围汉城，用武力胁迫朝鲜政府同意在义州定期互市。以后明朝的货物经椵岛到达义州，由朝鲜商人作为中介就可以交换到满洲地区的土产。总而言之，椵岛逐渐成为明朝与后金之间走私贸易的中转基地。

毛文龙又与大宦官魏忠贤勾结，在魏忠贤的庇护下逐渐积聚起了极大的势力。然而，随着魏忠贤的倒台，毛文龙也失去了靠山并于1629年被杀，椵岛的荣华终成南柯一梦。但是，走私贸易在明朝和朝鲜商船的运作下仍然没有被禁绝。

早在努尔哈赤生前，因迟迟不能与明朝在山海关进行贸易，忧心忡忡的后金统治集团便开始派军队进入热河以开辟新的商路。皇太极在征服热河地区的蒙古人后，于1629年越过长城并包围了北京。但是明朝皇帝并没有屈服于后金的武力威胁，皇太极提出的重开贸易的议和条件也石沉大海。所以，为了开辟新的对明贸易窗口，后金开始向蒙古高原进军。

1547年达赉逊汗被俺答汗放逐后，作为北元皇室正统的察哈尔部逐渐向大兴安岭以东迁徙，他们在抵达热河的赤峰地区后于此扎营放牧。但是到了皇太极时期，察哈尔部的林丹汗为避开后金进攻热河的兵锋，于 1628 年率部向西迁徙，沿途击溃内蒙古诸部并占领了呼和浩特，同时他还将势力扩展到甘肃和青海地区。

1634 年，皇太极亲自率军越过大兴安岭攻入蒙古高原，而此时林丹汗正为打开进入西藏的道路而在青海地区作战，不过不久他便罹患天花而死。林丹汗死后，察哈尔部也陷入分裂，首领们争先恐后地向后金投降，呼和浩特也落入后金之手。

但是，皇太极远征的首要目标并不是察哈尔部而是明朝。在这次军事行动中，皇太极率军从蒙古高原南下，包围了明朝边境重镇大同，同时他还向明朝驻军指挥官提出议和的要求。由于明朝地方军队各自独立，互不统属，故明军虽与后金在满洲地区处于战争状态，在大同却达成了和议。根据和议内容，明朝将在呼和浩特与后金的派出机构开展贸易活动。

元朝的传国玉玺

林丹汗死后，他的长子额哲率领察哈尔部前往甘肃边外游牧。1635 年，皇太极派遣努尔哈赤的第十四子多尔衮率军渡过黄河迫降了额哲并将其送到后金的国都沈阳。就在这时，额哲将元朝的传国玉玺进献给了皇太极。

这方用玉石雕琢而成的玉玺上刻有“制诰之宝”四个字。从古至今，印章在中国都是权力的象征。政府在任命官员时授予其官印，如果往来公文上没有用官印盖章则毫无法律效力，官员离任时还必须上交官印。也就是说，印章即权力。所谓“制诰之宝”即是皇帝在重要官员的任免命令上加盖的印章。而额哲进献的这方“制诰之宝”则是元朝皇帝的所有物，元顺帝从大都逃往内蒙古应昌时也随身携带着它，但在之后的战乱中玉玺便下落不明了。到了俺答汗统治时期，一个牧羊人发现自己的山羊3天不吃草，还用蹄子敲打地面，于是他就在那里挖出了这方“制诰之宝”。从此，这方玉玺就在俺答汗家族中代代相传，直到林丹汗占领呼和浩特，玉玺又落入他的手中，而现在则成为皇太极的战利品。总而言之，这方元朝的传国玉玺是元朝皇帝权力的象征，其落入皇太极的手中也就意味着他合法地从元朝继承了全中国的统治权。所以，得到玉玺的皇太极自然欣喜若狂。

就这样，内蒙古地区全部被置于后金的统治之下。除此之外，皇太极还开始大量接受汉族集团的投降。前文曾提到的毛文龙被处死后，他的部将孔友德、耿仲明等于1633年在山东发动叛乱，进而渡海前往旅顺向后金投降。孔友德部8014人、耿仲明部5860人也随二人一同投降。翌年，明朝广鹿岛守将尚可喜也向后金投降。而随这三位将领一起投降的炮兵部队则大大增强了后金军的战斗力。

大清皇帝

总而言之，后金就如同元世祖忽必烈所创建的元帝国的缩小版一般，是以小中国的面貌出现的。而皇太极现在则成为这个统合了女直人、蒙古人、汉人的多元国家的君主。自从大元传国玉玺入手以后，皇太极以外的三大贝勒相继失势，到 1636 年，女直的诸王、大臣、以额哲为首的蒙古各部首领以及孔友德等汉人将领齐集沈阳，拥戴皇太极称帝，他定国号为大清，并改元崇德。自此，清朝正式建立。同时，皇太极还废止了女直人“诸申”的自称，改族名为“满洲”。所谓“满洲”即是满语“manju”的汉字转写，从此以后，女直便改称满洲。

由皇太极所创建的清帝国是以满族人为中心，同时吸收了一部分蒙古人、汉人参与的联合政权。因此，在拥戴仪式上也分别由满洲、蒙古、汉人的代表在御前用本民族的语言表达对皇太极的支持。

清朝历代皇帝实录是这个联合政权性质的最佳体现。实录作为珍贵的皇家记录，是每位皇帝在位期间的编年史，每当修完之后便秘藏于宫中，绝不轻易示人。如此重要的史书要用满语、蒙古语、汉语三种语言来书写，从中便能很好地表现出清朝的本质。在清代，这三种语言都作为公文用语而被平等地对待和使用。

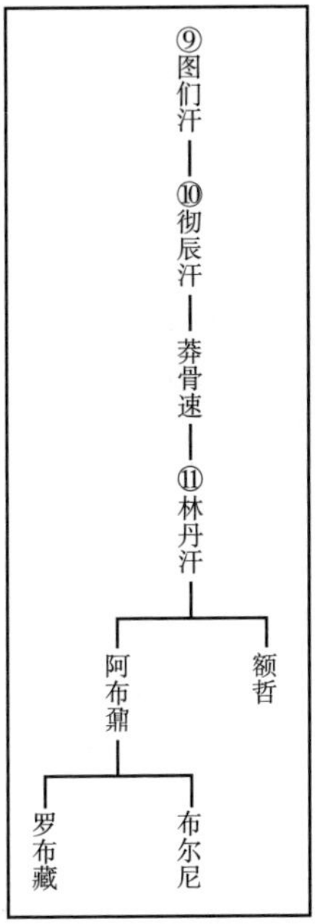

图 20　察哈尔部世系

皇太极登基称帝后希望得到邻国朝鲜的承认，但作为明朝朝贡国的朝鲜断然拒绝了这一要求。对此，皇太极亲率大军进入朝鲜以示惩戒，清兵渡过汉江后将朝鲜仁祖李倧围困在南汉山城。翌年年初，因城中粮尽援绝，仁祖被迫向清军开城投降，同时将汉江渡口三田渡作为双方盟誓的会场。崇德二年（1637）三月三十日[①]，在一片愁云惨雾中，仁祖亲率群臣从西门离开南汉山城，城中的朝鲜人皆哭拜相送。距离盟誓会场还很远，仁祖便弃车步行以示恭敬。大清皇帝立于祭坛之上，周围整齐地排列着全副武装的士兵。仪式首先由清帝与朝鲜国王一起率领群臣祭天，皇帝归座后，朝鲜国王则率领群臣

① 查《李朝实录》似为“正月三十日”，本书原文实误。

伏地请罪，而后由皇帝降旨赦免之。朝鲜国王谢恩后，仪式结束，宴会开始。自此以后，朝鲜与明朝断交并转而向清朝朝贡。

皇太极虽然做了皇帝，但其争取与明朝开展贸易的决心并没有丝毫改变。此后，皇太极通过各种外交途径与明朝进行议和谈判，然而他已经看不到获得成果的那一天了。崇德八年（1643）八月八日，皇太极突然病死，时年 52 岁。

第八章 北京的四十天

万历三大征

本章分析一下清朝的作战对象——明朝的国内局势。我们在前文中曾经提到，于讴歌太平盛世的万历之时，日本的丰臣秀吉突然派兵入侵朝鲜，而明朝则派出大军救援之。

此次的援朝战争持续了7年之久，与此同时，明朝的边境地区还发生了两次叛乱。一次是在援朝战争发生之前，是由西北宁夏地区投诚的蒙古人哱拜挑起的，另一次是在援朝战争正在进行之时，由西南地区播州（贵州省遵义县）的土司杨应龙所发动。然而，播州的叛乱在援朝战争结束后仍未被平定。

当然，明朝也派遣了军队对这些叛乱进行镇压，而这三次战争则被统称为“万历三大征”。战争是要花费大量金钱的，从古至今这都是一个不变的铁则。明朝为了这三次战争花费了数以千万计的银两。然而，当时明朝政府每年的常规经费支出也不过400万两，与这个数字相比，三大征所花费的军费可以称得上是一笔极为庞大的支出了。

然而祸不单行，正当援朝战争进行得如火如荼之际（1596年），紫禁城内廷的坤宁宫意外失火，火势随即蔓延到乾清宫，使万历帝受到了惊吓。第二年，外廷最重要的皇极殿（清代的太和殿）、中极殿（中和殿）、建极殿（保和殿）三座宫殿都遭遇了火灾。

而在这之前，万历帝于20岁时便已花费6年的时间为自己建造了豪华的地下陵墓。这座地下宫殿很早便由中国考古学者所发掘，它隐藏了300余年的神秘姿容也受到国内外学者的极大的关注。然而，此时万历帝又要着手于地上宫殿的重修了。坤宁宫和乾清宫这两座宫殿花费了数年时间完成重修，但其他三座宫殿的进展则更不顺利，直到万历帝去世数年之后才得以完成重建。并且，工程所用的楠木和杉木都是从长江上游地区运输过来的，耗费的银两更是多达千万。

在专制王朝的统治之下，宫廷的开销自然十分巨大。特别是到王朝的末期时，仅仅是皇室成员的繁衍所增加的负担就已经很重了，但皇帝和嫔妃们的生活越来越铺张浪费，宫中宦官和女官的数量也明显增加，甚至连女官的化妆费用都达到了惊人的数字，婚丧祭奠更是流于奢华，荒唐且不必要的支出就这样不断增多。

万历三十年（1602），万历帝正好 40 岁，加之改元已有 30 载，因此万历帝就以“七十大寿”的名义举办了豪华的庆典活动。此外，皇太子朱常洛于同年大婚，为了操办婚事又花费了 200 多万两白银。这个数字是他父亲万历帝大婚费用的两倍还多。

因此，明朝仅应付常规性支出便已面临极大困难，更何况还要叠加一项又一项的临时性费用，故而其在财政上必定会陷于捉襟见肘的窘境。为了摆脱财政困局，万历帝制定了相应的财政对策。

矿税之害

万历二十四年（1596），万历帝开始实施对开矿和商业增税的新政策。这一举措与当时白银流通的扩大化是分不开的。由于白银的重要性不断提高，商业、手工业逐渐发达起来，商品的流通也极为活跃，故而万历帝将增收的着眼点置于此处。自明初以来，宦官逐渐成为皇帝的心腹，他们公开地参与政治活动，担任要职并奉命出使外国、巡视地方。有明一代，这种情况都没有发生什么改变。现在，他们又被派往各地担任矿税太监。我们在前文中已经对宦官们依仗皇权、横行跋扈的情况有所阐述，但因矿税太监的派遣更广泛、更直接地波及百姓的切身利益，所以身受其害者不计其数。而派遣到地方的宦官又大都贪得无厌，更与当地的无赖和有前科的罪犯相勾结，假借矿山开采与征税等名义压榨百姓，以中饱私囊。

比如说被派往长江中游湖广地区的矿税太监陈奉，对于有钱的大户人家，他就扣上随意开采矿山等罪名勒索钱财。甚至谎称富户的豪宅、坟墓下边有矿脉，并威胁如果不献上财物的话，这些地产就会被立即没收。在他管辖范围内的百姓如果不执行他的命令，就会立刻招灾惹祸。此外，他的爪牙有数百人之多，一言不合便包围、抢掠民宅，剥光妇女的衣服并进行惨无人道的鞭打和凌辱。

而且，矿税太监们征税的残酷程度也无法用言语形容。他们在天津收取商店仓库用地的地租，在广东垄断珍珠业的开采利润，在浙江征收国际贸易的关税，在重庆还掠夺木材等实物租税。矿税太监们在各地除了征收特别税之外，每隔数里还会竖旗征收关税，若是碰到看起来胆小懦弱的商人则会没收其财产。除此之外，甚至是偏僻村落的鸡猪等牲畜都在课税的范围之内，百姓的生活自然是困苦不堪。

也不是没有对矿税太监们的恶行感到愤慨并向皇帝上

奏的骨鲠官员。山东的知县（知事）[①] 吴宗尧和巡抚（省长）尹应元二人就把矿税太监陈增10年间在山东肆意妄为的不法行为上奏给万历帝，但最后反而因参奏不实而被治罪。与地方官员对矿税太监的指控不被理睬相反的是，矿税太监的上奏立刻就能传达到万历帝的耳中，遭到弹劾的人也会被问罪，这种荒谬的现象简直是毫无道理可言。

对于不正当的横征暴敛行为，百姓也不可能永远顺从、隐忍下去，忍无可忍的民众在各地纷纷进行了反抗。万历二十九年（1601）在江南的苏州就发生了2000多名丝织工人纵火打砸的暴力行为，这就是一起典型的反矿税太监事件。

矿山的开采和商业税的加征只是白白让宦官以及和他们相勾结的地痞无赖中饱私囊，并使得普通民众的生活更加困苦，除此之外，一点也没有发挥缓解财政危机的作用。矿税的弊害虽然是显而易见的，其间万历帝也曾发布过停止派遣矿税太监的诏书，但是恶习一旦蔓延开来便不容易被改正。因此，直到1620年万历帝驾崩，矿税太监的派遣还在继续。

---

① 此处作者将中国明清时代的知县比作日本明治维新后地方各县之县知事，译者认为此举欠妥。日本的县知事实际相当于中国省级行政官员，但明代并无现今含义之“省”，故其相当于明朝各布政司左右布政使。本书有关明代“省”的表述均类此。

东林党

凤阳（安徽省）[①] 巡抚李三才就曾向万历帝痛陈矿税太监的危害：

> 皇上欲金银高于北斗，而不使百姓有糠秕升斗之储，皇上欲为子孙千万年之计，而不使百姓有一朝一夕之计。试观往籍，朝廷有如此政令，天下有如此景象而不乱者哉？[②]

然而，李三才对矿税问题痛切的控述，完全没有得到万历帝的理睬。万历三十七年（1609），对于朝廷推荐他担任内阁大学士的任免意见，朝堂上赞成与反对的两派针锋相对，数月间争论不休。而支持李三才并为之辩护的新晋官员顾宪成也因为遭到反对派的攻讦而落职下野。返回无锡（江苏省）[③] 老家的顾宪成开办了一所私立学校。这所学校实际上是在宋代东林书院的旧址上重新建立起来的，

① 明代并无今天意义上的“安徽省”，当时凤阳府归属于由明朝中央政府直辖的行政区划“南直隶”管辖。

② 《明神宗实录》卷348，万历二十八年六月丁丑条。

③ 明代并无今天意义上的“江苏省”，当时无锡县归属于由明朝中央政府直辖的行政区划“南直隶”管辖。

所以专门以朱子学为办学宗旨，并反对当时流行的阳明学。

顾宪成的名声使得一大批士大夫陆续聚集到东林书院，他们热切地批判时政并逐渐形成了意见一致的政治集团——“东林党”。而且他们还与赵南星、邹元标等当时的风云人物建立了密切的联系。于是围绕着李三才的问题，东林党与反东林党集团之间形成了尖锐的对立和斗争。

1620 年，在位近半个世纪的万历帝溘然长逝，葬于他青年时代为自己建造的地下宫殿。不久后，他的长子皇太子朱常洛即位，是为泰昌帝。泰昌帝继位仅一个月便因一次偶然得病，服用内官所进之丸药后病情急速恶化，最终不治身亡。这便是后世所称的“红丸案”，其背后似乎隐藏着宫中一个极大的阴谋。

万历帝的皇后没有生育，泰昌帝由王贵妃所生，此外，郑贵妃也为万历帝生有一子。由于万历帝对郑贵妃特别宠爱，所以动了废长立幼的心思，他企图立郑贵妃之子朱常洵为皇太子，但遭到了正论派也就是后来的东林党的极力反对，最终长子朱常洛被立为皇太子。在万历帝还在位的时候，就发生过一名男子携棍棒闯入皇太子寝宫的恶性事件，而这次事件就是郑贵妃一派的阴谋。

泰昌帝暴崩后，他的长子朱由校即位，是为天启帝。以前负责照顾天启帝起居的女官李选侍按规定不应该与皇帝一起住在乾清宫，而应迁往别宫。于是，围绕着李选侍的移宫又产生了新的问题。这个问题与上文提到的两个阴谋被统称为明末“三案”。围绕“三案”，东林党与反东林党集团之间又迸发出党争的火花。

本来，这场党争起初只是基于对儒家思想的意见分歧而分为理论派和现实派，但是不久之后双方就完全陷入了派阀斗争的泥沼之中，并逐渐习以为常。而东林党虽然被认为是受到江南新兴工商业者支持的正义一方，但明朝的政治不可避免地因党争而走向衰落。

魏忠贤的登场

前文已经屡次提及，宦官在明朝的政治生活中掌握着极大的权势，而魏忠贤的登场将这种趋势推向了顶点。魏忠贤自小便是个奸诈狡猾的无赖，因赌博欠下了巨款。他为躲避债主追债，最终自宫并做了宦官。仅从这段经历来看，魏忠贤就绝对不是一个简单的人。

魏忠贤甫一入宫便侍奉万历帝的皇太孙①朱由校，同时他还使出浑身解数来奉承讨好朱由校的乳母客氏，进而

① 实际上朱由校是以皇长子的身份即位的，其即位前没有得到过任何诸如皇太子、皇太孙、亲王等封号，只能说其地位相当于皇太孙。这也是明代唯一一例。

获得后者的信赖。随着朱由校因其父泰昌帝的暴崩而幸运地提前继位，客氏也因此得势并被封为奉圣夫人，魏忠贤也随之鸡犬升天。他明明没有什么文化，却受命担任替皇帝起草文书的秉笔太监这一要职。而新近即位的天启帝只不过是一个 16 岁的少年，同时也是明朝历史上有名的无道昏君。所以，魏忠贤倚仗皇权来扩张势力的机会终于到来了。

魏忠贤训练宦官们使用火器来加强宫廷内的警备，同时还兼任东厂提督（宪兵司令）一职并逐步掌握了实权。对魏忠贤的专横十分不满的东林党人杨涟上书天启帝并历数了魏忠贤的 24 条大罪，惊恐万分的魏忠贤便向天启帝和客氏哭泣辩白，结果导致杨涟的失势下野。但之后仍有多达 70 余位正直官员前仆后继地谴责、弹劾魏忠贤的不法行为。

于是魏忠贤就与反对东林党的官僚互相勾结，彼此利用对方的力量来打击、压制东林党。东林党中身居要职的官员大都被逐出朝廷，而反对东林党的官员则纷纷被起用。与此同时，朝野上下的党争也趋于白热化。

反东林党集团在官场上占据优势后，对于他们的后台魏忠贤则表现出了令人作呕的逢迎嘴脸。甚至有的地方官员歌颂魏忠贤的功德并把他当作活神仙一样供奉，于是全国的官员都争先恐后地跟风效仿，眨眼之间在全国各地都建起了供奉魏忠贤的生祠。本来这种生祠的修建就是毫无意义的，而且还要浪费巨额的金钱，但是官员们对此毫不吝惜，修建生祠的费用自然出自一般民众的膏血。

然而不久之后，权势熏天的魏忠贤也迎来了他的末日。1627 年天启帝驾崩，其同父异母的弟弟崇祯帝即位，朝野形势骤然一变，弹劾魏忠贤的奏折如同雪花一般飘落到崇祯帝的案头，魏忠贤被逐出皇宫，随后又遭到逮捕。

依仗皇权横行不法的宦官一旦为皇帝所厌弃，那么他的死期也就来临了。魏忠贤深知自己罪孽深重，故而于流放途中投缳自尽。但是，怒意未消的崇祯帝仍然下令将魏忠贤的尸体肢解并陈列于闹市示众。而与魏忠贤狼狈为奸、祸乱后宫的客氏也被崇祯帝下令活活鞭打至死。

于是，大批遭到革职、流放的东林党人再次被起用，但崇祯帝要从根本上重整朝政已然太迟了。不久，反东林党集团再次挑起党争，明朝的政局终至无可救药的地步。

农民军的发展

崇祯帝继位的第二年，陕西地区发生了严重的饥荒。像中国这样的大国，几乎每年在各地都有洪灾、旱灾、蝗灾等灾害交替发生，假若政局动荡恶化，地方受灾的程度自然也会加深。万历、天启两朝也曾多次发生自然灾害，致使百姓陷于困境，不过这次的情况格外严重。

陕西安塞县一年中几乎滴雨未下，草木焦枯，百姓依靠树皮草根勉强果腹。后来树皮也吃光了，就用土石来填饱肚子，直至腹胀而死。还有传言称小孩子和独自出行的人出城后即不知去向，之后有人发现他们的骨头被用作柴薪，肉则被煮熟吃掉。汉语中形容饥荒的“人相食”、“草根树皮且尽”等已经成为当时陕西的真实写照。在这样的状况下，人们只能眼睁睁地看着自己和周围的人饿死却无能为力。老幼妇孺等弱者在绝境中相继死去，而身强力壮的人则四处流亡并疯狂地抢掠食物充饥。

此外，因为陕西是防御蒙古南下的边防要地，明朝在此驻扎重兵。但是自天启朝以来，驻军军饷的拖欠情况非常严重，再加上军官的贪污和克扣，至崇祯帝即位时陕西已经拖欠了 30 个月的军饷。

而且，为传递文书军情、保障官员出行，明朝在地方上设置了许多驿站，为维持驿站系统的正常运转，每个驿站都配备了一定数量的驿卒。崇祯朝时为节约开支而裁撤了全国 3 成左右的驿站，因而造成了大量驿卒失业。缺饷的士兵和失业的驿卒到处流亡并组织起义。而与普通农民不同的是，这些士兵和驿卒受过一定程度的军事训练且持有武器，所以他们在起义中发挥了组织者

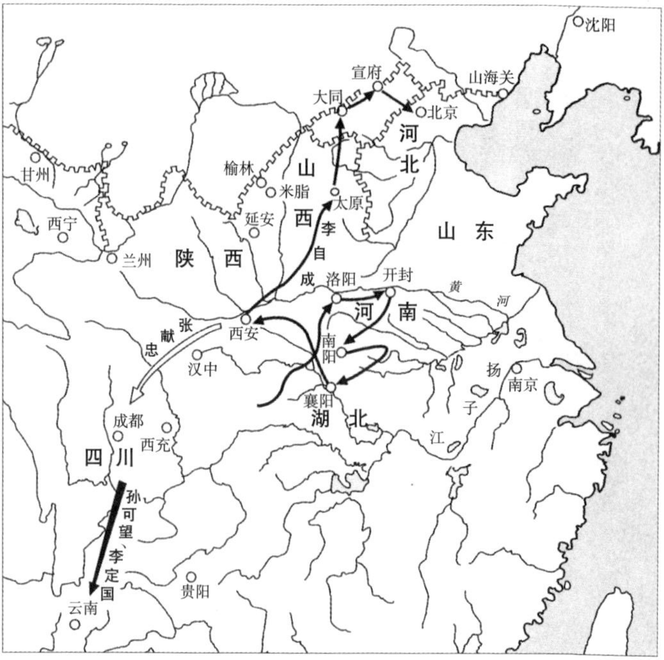

图 21　农民军的进军路线

和指导者的作用。

府谷的王嘉胤和安塞的高迎祥是起义的组织者。他们主要活动于陕西北部，后来成为中国共产党革命根据地的延安也位于这一地区。在那样偏僻穷困、矛盾尖锐的地方只要一点微弱的火苗就可以使暴动的火势蔓延开来。不久后，起义的浪潮便越过黄河，波及山西省。这就是被称为“流贼”的明末农民大起义之发轫。

明朝从万历末年开始就与满洲地区的后金政权作战，战事逐步扩大并趋于长期化，为此明朝每年都要支出巨额的军费。为了筹集数百万两的军费，明朝开始在全国范围内加派土地附加税，这就是所谓的“辽饷”。后来，为了镇压蜂拥而起的农民军和扩编军队，明朝又加派了各达数百万两的“剿饷”和“练饷”。这三种加派总计超过了1000万两，而不断的加派使得百姓的生活陷于毫无希望的困窘之中。在这样的社会现实下，全国各地都出现了起义和暴动，农民军也开始从陕西和山西向河南、河北、湖北、四川等地蔓延开来。明朝派去镇压农民军的军队屡遭败绩，担任陕西三边总督的洪承畴奋战多年却收效甚微。

闯王李自成

农民军中最具实力的首领高迎祥自称闯王，不久之后，他的部下李自成也逐渐在战斗中崭露头角。

李自成原本是陕西米脂人，传闻其身形魁梧，颧骨突出，眼窝凹陷，声如贪狼。他起初在驿站从事驿卒的工作，后来因犯罪逃到边境并加入明朝边军，正当他因武艺出众而得到重用时，陕西地区发生起义，李自成便又前去投奔。不久后闯王高迎祥被明军俘杀，李自成则继称闯王，并与同样出身陕西且活动于湖北、四川等地的张献忠一起成为农民军集团的领袖人物。

在那之后，河南举人（地方科举考试的合格者）李严、牛金星等知识分子陆续加入李自成的麾下，他们对于起义的政策和组织提出了指导性的意见。要扩大起义的规模并增强农民军的实力，单靠暴力和政治力是远远不够的，知识和文化也是必不可少的因素。

农民军“均田免粮”、“不杀”、“不掠”的革命口号深得民心，以至于万历帝宠妃郑氏之子——在河南洛阳一带拥有大量土地和房产的福王朱常洵也在洛阳城破后被李自成俘杀，其所搜刮的金银财宝则被分给饥民。革命后的中国更是将李自成推崇为农民解放运动的英雄人物，还将其率领的农民武装夸赞为“农民起义军”。

李自成于崇祯十六年（1643）攻占了湖北省①的襄阳并以此为“襄京”，重新制定了百官的官爵等级与称号。随后他又率军北上攻陷了陕西省的省会西安并将之改称为“长安”。翌年正月初一，李自成称王，定国号为“大顺”，改元永昌。李自成还在西安再次制定了大学士以下的官爵等级，大顺政权的国家组织已初具雏形。此后不到3个月，大顺军便攻陷了北京。

① 明代并无今天意义上的“湖北省”，湖北、湖南合称“湖广布政司”。

悲剧的崇祯帝

崇祯十七年（1644）三月十八日，北京陷入了恐怖的深渊。李自成的大顺军以破竹之势完成合围，明朝防守北京的近卫军一触即溃，几无还手之力。在宦官的里应外合下，北京外城于傍晚时分即告失守，至半夜时内城也被大顺军夺取。

十八日夜，对时局已经绝望的崇祯帝，因怕被农民军活捉而遭到凌辱，首先命令皇后周氏自杀，接着又让两个皇子出宫逃亡，最后他又在宫殿中亲手斩杀了两个公主。其中长平公主还是个年仅 15 岁的少女，虽然已经有婚约在身，但由于时局的恶化，她的婚礼不得不暂时延期举行。崇祯帝抱着长平公主涕泗横流，厉声说道："汝何故生我家！"随即挥剑砍下了她的左臂。虽说公主于 5 日后侥幸生还，但也不得不说她的命运还真是悲惨。

与此同时，后宫中的宫女们也大都选择了自尽殉国。值得一提的是，一位躲藏在枯井中的费姓宫女，在被人寻获后自称是明朝公主，因此得以面见李自成。但在宦官的指认下，她的谎言很快被戳穿，李自成随即将她送与手下的一员大将。但不久后，传闻这位费姓宫女在新婚之夜用匕首割断了醉酒大将的喉管，而国仇得报的她随即自刎而死。幸田露伴在小说《暴风里花》[①] 中便以这个传说为题材，为读者讲述了一个亡国的悲惨故事。

随后，濒临绝境的崇祯帝登上紫禁城后的万岁山。这座所谓的“山”也不过是人工堆积而成的小土丘，有时也被称作煤山，后来又改称景山，如今则变成了景山公园。十九日拂晓，崇祯帝在位于万岁山一隅的寿皇亭平静地投缳自尽。而一直伴随着崇祯帝的宦官王承恩也随之殉国。就这样，自 1368 年以来延续将近 280 年的明王朝灭亡了。

崇祯帝在自杀前将“（自己的身体）任贼分裂，无伤百姓一人”的遗言写在了衣服的前襟上。从这段著名的遗言来看，崇祯帝绝不是亡国昏君。倒不如说在昏君较多的明朝诸帝中，他倒算是一个不多见的杰出人物。然而，根据广为流传的说法，“明之亡，非亡于崇祯，实亡于万历”，崇祯帝想凭借一己之力中兴濒临灭亡的明帝国无异于痴人说梦。在历经万历朝半个世纪的积弊之后，明朝的灭亡已成历史必然。

三月二十九日正午，李自成自承天门，也就是今日的天安门进入紫禁城，端坐于皇极殿的宝座之上。随后，他下令搜寻明朝皇帝和皇后，并命令文武百官于 3 日内来朝

---

① 即被收入上文曾提到过的幸田露伴所著之《命运》一书中的短篇。

觐见。在得知崇祯帝和周皇后已经死去的消息后，李自成下令将他们的遗体装入柳木棺材运出紫禁城并放置在东华门外，目睹如此惨状的民众无不掩面而泣。

随着北京的易主，明朝大学士范景文等40余人尽节殉国。另外，在3日的期限到后，大学士魏藻德等率领文武百官穿着丧服前去朝贺李自成。估计他们的心中早已断了对前朝的怀念之情，而今之计是要绞尽脑汁地在新政权中占有一席之地。

李自成夺取北京后，立即开始对官制进行整顿。除了更改一些规定的名称外，他几乎全面继承和照搬了明朝的制度。大顺政权释放了关押在刑部（司法部）和锦衣卫（宪兵队）监狱中的囚犯，同时还驱逐了紫禁城中的宦官。品级较低的前明官员大都为新政权所录用，但高级官员中仅有一人得以继续任职。魏藻德等800余名高级官僚则被送入李自成部将的军营中拷问退赃。在这里，这些前明高级官僚遭到大顺政权严酷的刑罚折磨。而正当北京在李自成重整秩序的政策下逐渐由混乱归于平静时，辽东方向再一次发生巨变。

吴三桂与陈圆圆

当李自成的军队逼近北京时，明军也曾竭尽全力进行抵抗。而当时明军中最精锐的部队是为防御清军而驻扎在山海关至辽西一线的吴三桂部。吴三桂是个天生的军人，他自幼跟随做武将的父亲在辽西生活，很快便成就勇冠三军的威名并开始负责辽西地区的防务。对于明朝来说，防御清军固然十分重要，但鉴于腹背受敌的现实情况，只得为保卫北京而将军队从辽西调回。于是吴三桂便亲率精锐兼程西进赴援。

但是由于李自成进展神速，吴三桂部刚抵达山海关便接到北京失守的噩耗。紧接着他又收到负责北京防务的父亲吴襄的家书，信中说自己被李自成胁迫，希望吴三桂尽快投降。身不由己的吴三桂无奈之下只得表示愿意向李自成投降。而正当吴三桂从山海关启程向北京进发时，又有新的消息传入他的耳中。

吴三桂有一个名叫陈圆圆的爱妾。关于陈圆圆，世间流传着许多传说。原本她是江南古都苏州的歌妓，被时人誉为绝世美人。崇祯帝周皇后的父亲周奎从故乡苏州返京时买下了陈圆圆并进献给皇帝。周奎希望借此抚慰对时局苦恼郁闷的崇祯帝，此外，也是为了防止崇祯帝宠爱其他嫔妃而冷落周皇后①。但周奎的苦心并没有得到崇祯帝的回应，不被崇祯帝所接受的陈圆圆也只得暂时住进周奎的

① 周奎之意应指崇祯帝宠爱受其控制的陈圆圆对周皇后比较有利。

府第。随着明朝的国运越来越岌岌可危，周皇后也告知父亲能保护周家的只有掌握精兵的吴三桂。所以周奎便设家宴拉拢讨好吴三桂，而陈圆圆则在席间侍酒。二人初次见面后不久，吴三桂就远赴辽西，随后陈圆圆就被周奎送到了吴三桂之父吴襄的家中。也有传闻说吴三桂是花了大笔银两才把陈圆圆弄到手的。抛开这些有趣的传闻，总的来说陈圆圆是吴三桂极为牵挂的爱妾，这一点是毋庸置疑的。

吴三桂在得知陈圆圆被李自成的部将夺走的消息后怒不可遏，立刻给父亲写信表示绝不向李自成投降，然后便径直率军返回了山海关。与此同时，吴三桂还向一直以来的敌人——清朝求援。而这种仅仅因为一个爱妾便将自己的国家出卖给异族和敌国的背叛行为，自古以来便饱受人们的批判。明末清初著名诗人吴梅村（伟业）也有感于亡国之痛而创作了长篇七言古诗《圆圆曲》借以谴责吴三桂的卖国行为：

鼎湖当日弃人间，破敌收京下玉关。

恸哭六军俱缟素，冲冠一怒为红颜。

（那一日，崇祯帝驾崩，吴三桂杀进山海关打败了农民军并收复北京。全军穿着丧服放声痛哭，但大家竟不知道吴三桂怒发冲冠只是为了美女陈圆圆。）

然而在明朝灭亡、李自成新政权建立以及清军在辽西的步步紧逼等复杂且变幻莫测的形势下，吴三桂的抉择似乎并不那么单纯。他长年在辽西活动，必能洞察清朝的实力日盛一日，同时也一定能感觉到李自成政权的不稳定性。基于这种判断，陈圆圆事件似乎并非吴三桂降清的唯一理由。

清军的入关

清朝第二代皇帝皇太极于明朝灭亡的前一年病死，年仅 6 岁的顺治帝继位。此外，皇太极的从弟郑亲王和睿亲王两人担任摄政辅佐幼帝，实权则掌握在睿亲王手中。睿亲王即多尔衮（满语意为獾），是太祖努尔哈赤最宠爱的皇后所生的孩子。多尔衮年少时便天资聪慧，甚至可以说是皇太极之后清朝第三代皇帝的有力人选。虽然时年 32 岁的多尔衮正值盛年，但他仍选择拥戴幼帝，并一人肩负了清朝的国运。

接踵而来的辽西明军向关内撤退以及明朝灭亡的情报给清朝带来极大的震动。鉴于之前投降的汉人集团曾多次建议清廷进占北支那，而现在这一机会终于到来了。

四月九日，多尔衮率领作为亲卫的满洲八旗兵、三分之二的蒙古八旗兵、全部的汉军八旗兵以及降清的汉人军阀部队从沈阳出发，各部清军军容严整、盔甲鲜明，仿佛正在进行一场全军大演习一般。而随军担任参谋赞画一职的正是曾在明朝担任陕西三边总督并负责清剿农民军的洪承畴。

洪承畴在崇祯朝还曾担任蓟辽总督，负责指挥辽西地区的对清作战，但其在松山大战中被清军所俘，旋即投降。洪承畴作为明朝的高级官僚，显而易见他的降清对于清朝则是重大利好因素。但如果让洪承畴与曾经的主君崇祯帝开战则不免令其于心难安，而清剿农民军确实是其平生所愿。因此，当洪承畴引导清军向李自成控制下的北京进发时，他的内心已没有一丝的犹豫和动摇。

四月十五日，多尔衮于进军辽西的途中收到了吴三桂的求援信。吴三桂在信中表示他一心想为明朝君父报仇而讨伐李自成，怎奈实力有限因而向清朝求援，并提出可以将李自成搜刮来的财宝女子都献给多尔衮。多尔衮则表示清军也正为帮明朝报仇而来，并允诺事成之后封吴三桂为王。

二人达成协议后，多尔衮便以吴三桂为向导，经由山海关侵入北支那地区。而在这之前，清军虽然也曾多次侵扰过这里，甚至还曾包围过北京城，但其每次都是经由热河的山区突破明军的长城防线，而从未由满洲经山海关进入过北支那。

李自成在听闻吴三桂中途折返山海关后，立即亲率大军东进，但不幸于四月二十二日的决战中被突然从山海关内侧杀出的清军击败。退回北京后，他将搜刮来的金器熔化为数万枚1000两的金锭并用骡马运往西安。四月二十九日，李自成在匆忙中登基，并追封七代先祖为帝，然后当晚便在纵火焚烧紫禁城后仓皇撤退。

两天后的五月二日，多尔衮在明朝文武百官的迎接下，威风凛凛地从东侧的朝阳门进入北京城。自崇祯帝在万岁山自缢以来，北京可谓是经历了风云变幻的40天。是年十月，顺治帝坐上紫禁城的宝座，清朝也终于继明朝之后成为一个中国王朝。

日本漂流民

值得注意的是，有一些日本人也见证了1644年清朝从满洲向北京进军的历史时刻，那一年在日本正是德川幕府第三代将军家光执政的宽永二十一年。是年四月一日，竹内藤右卫门等58人从越前国在江户时代之初就繁荣起来的日本海良港——三国港出发，一路漂流到朝鲜边境现由俄罗斯管辖的波谢特湾。他们在那里与当地土著发生冲突，43个日本人惨遭射杀，而幸存的15人则在清朝官府的护送下，于顺治帝启程前往北京的数日之后抵达了清朝当时的国都沈阳。

这些日本人在沈阳接受了20余天的调查后，又沿着顺治帝的足迹经由山海关前往北京。他们对沿途经过的山海关和北京之情形做了如下描述[①]：

> 鞑靼同明朝交界的地方，有一道城墙，据说有万里长。墙高十二三间[②]，由三四寸[③]厚的大砖砌成，并用泥灰抹缝。

> 北京的皇城有日本方圆六里[④]那么大……北京的城墙同边境的城墙一样……城门修成圆拱形，门上还建有高台望楼，城墙上则安装着大炮。一条护城河围绕着皇城。皇城当中有很多的宫殿，上面覆盖着黄绿琉璃瓦，真是辉煌夺目。我们到那里去参观了。在皇城正面的御门处排列着五座石桥。桥的栏杆和地面的甬路都是用石块砌成的。栏杆上还雕刻着龙纹。我们向当地人打听为什么要修建五座桥，得到的回答则是

---

① 以下引文的原文为古日本语，参考汉译《鞑靼漂流记》，刘星昌、徐烜晋译，辽宁大学历史系，1979，斟酌翻译，尽量保留了日本人行文的风格。下文关于北京的描述亦同。

② 一间约合1.6~1.8米。

③ 一寸约合3.03厘米。

④ 一里约合3924米。

每逢年节，皇帝出皇城要走中间的石桥，其他的大臣、官员则要走两边的桥。尽管有五座桥，但仍很拥挤。

北京城的雄伟和紫禁城的壮观令这些来自越前的日本船员叹为观止，而他们则将自己在中国的所见所闻用生动详实的文字记录下来。

日本船员一行于翌年十一月从北京出发经由朝鲜回到阔别两年多的故土，而他们的经历都被载入《鞑靼漂流记》和《异国物语》两本著作中。虽然说这次漂流事件事出偶然，但船员们的奇遇确实堪称千载难逢。

第九章
国姓爷合战

北京的王座

紫禁城的皇帝宝座一直都是东亚诸民族所觊觎的对象。而在这一点上，清朝因明朝内部崩溃而意外获得了这一宝座，无疑是十分幸运的，但接下来要统治占人口绝大多数且桀骜不驯的汉族也并非易事。中国自古以来有一句名言："马上得天下，安能马上治之?"所以，清朝单凭武力来维持统治是绝对行不通的，收服民心才是当务之急。

摄政王多尔衮抵达北京后，很快便下令要求全体臣民为死于非命的崇祯帝服丧三日，紧接着他又命令负责看守明十三陵，也就是明朝历代皇帝陵寝的官员和守墓人不得停止供奉和祭祀活动。明十三陵坐落在北京的北郊，其陵园神道两侧排列着文武百官和各种动物石像的照片广为流传，如今已成为到北京游览的游客们必须要去的重要景点，而自清朝以后的历届政府也都对明十三陵的保护工作十分重视。

总之，清朝大肆宣传迫使崇祯帝自杀并毁灭明朝的罪人是李自成，清朝虽与明朝敌对，却同情后者，并最终成功为其复仇。因此，汉族应该感谢清朝而不是心怀怨恨。同时，清朝还宣布废除明末征收的辽饷、练饷等苛捐杂税，并为遭受兵燹之祸的地区减免租赋。清朝希望通过这些措施能在一定程度上起到安定民生的作用。

除此之外，清朝更为留意的是对当时支那社会的中坚力量——知识分子阶层的拉拢和怀柔，以期得到他们的支持。而从知识分子群体的角度出发，要对抗威胁他们地位和财产安全的李自成集团并维护社会秩序，拥有强大控制力的清政府则是必备的条件。

而且，清朝几乎全盘照搬明朝的官僚体系并大量录用明朝的旧官僚。同时，清朝统治者为表示对支那传统文化的尊重，采取了与明朝相同的政策，即扶持朱子学为正统的政治思想体系，并在很短的时间内恢复了科举考试。清代的科举制度一直实行到20世纪初清朝灭亡前的近代化改革才遭到废止。而在这两个半世纪的漫长时期内科举考试一直定期举行，大量的汉族知识分子以此为途径步入仕途。

清朝统治者在中央政府的官员构成上大体做到了满汉并用，有无实权暂且不表，至少在形式上确保了汉族和满族同样具有担任高级官员的权利。因此，大多数的汉族知识分子都为在清政府中谋得一官半职而拼命努力。

实际上，清朝统治汉族的基本方针与之前建立元朝的蒙古人有本质上的不同。清朝在入主北京之前便已引进以六部制为核心的支那官制，任用汉族为官并建立起支那式的国家体制。满族本质上是兼营狩猎与农耕的民族，随着实力的增强而不得不向农耕国家发展。在这一点上，满族人与对农耕毫不关心并只求发展游牧的蒙古人区别很大。

另外，满族人不像蒙古人那样有机会接触到西方高度发达的文化，所以他们在文化建设方面只能引进和借鉴支那的传统文化，而这在没有汉族特别是汉族知识分子的帮助下是不可能实现的。

薙发令

尊重支那传统文化的清朝在强制实行辫发政策的问题上却毫不手软。从满洲时代开始，清朝便强制要求投降的汉族全部辫发，多尔衮也在进入北京的第二天便下令要求全体汉人都要薙发即留辫子。

辫发本来是北方民族的习俗，自古以来在蒙古、通古斯、突厥诸民族中广为流行。辫发的形式多种多样，满族人则是剃掉前边的头发，同时将脑后的头发留长编成一根辫子，自然悬垂于后背。因其形制类似猪尾巴，故在英语中也用“pigtail”来称呼辫发习俗。

汉族的通行习俗则是束发，其外观与辫发有着明显的区别。对于汉族来说，辫发是象征野蛮的夷狄风俗，而强迫他们辫发是绝对不能容忍的事情。从清朝的角度出发，辫发可以区分敌我，而汉族一旦辫发则立即便被明朝一方视为敌人。所以，辫发政策也不失为清朝分化汉族的一条妙计。

话虽如此，但薙发令仅实行 20 余天便因反对的声音过大而被多尔衮下令暂缓执行，他在命令中这样表示：“予前因归顺之民无所分别，故令其薙发以别顺逆。今闻甚拂民愿，反非予以文教定民之本心矣。自兹以后，天下臣民照旧束发，悉从其便。”

然而到了第二年，清军平定江南，清政府再一次恢复实行薙发令的自信。北京城内外贴满了布告，要求全体臣民必须在命令下达后的十日之内辫发，如有迁延违抗将遭到严酷的惩罚。写着“留头不留发，留发不留头”这样内容的檄文被发往全国各地，清军则带着剃头匠在街头巡逻，一旦发现有束发的汉族便捉住剃头，稍遇反抗就横加杀戮，甚至有的地方还将反抗者的人头悬挂在竹竿上示众。

在孔子的家乡山东曲阜，负责祭祀孔庙的孔子直系后裔——衍圣公请求清政府允许其家族束发，理由是按孔庙的祭祀礼仪，祭祀者必须穿着古时的衣冠，如果辫发的话多有不便。结果其请求非但没有得到允许，他甚至还因此而获罪。所以在清朝的统治下，除了僧侣、道士和妇女之外，所有人都必须辫发。

但是，在文化昌明的江南地区，宁愿被砍头也不愿剃发的民众发起了暴动，结果遭到清军的残酷镇压，导致江南的人口大幅减少。然而，迫于清朝的高压而不得不剃发，但仍表示绝不仕清并进行着消极抵抗的知识分子也大有人在。

例如被后人称为考据学鼻祖的硕儒顾炎武、因著有《明夷待访录》而获得“中国卢梭”之称的黄宗羲都曾起兵抗清，失败后便隐居读书著述以度过余生。后来，他们对于清政府的慕名征召也予以严词拒绝，表现出很强的气节。除此之外，出身明朝皇族的“八大山人”朱耷、石涛等画家则在明朝灭亡后削发为僧，并受到明朝遗民强烈反抗精神的鼓舞，形成了独具一格的自由画风。直至今日，他们的画作仍得到很多书画爱好者的喜爱。

不管怎么说，在清朝统治下的260余年间，中国完全变成了一个辫发的世界。而于19世纪中叶爆发的太平天国运动之所以被称为“长毛贼”，就是因为太平天国的起义者为反抗清朝的统治而蓄发。然而，常年养成的习俗具有可怕的惯性，到了此时辫发早已理所当然地成为中国的风俗。直到20世纪初辛亥革命成功后，新政府废除了辫发政策，反而还有人坚持要求保留辫子。

农民军的末日

清朝皇帝虽然已经坐上了紫禁城的宝座，但最终平定活跃于全国各地的反清势力则还要花费约20年的时间。这些势力中最强的有两支，一支是李自成率领的农民军，另一支则是江南地区的明朝皇族与遗臣集团。

被多尔衮逐出北京的李自成先是向陕西西安撤退，在遭到清军的追击后又改变方向南逃湖北，最终在九宫山被当地地主武装杀害。到了顺治二年（1645）闰六月，李自成的部下也大都向清朝投降。

说到李自成，不得不提及另一位农民军首领张献忠。张献忠是陕西延安人，与李自成同年。张献忠自幼家境贫寒，长大后做了一名边军，不久又投奔农民军，与李自成一同成为闯王高迎祥的得力部将。后来，他因与李自成意见不合而独立发展，势力遍及安徽、湖北、四川等地。随着明朝于1644年灭亡，张献忠便在四川的省会成都称帝，定国号为大西，并改元大顺。

张献忠在统治四川的两年间肆行暴虐，把一个富庶的“天府之国”变成了荒无人烟的鬼域，其残暴的行为令人闻之心惊。一本名为《蜀碧》的著作详细地描写了张献忠的屠川暴行，现据松枝茂夫的翻译引用一二：

> 张献忠忿然曰：“川人尚未尽耶？自我得之，自我灭之，不留毫末贻他人也。”于是，令伪帅孙可望等四将军，分道出屠，穷乡僻壤，深崖峻谷，无不搜及，得男手足二百双者，授把总；女倍之。官以次进阶。可望等或日杀四五县不等，童稚手足不计，止计壮男女手足。寅出酉还，比赏格，有踰十倍者，奖以为能。有一卒日杀数百人，立擢至都督。①

---

① 彭遵泗：《蜀碧》，《续修四库全书》史部第442册，上海古籍出版社，2002。根据日文可直译如下（括号内为日文作者的注释，下同）：“张献忠怒道：‘四川人还没死绝吗？如今他们已经在我的掌控之中，所以我要把他们赶尽杀绝，一个人也不放过！’于是，他派遣孙可望等四人率领流寇到各地去屠杀遗民，即使是人迹罕至的深山幽谷也不放过。而最终斩获男人手足二百对、女人手足四百对的人就被授予把总（百夫长）一级的官职，根据斩获数量的不同，授予的职位也有所不同。孙可望等人一日的屠杀范围波及四五个县，斩获的小孩手足忽略不计，只计算青壮年男女的手足数。流寇天明出动，日落收兵，回营后统计所斩获的手足数，超过规定数量十倍的人即被认为是出类拔萃的人才。有一个士兵一天之内斩杀了数百人，立即就被提升为都督（师团长）。”

如果说上文这种残酷的屠杀尚在人类的理解范围之内，那么下面这条史料则表现了张献忠异于常人的精神状态：

> 贼酷好朋友，遇相知，彻夜欢饮不懈。及去，厚赠之，而预遣人伏中途，斩其首，归纳椟中，载之以随。军中独饮不乐，令人启椟曰：'请好友来!'，取头遍列席间，持盏酌劝，款洽若对生人者。名为聚首欢宴。①

张献忠在四川的暴行并不只有杀人一项。当然，《蜀碧》也是在张献忠屠蜀暴行发生的百年之后才完成的书籍，其可信度自然值得怀疑，描写夸张的情况也在所难免。但是从清初四川凄惨荒凉的现实出发，我们可以充分地推测出张献忠对四川的破坏是多么严重。

顺治三年（1646）年末，张献忠在与清军作战时战死于西充，四川旋即归于清朝版图。但是，其部将孙可望、李定国等人则逃往云南并在那里继续从事抗清活动。

---

① 张献忠很喜欢交朋友，每当遇到知己好友便彻夜与之欢饮而不知疲倦，等到朋友告辞时还会赠以贵重的土产。然而张献忠已经预先命手下在途中埋伏，待斩下朋友的首级后，将其放入木盒之中，然后再带着这些木盒行军打仗。若是在军中饮酒无人作陪时，就一边说着："把好朋友们请出来！"一边把木盒中的首级在桌上摆成一排，就像是面对活人一样开心地与其谈笑劝酒，还美其名曰"聚首欢宴"。

南明小朝廷

永乐帝迁都北京后，南京仍然作为留都而设置了简化的六部等中央机构。

北京落入李自成之手以及崇祯帝自杀的消息，很快就传遍了南京的大街小巷。然而，即使在明朝面临覆亡的紧急情况下，南京政界中东林党和阉党之间激烈的党争也依然没有停止。同时，两派还围绕着新皇帝的人选问题爆发了更为激烈的冲突。

万历帝的孙子福王朱由崧在血统上与万历帝最为接近，理应由他继承帝位。但他本人愚昧暗弱，他的父亲朱常洵又是郑贵妃之子，东林党和阉党之间还曾因朱常洵而产生党争，因此东林党的官员强烈要求拥立万历帝的侄子潞王朱常淓为帝。然而由于阉党实力强大，最终福王即位为帝，并改元弘光。

总而言之，弘光朝廷自建立之初便酝酿着党争的危机，因此指望他们能团结一致中兴明朝基本是无望的。而且阉党还把东林党及与东林党有政治合作关系的复社视为眼中钉，编制了名为《蝗蝻录》的黑名单，其中把东林党比作蝗，把复社比作蝻，进而计划着将他们一网打尽。

不久之后，弘光朝廷便派遣使者前往北京与清朝和谈。使者向清朝提出的议和条件是明朝割让山海关外的土地给清朝，同时每年向清朝提供 10 万两白银的贡金。[①]但是清朝并没有把弘光朝廷视为平等的谈判对象。而时任内阁大学士兼兵部尚书的史可法作为东林党的杰出代表，因不满阉党的专横而离开南京，率兵驻守于长江北岸的扬州。清朝的实际统治者多尔衮曾多次致书史可法劝其向清朝投降，但都被后者断然拒绝。两人书信往来的内容在历史上非常有名，多尔衮主张清朝统治支那的正当性，而史可法则强调其不合理性。然而双方在实力上的差距是不能用辩论来弥补的。

1645 年，大举南下的清军攻破扬州，史可法殉国。清军在扬州大肆烧杀抢掠，其暴行都被《扬州十日记》这本书完完整整地记录下来。紧接着清军又攻陷了南京，弘光帝被俘并于次年惨遭杀害，弘光朝廷也仅仅维持了一年便濒临崩溃。清军还在长江以南的江苏、浙江等地大肆破坏，各地的惨状在《嘉定屠城纪略》等书中都可以看到。此外，《扬州十日记》一书还极力鼓动汉族对满族的仇恨情绪，所以在清末革命运动中被广泛用于反清宣传。

---

① 据顾诚先生的《南明史》，弘光朝廷在派出使团前并未形成统一的议和方针。此处条件出于内阁辅臣高弘图的建议，原文为："一、割山海关外地。一、岁币毋过十万。"

桂王永历帝

随着弘光帝的被俘和南京政权的崩溃，洪武帝的十世孙唐王朱聿键在福州被黄道周等明臣拥立为帝，年号隆武。但第二年朱聿键就在清军的追击下被俘身死，隆武政权也随之覆灭。

在唐王朱聿键称帝之后不久，洪武帝的十一世孙鲁王朱以海也在浙江绍兴出任监国。但是鲁王政权自建立之初便与隆武帝不和，所以双方并没有联合起来共图抗清大业。不过鲁王政权虽然力量薄弱，但仍辗转于浙江舟山、福建金门等地坚持抗清 18 年。第二次世界大战后，人们于金门岛上施工时偶然发现了朱以海的王墓，其墓碑与永历年号的铜钱一起出土并引起了学者的注意。此外，在其碑文的结尾还有“指日中兴，特旨赐谥改葬也”的字句，然而这座被人遗忘的坟墓已经静静地伫立于孤岛 300 年，而且明朝也永远没有再次中兴的机会，此碑文令人深感其亡国之痛。

隆武帝死后，他的弟弟朱聿𨮁逃到广州并被大臣们拥立为帝，是为绍武政权。但仅仅 40 天后，朱聿𨮁便被清军所杀，[①] 绍武政权也随之灰飞烟灭。与此同时，万历帝的孙

① 一说被俘后自缢。

子桂王朱由榔也在广东肇庆称帝，并于第二年改元永历。

这些在各地蜂拥而起的明朝皇族因为大义、名分与利害关系的对立而不能团结合作、共同抗清。同时，拥立同一个皇帝的大臣之间也相互对立，甚至爆发冲突。故虽然北方各地也纷纷爆发抗清起义，但因各方势力没有形成合力，最终被具有优势的清军各个击破。不过，在这些抗清势力中，永历政权坚持的时间还算是比较长的。

永历帝即位后，其势力一度扩张到广东、广西、江西等江南七省，但不久之后由于受到清军的反击而损兵折将，于是永历帝便向更为偏远的贵州、云南方向撤退。但这些地区大都由张献忠的残部孙可望、李定国等人占据，他们作为农民军本是与明朝势不两立的仇敌，然而在清军追击下惶惶不可终日的永历帝也只能接受孙、李等人的庇护了。

然而，孙可望也于不久之后向清朝投降，永历帝与李定国则在清军的追击下由云南逃往缅甸。他们沿伊洛瓦底江南下并抵达位于该河中游的缅甸阿瓦王宫，永历帝便暂居于此。1661 年年初，清朝顺治帝英年早逝，年幼的康熙帝即位。而由云南追入缅甸的吴三桂部清军逼近阿瓦，迫使缅王将永历帝移交给清军。翌年，永历帝被吴三桂杀害，至此，明末朱氏诸王与南明政权完全被清朝消灭。而明朝灭亡后，南明诸政权之所以能进行长期的抵抗，洪武帝大封藩王于地方的政策或许起到了一定的作用。

此外，永历帝家族及亲近官员与远道而来的罗马天主教传教士关系密切，皇室中接受洗礼并获得教名的人不在少数。例如永历帝的嫡母王太后、生母马太后、妻子王皇后、太子朱慈煊即拥有诸如海伦娜、玛利亚、安娜、康斯坦丁之类的教名。

永历帝家族对基督教的信仰十分虔诚，王太后甚至还将宦官庞天寿执笔的求援信委托耶稣会传教士卜弥格送到罗马教皇英诺森十世的手中，这一事件在历史上非常有名。得知永历帝窘境的罗马教廷十分慎重，还曾就回信的内容多次开会讨论，英诺森十世也于其间病逝。直到新教皇亚历山大七世即位后，教廷才总算起草了回信并由卜弥格带回。此时王太后和庞天寿均已死去，永历帝也在清军的追击下由云南逃往缅甸。卜弥格虽然受到清朝的威胁，但仍坚持要把回信亲自交给永历帝。然而由于联络不畅，卜弥格一直徘徊于中国边境并最终病死。而王太后与庞天寿写给罗马教廷的求援信至今仍凄凉地收藏于梵蒂冈图书馆。

三藩的权势

清朝之所以能够镇压农民军并消灭南明政权，满洲八旗兵出力甚多，但汉族军队居功至伟。其中尤以吴三桂、耿仲明、尚可喜三人功劳最大。这三人都是明末的军阀，手中掌握着一定数量的精锐军队，清朝统治者因看重他们的军事实力而大加笼络，给予其与皇室成员等同的待遇。而一直参与平定南方的战事并立下汗马功劳的洪承畴在晚年仅获得三等轻车都尉这样低微的爵位，这与其出身文官，同时没有建立起自己的武装力量有着很大的关系。

随着南方的逐渐平定，清朝命令平西王吴三桂镇守云南，平南王尚可喜镇守广东、靖南王耿仲明之子耿继茂继承父爵镇守福建。这就是我们通常所说的“三藩”，吴三桂等人虽被称为藩王，却不能像以前的封建诸侯那样自由地管理领地内的土地和人民，而是坐拥重兵并掌握军事全权，维持当地的社会治安。行政事务则与其他省份一样由朝廷委派的行政官员负责。

但是，这三个藩王以崇高的身份地位和强大的军事力量为后盾，实际上可以肆意超越权限指挥官吏、征收私税、强制征发百姓、开展海外贸易，而这些营利活动也极大地增强了他们的经济实力，从这一点上来说，三藩与之前的封建诸侯并无二致。

例如有传闻说，靖南王耿继茂尚在镇守广东时就计划在王府门前摆放两个白石狮子，而上好的白石只出产于广东高要县的七星岩，所以高要县令便奉靖南王的指令，率人入山开采白石。开采白石的工作非常艰险，但因王命紧急，工匠们只能昼夜不停地赶工。但是好不容易开采出的白石在水运途中损失了一块，于是靖南王便下令再开采一块，催促的命令一天比一天紧，县令也只能俯首听命。而这还只是一个例子，时人甚至还有“藩王的命令一个接着一个，役使县令如奴隶，驱迫小民如蝼蚁”的议论。

而且，三藩的军费数额巨大，对于当时财政尚不宽裕的清朝来说，甚至达到“天下财赋，半耗于三藩”的地步。而随着南方的平定，三藩也失去了利用价值。从清朝的角度来说，三藩的存在甚至危及自身的统治。所以清朝中央政府与三藩之间的关系日渐紧张，战争一触即发。

三藩之乱

康熙十二年（1673），已经年逾七旬的平南王尚可喜因与儿子尚之信不和而上书朝廷，希望可以撤军并回到辽东老家安度晚年。数年前他也曾提出过同样的要求，但没有得到朝廷的允许。而这次因为南方局势已经稳定，所以他很快便得到了许可，而这使得另外两藩也不得不上书请求撤军。继耿继茂之后担任靖南王的耿精忠很快便得到了朝廷同意撤军的回复，而如何处理吴三桂则成为令清朝统治者头痛的大问题。

三藩中实力最强的就是吴三桂，他本来并不希望撤军，只是出于礼貌和试探的心理才做做样子，而且他认为自己一定能得到皇帝的挽留。而清政府对于是否让吴三桂撤军也莫衷一是，结果年少气盛的康熙帝果断地下达了同意三藩撤军的旨意。大失所望且素怀异志的吴三桂最终举起了反旗，三藩之乱自此拉开序幕。

吴三桂重新蓄发并换上明朝的衣冠，又以天下都招讨兵马大元帅的名义控制了云南和贵州两省，进而迅速向湖南进军。由于清朝的统治基础还不是十分稳固，以耿精忠为首的各地叛军又纷纷响应吴三桂的号召而起事，新生的清朝陷入疲于应付的窘境。

在这样的不利形势下，东亚周边的地缘政治也出现了动荡，被清朝消灭的内蒙古察哈尔部布鲁尼打算乘机背叛清朝，西藏的达赖喇嘛又借着和谈、调停的名义威胁清朝的西北边境，越南的莫元清也表示支持吴三桂，朝鲜朝野则就清朝的局势问题争论不休。因此，清朝的兴亡关系到了整个东亚地区的命运。

然而，三藩一方的核心人物吴三桂毕竟是60多岁的老人了，尽管初战告捷，但他并没有积极进攻北京的打算，只满足于守住现有的地盘。1678年，吴三桂于登基称帝后不久便死去，自此以后三藩的势力日渐衰弱。而清朝一方则与之相反，青年康熙帝积极采取新战术，命传教士南怀仁铸造西洋大炮，同时还大量任用汉族武将。一直以来，“以夷制夷”一直是中国古代统治多民族国家的铁则，而康熙帝则反其道而用之，采取“以汉制汉”的政策并获得了成功。这样一来，双方的实力对比逐渐逆转，最终清军于康熙二十年（1681）攻占云南，平定了持续八年之久的“三藩之乱”。

郑氏的海上王国

1661 年[①]，永历帝被吴三桂抓获，南明灭亡。但仍有忠于明朝的遗臣继续抵抗清军，在这些人中最活跃的就是郑成功。郑成功的父亲是汉族，母亲是日本人，而他则是一个有着非凡命运的英雄。

郑成功的父亲郑芝龙是福建泉州人，人称“平户一官”、“日本甲螺”，“甲螺”即意为“有力的首领”。郑芝龙一直从事南海与东海之间的贸易活动，并活跃于日本平户藩。而此时的日本正值江户幕府由第二代将军德川秀忠向第三代将军德川家光过渡的时期。前文也提到过，自 16 世纪中叶后期倭寇兴起开始，福建商人往来于日本开展贸易的情形。而进入 17 世纪后，到访日本的明朝商船

① 一说永历帝是在 1662 年初被缅王莽白缚献吴三桂的。

逐渐增多，以长崎为首的九州各地都建起了唐人街，汉族与日本人通婚的情况也很普遍。郑芝龙便于此时登上了历史的舞台。

郑芝龙起初追随同样出身泉州并定居于九州平户的海盗李旦。李旦，天主教教名为安德烈亚·蒂缇斯（Andrea Dittis，？—1625），又被当时在平户商馆的英国人称为“中国船长”。李旦在东亚地区掌握着极大的海上权力，又擅长与英国人交涉，同时每年都接受江户幕府的委派前往台湾、越南、菲律宾等地进行贸易，后于1625年在平户病死，郑芝龙则继承并发展了他的海上权势。不久之后，郑芝龙接受明朝的招抚并最终晋升为都督一级的高级武官。经过郑芝龙的治理，一度肆虐于支那沿海的海盗活动逐渐偃旗息鼓，而他也将东亚海权牢牢地掌握在自己的手中，以至于任何船只如果没有携带郑氏的令旗就不能在东亚海域自由航行。假如郑芝龙每船收取3000两通行费的话，他一年便可以得到1000万两白银的巨额收入。

郑氏还在泉州城南30里的安平镇修筑了城堡，在那里船只可以直接停靠在卧室附近。其麾下士兵的装备极其精良，军饷也都由郑芝龙自己负责，并不仰仗于明朝政府的拨款。只要是郑芝龙的命令，即使是贼寇逃到海上也能立即被抓获。不得不说，郑氏集团所表现出的实力给人一种海上王国般的观感。

风云人物国姓爷

郑芝龙娶了日本人田川七左卫门的女儿为妻，而田川氏则于李旦去世的前一年即1624年生下了郑成功，同时又为其取了一个日本风格的乳名——“福松”。郑成功在七岁时便离开母亲身边，只身前往父亲的国度。不久之后明朝灭亡，随后南京的弘光政权也在清军的打击下垮台，于是郑芝龙便在福州拥立唐王朱聿键为帝，并受封为平国公。而这时的郑成功已经成长为一个20多岁的英武青年，他在陪同父亲一起入宫觐见时颇得隆武帝的赏识，隆武帝曾拍着他的后背说：“惜无一女配卿，卿当尽忠吾家。”为表示器重之意，隆武帝还将朱姓赐予郑成功，并任命其为御营中军都督。朱姓乃是明朝国姓，从此以后郑成功便被人们尊称为“国姓爷”。即使是在日本和西洋，人们也多用“Kokusenya”、“Kocksinga”或“Koxinga”的音译词来称呼他。

然而，随着清军由浙江进军福建，隆武帝很快就兵败身死。而郑成功的母亲田川氏也在一年前受郑芝龙的召唤前来福建，并见到了阔别15年的儿子。但是，幸福并没有持续多久，田川氏便在清军进攻安平时悲惨地自尽身亡。善于投机的郑芝龙见形势不利，于是就准备接受清朝的招降。郑成功哭着劝谏父亲：“父教子忠，不闻以贰！

且北朝何信之有？倘有不测，儿只惟缟素复仇而已！”但这并不能令郑芝龙回心转意。

与父亲决裂的郑成功以金门、厦门两座岛屿为根据地继续坚持抗清。金门岛是位于福建沿海的一座小岛，如今台湾当局仍然把它作为对抗大陆的前沿阵地。

隆武帝死后，郑成功又尊奉永历帝为嗣君，并被后者授予一般只有皇室成员才能获得的郡王爵位。而这也是今天台湾台南地区供奉郑成功的延平郡王祠的由来。1658年，认为反攻时机已成熟的郑成功亲率舰队进攻南京，结果在杭州湾的羊山海面遭遇风暴并损失了大量的舰船和士兵。然而，遭遇挫折的郑成功并不气馁，第二年他重整旗鼓，再次逆长江而上并包围了南京。正当南京城唾手可得之际，郑军由于内部出现叛徒，同时又遭到清军的突袭而陷于溃败。至此，郑成功反攻大陆的计划彻底失败，而他也将进攻的目标转向了台湾。

美丽岛

如今的台湾岛拥有2300万人口且经济发达，但它的开发史很短暂。印度尼西亚系先民从远古时代便定居于此，他们也是今天生活于台湾山地的高山族的祖先。隋代时，隋炀帝杨广曾派遣军队远征这座当时还被称为“流求”

的岛屿，但此后的1000年台湾都没有得到实质性的开发。

1567年，明朝废除了海禁政策，不仅福建地区的商船开始深入大洋从事海外贸易，得到日本丰臣、德川家族许可的“朱印船”也在南洋海域活跃起来，因此顺路到访台湾的船只逐渐增多。与此同时，欧洲航海家开始了著名的“新航路的开辟”并进入东亚地区，他们也注意到了台湾这座富饶的岛屿。而台湾岛在英语中之所以被称为“福摩萨”，就是因为当时葡萄牙人将台湾岛称赞为“Ilha Formosa”，意为“美丽之岛”。但台湾真正开始登上国际舞台则是在其成为荷兰殖民地之后的事情了。

1624年，荷兰人占领了今天台南安平附近的“Tayoan”①地区，并在这里修建了热兰遮城，进而他们又在台江的对岸修建了普罗文查城。普罗文查城便是现在台南著名的名胜古迹赤嵌楼，而“台湾”也不过是“Tayoan”的转音罢了。1626年，西班牙人也跟随着荷兰人的脚步抵达了台湾，他们在今天台湾北部的基隆和淡水分别修建了圣萨尔瓦多城和圣多明戈城，但他们很快便被荷兰人逐出台湾。

荷兰人对台湾的占领自然妨碍了日本的“朱印船”贸

① 即“大员”。根据周维衍、陈碧笙、陈名实等学者的研究，当地居民称此地为“Tayovan”或“Tayouan”，闽南方言则称其为“大员”、“大圆”、“大湾”和“埋冤”等。1624年荷兰人抵达此地后，以“Tayoan”或“Taiwan”称之，遂为“台湾”一词由来之始。

易，并最终引发了“滨田弥兵卫事件”。江户时代初期，在“朱印船”贸易中十分活跃的末次平藏因拒绝向台湾的荷兰殖民当局上缴关税而被禁止在台湾进行贸易，他回到日本后组织了一批武装人员再次前往台湾，结果被荷兰的殖民地长官奴易兹逮捕。而末次平藏的部下滨田弥兵卫也用武力挟持了奴易兹，双方便通过谈判交换了人质。滨田等人回国后向德川幕府报告了此事，幕府则下令禁止荷兰船只前往日本进行贸易。几年之后，迫于压力的荷兰当局不得不把奴易兹引渡给日本，这才使得问题最终得以解决。

但是，荷兰对台湾的统治也渐渐产生了效果，高山族的“蕃社”纷纷向荷兰人效忠并接受教化，荷兰人还鼓励大陆移民在台湾开垦土地，增加稻米和甘蔗的产量。除此之外，当时在台湾可以捕猎到大量的鹿，而鹿皮则是日本国内用来制作武器和防具的重要材料。另外，即使在冬季，台湾附近也可以捕到鲻鱼，用鲻鱼卵制成的干鱼子是台湾知名的土产，在日本也是颇受欢迎的下酒小菜。因此向日本出口鹿皮和鲻鱼便成为荷兰殖民当局的重要财源。总而言之，荷兰虽然仅仅占据台湾的西南一隅，但仍获得了极大的利益。

攻占台湾

在南京之战中大败而归的郑成功回到厦门后苦思东山

再起的良策。恰逢此时，一位名叫何斌的人自台湾前来拜访，同时还献上了台湾的地图。何斌本是台湾荷兰殖民地长官揆一的翻译，此次出使也是奉荷兰人之命在郑成功再次攻打南京前与其洽谈通商事宜。但何斌极力以荷兰人的暴政和台湾的富饶来劝说郑成功驱逐荷兰人并占领台湾。

1661 年 4 月，下定决心进攻台湾的郑成功率领 25000 名精锐士兵渡过台湾海峡，从鹿耳门登陆上岸并攻击了普罗文查城。据说鹿耳门水道与浅滩相连，水文条件极为复杂，大型船只很难通过。但郑军根据何斌的指引，于涨潮时分一举通过了水道。

然而，曾经遍布浅滩的水道如今已经干涸并沉积着大量的沙砾和淤泥，其正确的位置也已很难辨别。1962 年笔者们在拜访台湾时还就鹿耳门的位置与当地的乡土史专家进行过探讨，但至今也没有定论。

郑军在一鼓作气攻占普罗文查城后，又进而包围了热兰遮城。城中的荷兰人在揆一的指挥下固守待援，但随着从爪哇岛雅加达赶来的援军也被击败，弹尽援绝的揆一最终向郑成功投降。1662 年 2 月，揆一率领荷兰人从台湾南部撤退，同时也结束了荷兰对台湾的殖民统治。

郑成功在收复台湾后，分别将热兰遮城和普罗文查城改称为安平镇和承天府。同时他还打算将台湾作为反攻大陆的根据地而大力进行开发。但仅仅数月之后，时年 39

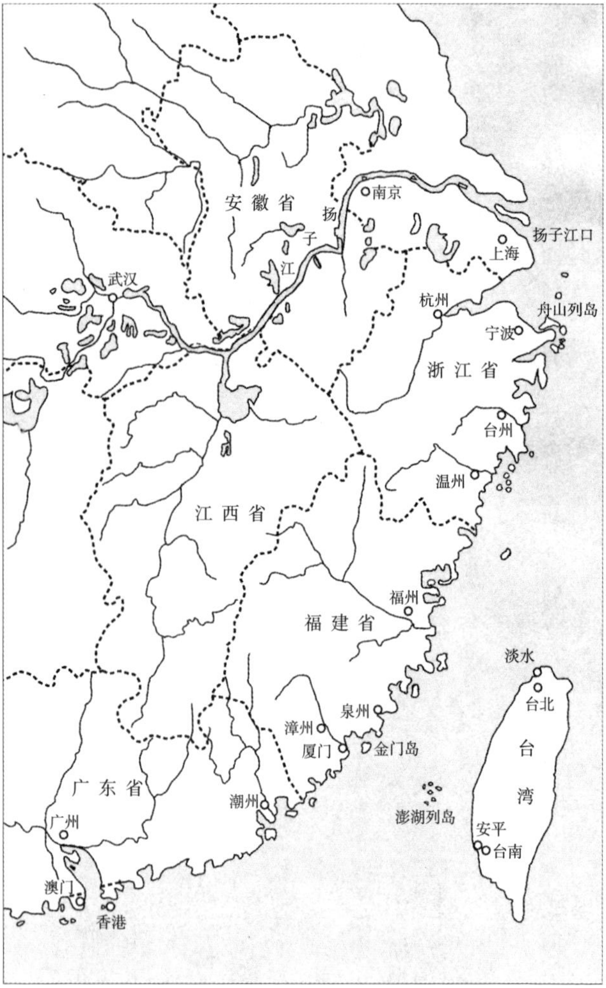

图 22　郑成功的活动范围

岁的郑成功在壮年之际突然病死，结束了他跌宕起伏的一生。

《国姓爷合战》

历史上对于同一个人物的评价往往会因评价者所处的立场和时代的不同而不同，很多时候甚至还会出现截然相反的情况。现今对于同一个人物，中国大陆和中国台湾的评价完全不同的例子简直不胜枚举。但是在郑成功身上，中国大陆与中国台湾罕见地一致给予了肯定的评价。不仅如此，郑成功还因其抗清事迹被后人建祠供奉。总而言之，郑成功因其坚定的抗清立场和驱逐荷兰人并收复台湾的功绩而被中国人视为民族英雄。

即便在日本，很多人因郑成功身上流着同胞的血而对其怀有特别的亲近感，同时郑成功作为忠臣的正义性也容易引发人们强烈的共鸣。因此近松门左卫门以郑成功的事迹改编而成的净琉璃①《国姓爷合战》在社会上广受好评。在这部戏剧中主人公和唐内（和藤内）与忠臣、奸雄、烈妇、美女等不同身份的人物发生了戏剧冲突，并在

① 日本民间曲艺的一种，室町幕府初期，有艺人说唱源氏公子和净琉璃小姐的爱情故事，因而得名。表演时表演者在三味线的伴奏下说唱，包括义太夫调、常磐津调、清元调、新内调等。

虚构的历史框架下达成打败清朝并中兴明朝的大团圆结局。

在郑成功逝世50多年后的1715年，同时也是德川吉宗成为江户幕府第八代将军的前一年，《国姓爷合战》在大阪竹本座的人偶舞台上演并大受欢迎，三年间共排演约17个月。这部剧后来还被搬上歌舞伎的舞台，在日本国内掀起了国姓爷的热潮。时至今日，《国姓爷合战》仍深受日本人民的喜爱，不光在净琉璃和歌舞伎的舞台上上演，还被改编为电影、广播剧，以及印制成书刊发行。

迁界令①

郑成功在台湾突然病逝后，他的长子郑锦②代统其众，并驻扎于厦门。第二年，清军在荷兰人的配合下攻占了金、厦两岛，所以郑锦只得退守台湾。郑锦渡台后重用父亲的部下陈永华，并专心致力于台湾的开发事业。

不久之后，清朝爆发了“三藩之乱”，郑锦认为反攻大陆的时机已经到来，立即率军渡过台湾海峡收复厦门。在之后的数年中，郑军逐步控制了福建南部以及广东北部

① 亦可称为迁海令。

② 即郑经。

的沿海地区。但随着三藩被清朝镇压下去，郑锦只得放弃大陆沿海的据点并再次退往台湾。然而难能可贵的是，郑锦无论遭遇到怎样的挫折都始终坚持抗清的信念。举个例子来说，永历帝虽然已经去世多年，但郑锦仍然尊奉永历年号。作为佐证，事实上现今就有数部由台湾印行并使用永历年号的历书被收藏于日本、英国大英博物馆以及牛津大学等处。

然而，郑氏究竟是如何仅仅依靠厦门、金门这样的小岛，以及台湾就能坚持抗清数十年的呢？其原因不外乎是通过开展对外贸易来获得战争经费，即以经养战。自郑芝龙掌握东亚海权以来，郑氏以日本为中心，建成了辐射琉球、台湾、越南、泰国、菲律宾等地的国际贸易网络。“三藩之乱”时，郑氏又在厦门、台湾两地与英国人进行贸易。除此之外，郑氏在厦门和杭州还分别经营着以“仁”、“义”、“礼”、“智”、“信”、“金”、“木”、“水”、“火”“土”命名的十家大商行，同时又在北京、苏州、杭州、山东、厦门等地设立了被称为“五大商”的商业网点。总而言之，郑氏通过与支那内地频繁的贸易往来和商品交换获得了巨大的经济利益。

而反观清朝一方，清军虽长于陆战，但在海上与郑军作战时难以取胜。因此，清朝便寄希望于利用郑芝龙为诱饵胁迫郑成功投降。结果在遭到后者的多次拒绝后，恼羞成怒的清政府就处死了郑芝龙。

想要扼住郑氏集团的命门，首先要做的便是切断作为郑氏经济基础的海上贸易通道。因此，清朝实施了严禁沿海民船出海的海禁令，不过收效甚微。紧接着清朝又在1661年颁布了迁界令，即用人为制造无人区的手段切断大陆沿海地区与郑氏集团的经贸往来。迁界令强制居住在南起广东北至山东沿海的居民向内地迁移30里，迁徙的范围几乎囊括了中国大陆的全部海岸线。而这种办法与拿破仑战争时法国对英国实施的“大陆封锁令”有着异曲同工的作用。

迁界令自发布以来直到郑氏覆灭一共实施了20余年，结果非但没有达到削弱郑氏经济实力的预期效果，反而使得沿海居民的生活陷于困境。此外出于种种原因，迁界令的具体操作难度很大，执行情况也并不乐观。

但是，迁界令确实给郑氏在大陆的商贸活动造成了一定的困难。当时日本的生丝原料主要依靠郑氏从浙江运进，然而由于迁界令，生丝采购变得极为困难，以至于前往长崎的郑氏“唐船”船员也发出了诸如“自明亡以降，浙江丝路之艰，尚有不可言说者”的哀叹。

1681年，“三藩之乱”结束，清朝完全确立了对支那地区的统治，转而开始集中全力镇压郑氏集团。同年，郑锦病死，郑氏集团在内乱纷扰中推举郑锦年仅12岁的次子郑克塽继位。清朝则趁郑氏内乱的有利时机稳步推进战备工作，到了1683年清军就一举攻占澎湖列岛，台湾本岛的郑克塽见大势已去便不战而降。就这样，台湾归入清朝的版图，同时清朝在台湾设置了隶属于福建省的台湾府，并对台湾逐步进行开发。

南明与日本

明朝于1644年灭亡时，日本正值德川幕府第三代将军家光执政的正保元年，距离幕府发布第五次锁国令也已经过去了五年的时间。虽然在锁国令下中国和荷兰的商船只能在长崎停泊，但明清鼎革这样的大变局所造成的政治冲击仍然波及日本。

前文中曾提到过，永历帝写信向罗马教皇求援一事。除此之外，唐王、鲁王、郑氏也曾向日本、琉球、菲律宾、越南等国派出过求援使者。

自明末以来，日本在上述诸国中与明朝的关系尤为密切，故南明诸政权前后派出了十几名使者到日本请求援助。而德川家光虽然表面对明使的求援请求一概予以拒绝，但他也在私下表示可以在适当的时机出兵援明，为此家光还秘密制订了作战计划，但该计划最终没有得到实施。结果日本只是通过商船向南明提供了一些武器和用于制造武器的铅、铜等原料。

总而言之，德川幕府对大陆政治形势的变化非常关心，其所编制的《华夷变态》一书就是明证。该书名为“华夷变态”，即“华夏”将要变为“夷狄”，有代指明清易代的意味。书的主要内容是幕府高层通过抵达当时日本唯一对外港口——长崎的中国、荷兰船员之口得到的大陆情报汇编。此外，书中的叙事自1644年明朝灭亡始而止于1717年[①]，时间跨度长达73年。

另外，在从事反清活动的明末知识分子中也有人最终流亡到了日本，著名学者朱舜水就是其中的代表人物。朱舜水的早期经历现在已经不可考，但他作为兼采朱子学与阳明学两家之长的思想家而闻名于世，并且在明朝灭亡后为南明的复国运动奔走呼号。然而他在郑成功兵败南京之时有感于复明无望，于1659年前往长崎定居并最终客死异国。

在日本素有“水户黄门”[②]之称的水户藩藩主德川光圀听闻朱舜水已抵达日本后，立即邀请其前往水户藩作客。朱舜水在水户与讲求大义名分的水户学派学者们建立

---

① 一说该书叙事截止于1724年，前后共计80年。

② 德川光圀于隐居时曾接受将军赏赐的“中纳言”官职，其地位相当于中国唐代的“黄门监”，又因其领有水户一藩，于是世人便惯称他为水户黄门。

了深厚的友谊，并给予该学派很大的影响。到了晚年时，朱舜水便居住在江户城驹込町的水户别馆中，如今那里已经是东京大学农学部的校址了。

此外，德川光圀还将稍晚抵达长崎的禅僧心越也请到了水户。心越作为曹洞宗的著名禅僧，在中国时便以诗、书、画、印、琴无所不通而被称为“艺僧”。总而言之，在江户幕府初期，由大陆前往日本的僧人明显增多。到了元和、宽永年间（明朝末年），东渡的明僧还作为开山祖师在长崎修建了被称为“唐三寺”的兴福寺、福济寺和崇福寺。

进入南明时期后，福州禅宗临济派黄檗山道场的明僧隐元受长崎兴福寺的邀请，于 1654 年率领大批门徒访问日本。这位以“隐元豆”① 闻名日本的高僧不久以后便得以觐见德川幕府第四代将军德川家纲，同时还获得由日本皇室赐予的土地以建立新寺。隐元后来在京都宇治地区建立了黄檗山万福寺，给长期停滞不前的日本禅宗以极大的刺激。长崎唐三寺与宇治万福寺在建筑风格和雕刻艺术上都模仿支那禅寺的样式，给人以充满异国情调的观感。另

① 相传隐元从中国将菜豆传到了日本。现在日本人都将菜豆称为“インゲンマメ”，意思是“隐元豆”。但是现在也有人认为隐元带到日本的不是菜豆而是扁豆，因为日本关西人将扁豆称作“隐元豆”。

外，东渡日本的禅僧们还带来了大量与书画、音乐相关的文物，也引起了日本人对支那文化的兴趣。

南明诸政权及郑氏集团灭亡后，清朝与日本之间直至明治初年才建立起官方往来的渠道。但清朝在镇压郑氏集团后废除了迁界令，大量的清朝商船开始前往日本进行贸易，而日本也从中日贸易这个唯一的交流窗口吸收着来自中国的新文化元素。

第十章
康熙大帝

清朝的国家结构

清朝是有着洋葱一般层叠式结构的国家。它的最外层是一个将支那、满洲、蒙古、新疆、西藏统一起来的帝国，即大清帝国。其中新疆与西藏在国防战略上属于边境地区，即帝国的缓冲地带。接下来的第二层是由支那、满洲、蒙古所组成的联邦，沈阳时代的清朝即是其雏形期，在联邦中位居核心地位的是满洲。这个国家的第三层则由在满洲建立的后金国组成，而后金国又是一个由相互独立的八旗构成的联邦，在这个联邦中居于核心地位的八旗制度则建立在努尔哈赤对明代女直国家结构改革的基础之上。所以，如果要追根溯源的话，清朝这个国家最核心的部分应是努尔哈赤赖以起家的建州卫。

因此，清朝皇帝如果想真正掌握实权，就必须确立对满人、汉人、蒙古人的绝对统治。而在这其中，清朝皇帝已经从元皇室后裔以及明朝手中接管了对蒙古人和汉人的统治权，因而问题相对较少。而对于满人，清朝皇帝素来没有独裁统治的权力。

从恪守传统氏族政治制度的八旗成员的角度来看，清朝皇帝不过是部落联盟的首领，是由部落联盟选举出的战斗指挥官和外交领导人。

无论由谁来做清朝的皇帝，都必须要保持满人、汉人、蒙古人之间的权力平衡。面对这样的难题，清朝历代皇帝是如何应对的？请看下文分解。

多尔衮与顺治帝

在皇太极去世前后，八旗诸王之间的势力分布情况如何？

首先，正、镶两黄旗直属于皇帝皇太极。除此之外，皇太极还在兄长莽古尔泰死后将其领有的正蓝旗交给自己的长子豪格统领。两白旗由努尔哈赤娶自乌拉国的皇后阿巴亥所生的三兄弟，即武英郡王阿济格、睿亲王多尔衮、豫亲王多铎统领。两红旗则由努尔哈赤的原配夫人佟佳氏所生的礼亲王代善统辖，代善在皇太极时代的诸王中是最为年长的。最后，剩下的镶蓝旗由努尔哈赤之弟舒尔哈齐的第六子郑亲王济尔哈朗统领。

如上文所述，八旗旗主分别出身于不同的家族，清朝的重大国家事务必须交给由他们组成的议政王大臣会议讨论后，才能最终做出决定。

皇太极死后，清朝为选出继任者而召开了议政王大臣会议。作为会议主席的大阿哥代善首先推举豪格为帝，但豪格本人推辞，这可能与豪格并非皇太极嫡子有关。紧接着多尔衮又联合济尔哈朗提出拥立皇太极唯一的嫡子福临为帝，这一建议最终获得通过。于是，年仅六岁的福临正式登基，是为顺治帝。

与此同时，提议拥立福临为帝的多尔衮和济尔哈朗自然被任命为摄政，负责辅佐顺治帝处理日常政务。但是作为政治家而言，济尔哈朗的能力远不及多尔衮。多尔衮首先以谋逆的罪名将代善的孙子阿达礼处死，理由是阿达礼参与了拥立多尔衮为帝的阴谋，并借此机会夺取由代善掌握的两红旗。之后多尔衮又借口豪格曾诬陷自己有称帝的野心而将其亲王的爵位削夺，进而将两黄旗也置于自己的掌控之下。

随着清朝问鼎中原，多尔衮成为完全意义上的独裁者和事实上的皇帝。他不仅获封“皇父摄政王”的称号，甚至还将皇帝的玉玺置于自己的府邸中，以便于处理政务。除此之外，清朝内外大小臣工的奏折也都要交给他批阅。

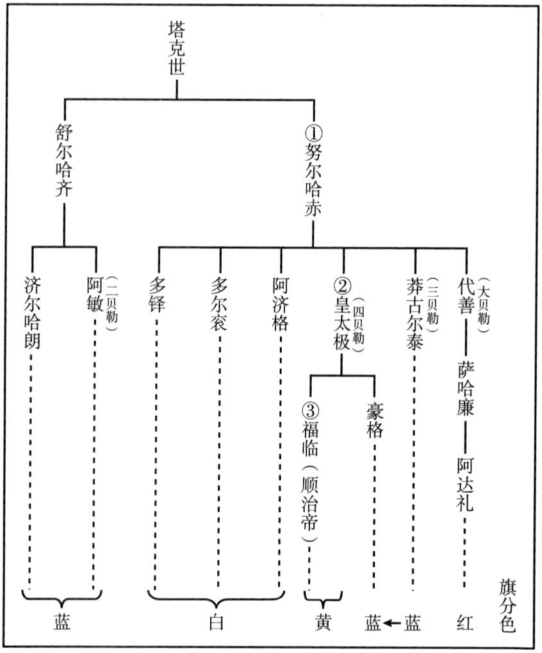

图 23　清初诸王

顺治五年（1648），多尔衮开始着手清除最后一个阻碍自己独揽大权的障碍。很快，济尔哈朗就因对豪格的谋逆行为知情不报而被贬为郡王，豪格则下狱身亡。随着66岁的代善也老病而死，清初诸王中再也没有人能阻止多尔衮了。

至此，这位摄政王的前途可谓是一片光明。然而独裁者的生活仅仅过了两年，多尔衮便于顺治七年（1650）

十二月在内蒙古喀喇城的一次狩猎活动中暴卒，时年 39 岁。为此，清政府还为他举办了一场与皇帝丧仪一般的隆重葬礼。

另外，多尔衮的弟弟多铎已于前年病死，故阿巴亥所生的三兄弟仅剩阿济格一人。然而阿济格是个天生的军人，并没有成为政治家的才能。于是，顺治八年（1651）正月，年仅 14 岁的顺治帝开始正式亲政。

此时，已经失势的多尔衮集团终于尝到了擅权的恶果，以济尔哈朗为首的政敌疯狂反扑，并争先恐后地揭发多尔衮生前的谋逆企图。有鉴于此，多尔衮被顺治帝剥夺了全部的封号，其胞弟阿济格也被下旨赐死，而济尔哈朗则重新恢复了亲王的爵位。

然而，多尔衮压制诸王的措施也开始显出效果，八旗旗主合议国政的时代已经一去不复返。但是取而代之的是各旗大臣的势力有所抬头，其中最突出的便是正白旗的苏克萨哈。也正是此人联合济尔哈朗告发多尔衮图谋不轨，并致使其被顺治帝剥夺了所有的封号。

多尔衮生前所掌握的两白旗中的正白旗被顺治帝接收，同时将其与两黄旗合并为“上三旗”。而顺治帝之所以能顺利亲政，上三旗的支持功不可没。

尽管如此，从顺治朝的情况来看，秉政的仍然是那些沈阳时代的老臣，顺治帝本人还远谈不上乾纲独断。因此，顺治帝于顺治九年（1652）在宫中设置了十三衙门，其实质不过是明朝二十四衙门的翻版。十三衙门全部由宦官组成，他们的工作不仅仅是服侍皇帝及其家族的日常生活那样简单。顺治帝还希望借此将权力从朝堂上的满汉大臣手中收回。

顺治帝的举措自然受到大臣们的强烈反对，不过他坚决不肯让步。然而，随着顺治帝于顺治十八年（1661）正月感染天花而死，建立皇帝独裁体制的重任不得不交由康熙帝来完成。

康熙帝

顺治帝身后留下两个皇子，一个是九岁的福全，一个是八岁的玄烨。因为福全生母的身份十分低微，故而玄烨继承皇位，是为康熙帝。康熙帝是清朝历史上第一个拥有汉名的皇帝，也是第一位出生于北京紫禁城的清朝皇帝。为了辅佐八岁的康熙帝处理政务，顺治帝在临终前还指派索尼、苏克萨哈、遏必隆、鳌拜四人担任辅政大臣。但是顺治帝刚一驾崩，这四位辅政大臣立即撤销了被他们视为眼中钉的十三衙门，并再次将权力从宦官们的手中夺回。

这四位辅政大臣中势力最大的当属鳌拜，苏克萨哈次之。但是，在之后的政治斗争中，苏克萨哈逐渐为鳌拜所压倒，鳌拜的党羽占据了清政府中的主要职务。此外，鳌拜对政敌也毫不留情，任何人一旦为其所忌，往往便会落得身首异处的下场。

1667 年，索尼病死。自知实力不敌鳌拜的苏克萨哈上书请辞，他在奏折中这样写道："兹遇皇上躬亲大政，伏祈睿鉴，令臣往守先皇帝陵寝，如线余息，得以生全。则臣仰报皇上豢育之微忱，亦可以稍尽矣。"① 而读到此处的康熙帝感到十分疑惑并批示道："兹苏克萨哈奏请守陵，如线余息，得以生全。不识有何逼迫之处？在此何以不得生，守陵何以得生，朕所不解。著议政王贝勒大臣会议具奏。"

而鳌拜则正欲借此机会一举铲除苏克萨哈，于是他给后者罗织了以"不屑于服侍康熙帝"② 为首的 24 条大罪，同时要求康熙帝将苏克萨哈及其子侄满门抄斩。

康熙帝对鳌拜与苏克萨哈的仇怨洞若观火，因此起初他并没有同意鳌拜的要求。哪知鳌拜毫不退让，"攘臂上前，强奏累日"，最终迫使康熙帝屈服并如愿以偿地除掉了苏克萨哈一族。

不过，鳌拜在这里犯了不应该犯的错误，那就是轻视

---

① 原文中引用的仅有"令臣往守先皇帝陵寝，如线余息，得以生全"，语焉不详。译者据《清圣祖实录》卷 23，康熙六年七月乙卯条补全。下同。

② 一说首罪为"不欲归政于康熙帝"，即阻止康熙帝亲政。

了康熙帝。苏克萨哈事件后，康熙帝一方面压制住自己愤怒的情绪并做出仍然信任鳌拜的姿态，以安鳌拜之心；另一方面则借摔跤游戏的名义在身边聚集了一批身强力壮的少年侍卫。到了康熙八年（1669）五月，一次鳌拜正在御前奏事，康熙帝突然以眼色示意侍卫将鳌拜擒下。随后康熙帝公布了鳌拜的30条罪状并将其下狱，同时也将另一位辅政大臣遏必隆革职。这位16岁的青年皇帝以智除权臣的壮举向满族人宣告自己将成为这个国家最高统治者的决心和意志。

内蒙古的合并

然而，四位辅政大臣自顺治帝时便手握大权，他们自然与三藩之间存在着千丝万缕的联系。随着四大臣辅政时代的结束，三藩也因失去在京城的“保护伞”而感到不安。所以，三藩与清中央政府之间的关系迅速降至冰点。

对这一趋势深感忧虑的平南王尚可喜为求自保，向朝廷上书请求回故乡辽东养老。而康熙帝则抓住这个机会迫使三藩在准备不充分的情况下发动叛乱，并在八年的战争中逐渐掌握主动，进而一举获得了一统支那的辉煌胜利。

康熙帝在用兵三藩的同时还挫败了内蒙古察哈尔亲王的叛乱。身为北元皇室嫡派子孙的林丹汗被皇太极消灭后，他的长子额哲则作为拥戴皇太极称帝时蒙古各部名义上的首席代表而受到清政府的优待。自此以后，历代察哈尔部首领都被授予“察哈尔亲王”的封号并与清朝皇室通婚。然而在康熙帝即位后，时任察哈尔亲王的阿布鼐因其所迎娶的固伦温庄长公主病逝而与清朝的关系趋于冷淡。

为免除后患，康熙帝在处理了鳌拜之后便削去阿布鼐的爵位，并将其送往沈阳监禁，同时改封阿布鼐与已故固伦温庄长公主所生的长子布尔尼为察哈尔亲王。除此之外，他还将原本归察哈尔部管辖的内蒙古诸部改由清政府直辖。

正当此时，三藩之乱爆发。认为反清时机已然成熟的布尔尼于康熙十四年（1675）发动叛乱。但响应他号召的仅有作为察哈尔部分支的奈曼部，而蒙古其余各部均表示支持清朝。最终，叛乱失败的布尔尼在逃亡途中被追兵射杀。

接到布尔尼叛乱的报告后，康熙帝立即下令将监禁于沈阳的阿布鼐绞死，同时还将察哈尔部拆散并编入八旗。

就这样，内蒙古诸部失去了民族凝聚力和部族领导者，并完全臣服于清朝的统治之下。康熙帝凭借肢解察哈尔部和镇压三藩之乱的两步妙棋完全确立了清朝对蒙古人和汉人的统治。

与沙俄的战争

康熙帝接下来要面对的问题是如何应对进入满洲地区的俄罗斯人。

俄罗斯人大体上是在蒙古钦察汗国统治时期逐渐强大起来的新兴民族，他们最终取代了蒙古人在东欧地区的统治地位。而熟知掌故的蒙古人将俄国沙皇称为“扎根汗”，意为“白色大汗”。同时他们还相信“扎根汗是成吉思汗长子术赤的子孙”。于是，俄罗斯人便自称是蒙古人的分支并宣称要恢复蒙古帝国昔日的荣光。

1581 年，哥萨克首领叶尔马克·齐莫菲叶维奇越过乌拉尔山，沿着第一章详细介绍过的西伯利亚毛皮贸易水路顺利进入东方。1643 年，另一个哥萨克首领瓦西里·波雅尔科夫抵达了阿穆尔河，而这一年也正是明朝灭亡的前一年。不过，由于俄罗斯人在阿穆尔河流域建立的两个前进基地——涅尔琴斯克①和阿尔巴津②被清军破坏，因此 1660 年以后，俄罗斯人便退出了阿穆尔河流域。

然而到了康熙帝统治时期，俄罗斯人又一次侵入该地

① 即尼布楚。

② 即雅克萨。

区。最初这些人是一伙以罪犯切尔尼科夫斯基为首的匪帮，他们为逃避俄国政府的追捕而在阿尔巴津附近烧杀抢掠。到了 1669 年，俄罗斯人重建了涅尔琴斯克。不用说，俄罗斯人的举动自然令康熙帝十分担忧，但随着三藩之乱的爆发，清朝只能将有限的军事力量优先用于平叛战争。

1682 年，也就是清朝平定三藩之乱的第二年，康熙帝便开始着手处理俄罗斯人的问题。他首先任命萨布素为黑龙江将军，并驻军于新建的瑷珲城。同时清军的各项战争准备工作也在认真有序地进行着。

1685 年夏，清军出动陆军 3000 人、水师 500 人包围了阿尔巴津。城中仅存的 450 名哥萨克兵在托尔布津的率领下负隅顽抗。但清军的炮火十分猛烈，托尔布津在损失了 100 多人后被迫撤往涅尔琴斯克。随后，清军便拆毁了阿尔巴津的防御工事并撤回原驻防地。

然而，得到涅尔琴斯克生力军支援的托尔布津又一次占据了阿尔巴津。获悉这一情报的萨布素于翌年夏天率领 8000 名士兵、150 艘战船向阿尔巴津进发。

而此时阿尔巴津城中的俄军仅有 736 人，但他们仍阻挡了拥有绝对兵力优势的清军的进攻。直到 1687 年的夏天，除去因战斗和疫病的减员，城中仍有 60 余名俄军在坚持抵抗。

俄清两军在阿尔巴津城下展开了旷日持久的拉锯战，

同时双方政府也在战场外进行外交斡旋活动。1688 年，双方本来约定于色楞格斯克[①]召开和谈会议，但和谈由于准噶尔部入侵外蒙古而流产。翌年，在彼得大帝与其异母姐索菲亚公主的斗争趋于白热化之际，双方又在涅尔琴斯克召开了和谈会议。清朝一方为达成和议做出了很多让步，于是双方最终签订了《涅尔琴斯克条约》[②]。该条约规定两国国境以郭尔毕擦河[③]、雅布洛诺夫山脉为界。清朝虽然因此损失了部分领土，但俄国借和谈吞并阿尔巴津的图谋也在康熙帝预先从瑷珲派出的 10000 名清军的武力震慑下未能得逞。

随着《涅尔琴斯克条约》的签订，俄国撤走了驻扎在阿尔巴津的军队。直到 19 世纪中叶，俄罗斯人都没有机会再次染指阿穆尔河流域。就这样，康熙帝保证了满洲这块清朝“龙兴之地”的安全。

准噶尔问题

在《涅尔琴斯克条约》签订之前，外蒙古的喀尔喀部与准噶尔部噶尔丹汗之间爆发了冲突。起初，康熙帝并

---

① 即今日俄罗斯联邦布里亚特共和国的首府乌兰乌德。

② 即《尼布楚条约》。

③ 即格尔必齐河。

没有打算介入他们的矛盾，但随着噶尔丹在外蒙古确立了统治地位并威胁到内蒙古的安全，感到威胁的康熙帝最终决定出兵讨伐噶尔丹。1696 年，御驾亲征的康熙帝在昭莫多战役中一举将准噶尔部全歼并控制了外蒙古地区。而更为重要的是，清朝通过这场战争结束了动荡的建国时代并进入长达 20 余年的稳定发展期。在这段时间里，国内消费和海外贸易的飞速发展使清朝迎来了中国历史上空前的大繁荣。

综上所述，康熙帝自 16 岁打倒鳌拜，至 43 岁消灭准噶尔部为止，在近 30 年的时间里以清晰敏锐的判断力、沉着果决的执行力及无与伦比的勇气，化解了一个又一个危机。他的成功让他在帝国全体臣民的心中树立了英明领袖的光辉形象。特别是蒙古人和汉人，他们不仅开始发自内心地接受康熙帝乃至清朝的统治，汉人还将康熙帝作为自秦汉以来天命在人间之代表的理想皇帝形象来看待，而蒙古人也把康熙帝看作继承元代神圣使命的大汗。总而言之，像康熙帝这样英明有为的君主更容易为臣民所接受，并成为绝对的皇帝和独裁者。

储君问题

而对居于统治地位的满族人来说，情况则稍有不同。

前文曾提到过有关顺治帝即位的情形，即按满族人的传统习俗，皇帝必须由八旗旗主集会选举产生，现任皇帝并没有指定继承人的权力。但汉族官僚们为尽早接近未来的新君并获其信任而分裂为诸多支持不同皇子的小团体。有鉴于此，康熙帝在康熙十四年（1675）便立次子胤礽（允礽）为皇太子。胤礽是康熙帝皇后赫舍里氏所生的唯一嫡子①，其太子妃则是在朝堂上与明珠并称两大权臣的索额图之女。②

皇太子胤礽文武双全，颇有乃父之风，也得到了康熙帝的充分信任，故而有望在未来成为一代明君。然而到了康熙三十七年（1698），胤礽的六个兄弟被授予爵位和八旗领民，胤礽的地位便开始动摇。皇太子不再是唯一的皇位继承人，各旗的满族人也分别支持作为自己领主的皇子，同时与其他皇子的势力展开激烈的争夺。一时之间，各方在朝堂上唇枪舌剑，处处是刀光剑影，斗得好不热闹。而皇太子地位的不稳固，归根结底还是因为满族人没有长子继承制的传统。

总而言之，满族人没有生前建储的习惯，而康熙帝按照支那地区的传统指定了皇太子。对于康熙帝的考虑，其

① 赫舍里氏之前还生有一子承祜，但不幸早夭。

② 此说未找到史料支持，康熙帝的皇后赫舍里氏是索额图的侄女，如果索额图再将女儿嫁与胤礽，于礼制不合。

他的皇子自然不能理解。在他们看来，每个皇子都有继承皇位的资格，而他们治下的八旗领民对此更是深信不疑。

在满族人的理念中，主仆关系才是世间的铁则，即便是奴仆的子孙对待主人也必须绝对忠诚。无论奴仆今后如何飞黄腾达，主人如何家道败落，都摆脱不了主仆名分的羁绊。

话说回来，对于满族人而言，自己的旗分便是生活的全部，而对上级的忠诚也不会超越对本旗领主的忠诚。所以只有由皇帝直辖的满族人才会直接向皇帝效忠，此外各旗的满族人只负有向作为本旗旗主的皇子效忠的义务，所以这些满族人对皇帝的作为并不十分关心。如果要维系八旗的团结，就必须依靠皇帝与八旗旗主之间的个人关系。

这些满族社会结构上的弱点，不仅使八旗内部产生矛盾，甚至还影响到了支那地区传统的官僚制度。各旗的领主都拼命争取由本旗出身的人来担任要职，但从不考虑他们是否拥有才能和抱负。因此，汉族官僚也出于飞黄腾达或明哲保身的考虑而纷纷结党营私。

就这样，汉族官僚以少数满族大臣为核心结成了若干党派，并在帝国的各级政府中展开血腥残酷的权力争夺战。而他们争夺的首要目标并不只是清朝中央政府的主要官职那么简单。

按照支那传统的官僚制度，京官即便位极人臣，所能得到的俸禄与地方官员相比也是十分微薄的，因此京官们便动了利用自己的特殊身份来获取不义之财的歪脑筋。而地方官员的法定俸禄更是聊胜于无，无论去多么偏远的地方赴任也不会得到一分钱的津贴。但地方官员只要向国库上缴足额的税金，则可以随意支配剩下的耗羡。也就是说，这是一种包税制。此外，地方官取用的耗羡除了用于自身消费外，余下的大部分都被送给京官以换取支持。清朝迁都北京后，八旗兵参战的机会逐渐减少，以战利品和赏赐为主要收入来源的普通满族人的生活变得困苦不堪，因此各旗的旗主和大臣们也要为自己的小团体争取更多的收入。

这种情况对于皇帝来说也一样，很多握有实权的地方官以宫廷经费的名义向康熙帝上缴巨额金钱，其中最突出的就是担任江宁织造的曹寅。江宁即南京，织造则是负责向宫廷供应御用丝织品的官职。曹寅出身满洲正白旗内务府包衣，故而在身份上直属于康熙帝。而织造衙门聚集了大量的优秀织工，并拥有高级丝织品的垄断生产权，因此江宁织造一职算得上是颇有油水的肥差。此外，康熙帝在康熙二十三年（1684）至康熙四十六年（1707）间曾六次巡幸江南，名义上是视察黄河、淮河的水利治理，实际上则是对汉族的怀柔之举。在这六次巡幸中，康熙帝五次前往曹寅在南京的府邸做客。统计曹寅为皇帝一行安排住所及食宿的费用情况想必也是一件有趣的工作。

曹寅的孙子曹霑（雪芹）曾著有《红楼梦》这部世界文学史上的名篇佳作，作为书中人物活动舞台的荣国府就是曹家的真实写照。《红楼梦》现今已有日语译本，如果想要体会曹家日常生活的绚烂豪奢，请务必读一读这本书。

康熙帝的烦恼

不管怎样，六位受封的皇子都掌握一部分八旗权力，因而他们的党争又被赋予了争夺帝位的新内涵。各旗下的满族人也全力以赴地到处活动，希望本旗的王爷能成为未来的皇帝。而诸皇子之间斗争的激烈程度令康熙帝对自己的地位都深感不安。

这场斗争最大的受害者便是皇太子胤礽。他的兄弟们无孔不入地探查他的喜好，并使用阴险的手段打击他。特别是索额图于康熙四十二年（1703）被康熙帝处死后，陷入绝境的胤礽开始出现自暴自弃和举止失常的情况。而他与父亲的关系自然也笼罩上了一层阴云，康熙帝则怀疑胤礽对自己抱有恶意。

康熙四十七年（1708）夏，正在内蒙古巡幸的康熙帝突然将诸王、大臣、文武百官召集到帐前，同时令皇太子胤礽跪于御前听训。康熙帝一边流泪一边训斥道：

更可异者，伊每夜逼近布城裂缝向内窃视。从前索额图助伊潜谋大事，朕悉知其情，将索额图处死。今允礽欲为索额图复仇结成党羽，令朕未卜今日被鸩、明日遇害，昼夜戒慎不宁，似此之人岂可付以祖宗弘业？[①]

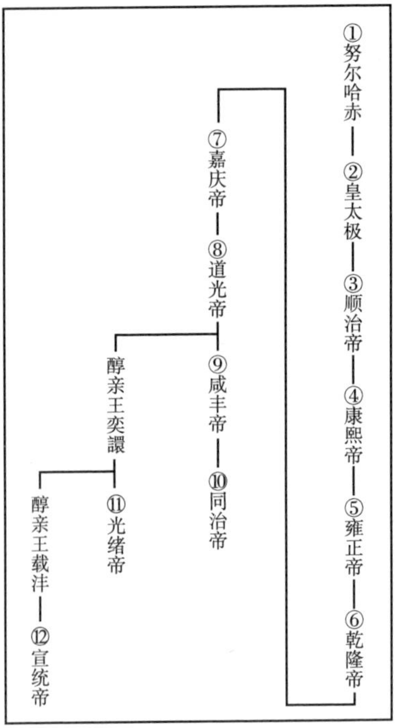

图 24　清代诸帝世系

① 《清圣祖实录》卷 234，康熙四十七年九月丁丑条。

于是，皇太子胤礽遭到康熙帝的废黜。然而，欣喜若狂的皇长子胤禔和皇八子胤禩又在大臣们的拥戴下成为皇太子之位的有力竞争者。到此时才如梦初醒的康熙帝不禁对反太子同盟的阴谋之深沉而感到愕然，故而他对胤礽的误解自然也烟消云散了。翌年春天，胤礽被恢复了皇太子的地位，而胤禔、胤禩则被剥夺了爵位和属民。与此同时，对诸子夺嫡心有余悸的康熙帝则同时授予另外四个儿子爵位，并以细分八旗旗属的办法来保持诸王间实力的平衡。但是，他的做法只是徒劳地加快了诸王联合的步伐。最终，筋疲力尽的康熙帝不得不于康熙五十一年（1712）再次废黜了胤礽，并将其幽禁于咸安宫。自此以后，储君之争成为康熙帝这位花甲老人不能言说的痛，以至于每次有大臣提及这一问题，都会引起老皇帝的雷霆之怒。

第十一章 草原英雄

卫拉特部的发展

察哈尔部的覆灭使内蒙古地区落入清朝的统治之下。但是随着清朝的注意力转向中原地区，清军的进攻势头也到此为止。因此，直到 60 年后与准噶尔帝国发生冲突，清朝才获得一统内外蒙古的机会。

当时，割据外蒙古地区的喀尔喀蒙古分裂为三部，其中最东边的是车臣汗部，居中的是土谢图汗部，在西边与卫拉特部对峙的则是札萨克图汗部。

起初，喀尔喀诸部在与卫拉特部的战争中占据绝对优势，并将后者驱赶到西伯利亚大草原。但是到了 1623 年，卫拉特诸部联军于额尔齐斯河畔大败札萨克图汗部，其势力迅速向四周扩张。

卫拉特诸部中的土尔扈特部向西进入伏尔加河流域，

和硕特部南下征服了西藏，而准噶尔部则向东侵入外蒙古地区，并威胁到了清帝国的安全。

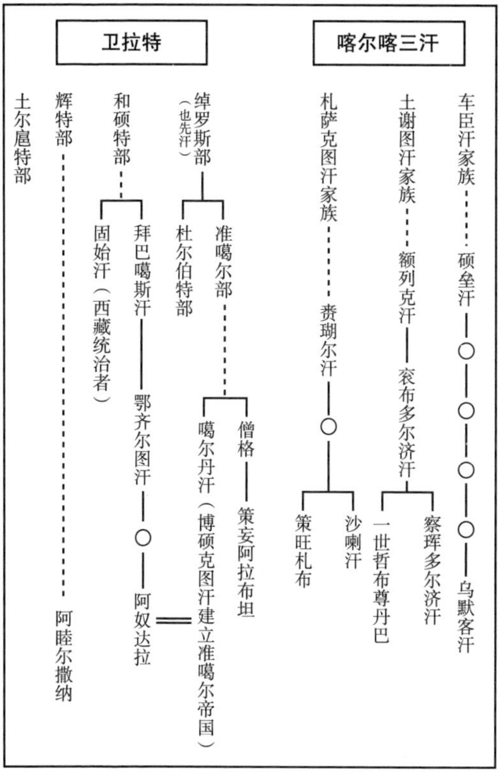

图 25　喀尔喀与卫拉特诸部世系

此外，察哈尔部林丹汗的覆亡直接导致了和硕特部对西藏的征服。因为清朝虽然取代了察哈尔部在呼和浩特的统治地位，但其扩张的势头也暂时止步于此。所以呼和浩特以西直到青海的广大区域出现了权力的真空。于是外蒙古喀尔喀部首领朝克图珲台吉[①]乘机占据了青海地区。由于他是藏传佛教噶玛派的狂热信徒，故而视格鲁派为眼中钉并对其大加迫害。

由于青海是蒙古诸部进出西藏的唯一通道，而噶玛派控制了这一地区则意味着，主要活动于西藏中部的格鲁派不能与其蒙古信徒互通消息。为打破这个僵局，格鲁派向其卫拉特诸部的信徒们求援。

这时，在卫拉特诸部中居于统治地位的和硕特部固始汗应格鲁派之邀远征青海。1637 年年初，固始汗消灭了盘踞于青海的却图汗并据其地为已有。此后，固始汗以青海为根据地，逐步向西藏渗透，至 1642 年始领有西藏全境。同年，固始汗推举五世达赖为藏传佛教的领袖，而他则得到西藏“护法王”的地位。至此，格鲁派成为藏传佛教中势力最大的派系，而噶玛派则一蹶不振。固始汗于 1655 年逝世后，他的子孙仍统治西藏达四代之久。

噶尔丹的活跃

固始汗移驻青海后，卫拉特部的实权落入准噶尔部首

① 即却图汗。

领僧格的手中，但僧格于1671年为其异母兄车臣台吉等人所杀。

而僧格的同母弟噶尔丹甫一出生即被认定为活佛转世，13岁时便前往西藏跟随五世达赖学习佛法。

1666年，噶尔丹结束了十年的修行，带着恩师五世达赖保护格鲁派利益的指示与僧格之妻①一起返回家乡。

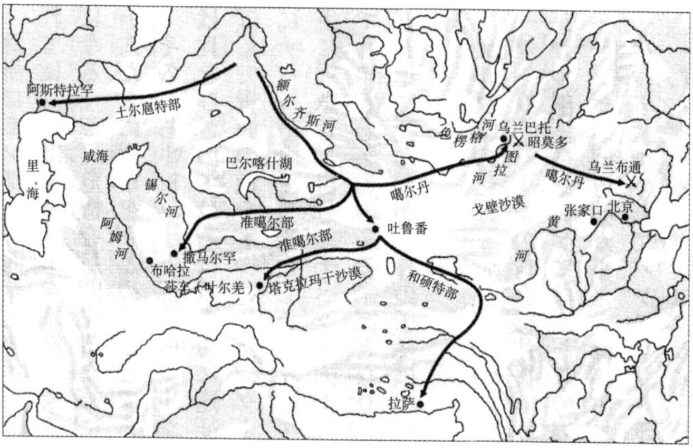

图26　卫拉特部的扩张

在和硕特部鄂齐尔图汗的帮助下，噶尔丹于1672年处死了杀害僧格的车臣台吉等人，进而夺得准噶尔部的汗位。

与此同时，噶尔丹还按蒙古的习俗迎娶了僧格的遗孀

① 一说为噶尔丹之母。

阿奴达拉，以便继承亡兄的家业。而这位阿奴达拉则是鄂齐尔图汗的孙女。

野心勃勃的噶尔丹并不满足于一统准噶尔部，随后他又把矛头指向了鄂齐尔图汗。1676 年冬，噶尔丹在伊犁河畔大败和硕特部并俘虏了鄂齐尔图汗。自此以后，噶尔丹完全控制了卫拉特诸部，同时建立起一个囊括蒙古和西藏的藏传佛教大帝国，他本人也因此被五世达赖授予“博硕克图汗”的称号。

在这里稍微追溯一下准噶尔部的来历。准噶尔部由绰罗斯部分化而成，而这个绰罗斯部正是我们前文曾提到过的也先汗的部族。也就是说，虽然瓦剌帝国随着 1454 年也先汗的逝世而土崩瓦解，但他的子孙于 200 多年后再次在中亚地区建立起一个庞大的游牧帝国。

接下来，噶尔丹又征服了东土耳其斯坦。这一地区自元代以来一直是东察合台汗国的领地，但此时生活在绿洲城市中的维吾尔穆斯林已经掌握了该地区的领导权。此外，自称默罕默德后裔的和卓家族则分裂为白山派和黑山派，他们为争夺该地的统治权而展开了激烈的争夺。

当时，统治东土耳其斯坦的伊斯玛仪汗是个狂热的黑山派信徒，因此他将白山派的领袖阿帕克和卓驱逐出境。而阿帕克和卓则经克什米尔逃往西藏，进而向五世达赖请求援助。

为此，五世达赖将阿帕克和卓的情况以信件的形式告知噶尔丹，并请求其设法援助白山派。

噶尔丹便趁此大好时机于1678年一举征服东土耳其斯坦，同时俘虏了伊斯玛仪汗一族。阿帕克和卓则留在叶尔羌充当噶尔丹的傀儡并为其征收贡赋。

喀尔喀 VS 卫拉特

早前，准噶尔部的东邻喀尔喀部一直纷争不断，起初仅是札萨克图汗家与其分家之间的摩擦，但之后同属喀尔喀部的土谢图汗察珲多尔济也介入其中，冲突逐渐升级为两大汗王间的战争。

不仅如此，随着准噶尔部和车臣汗部也分别为支援札萨克图汗和土谢图汗而加入战团，这场战争进而扩大为喀尔喀与卫拉特两大阵营间的大混战。

对于蒙古的形势，康熙帝也深感忧虑。喀尔喀与卫拉特同属清朝的友好部族①，无论哪一方遭受损失都是清政府不愿意看到的。故而康熙帝联络藏传佛教格鲁派的上层人物，希望与其联合对这场战争进行调停。

---

① 此时清朝对喀尔喀、卫拉特诸部尚无管辖权，诸部在事实上是独立的，故而可称为“友好部族”。

藏传佛教格鲁派与和硕特部的领袖本来就对清朝持友好态度。1642 年，四世班禅、五世达赖以及和硕特部的固始汗联合派遣使者跋涉万里，前往沈阳拜见皇太极。清朝迁都北京后，顺治帝也再三派遣使者到西藏邀请班禅、达赖来京。对此，四世班禅以年岁已高，不便远行的理由予以婉拒，而 36 岁的五世达赖则于 1652 年启程前往北京并驻锡于城东北的黄寺。在那里他受到顺治帝的热情接待，至翌年春始返回西藏。由此看来，格鲁派自然会在调停喀尔喀部战争的问题上与清朝进行合作。鉴于这场动乱可能蔓延至清朝统治下的内蒙古地区，康熙帝对于调停活动十分积极。

然而，五世达赖恰于 1682 年圆寂，享年 66 岁。摄政的桑结嘉措考虑到西藏复杂的内外形势，一方面对外秘不发丧，坚称五世达赖已长期“禅定”并谢绝见客，另一方面则秘密收养了来自藏南的少年仓央嘉措为五世达赖的转世灵童。而这位未来的六世达赖也是一位颇具争议的人物。

抛开六世达赖暂且不表，经过康熙帝和桑结嘉措的努力，喀尔喀诸部于 1686 年在外蒙古地区的库伦伯勒齐尔会盟商讨和议问题。最后，参会各方在清政府代表和西藏地区代表的见证下达成了和议。但会盟时清朝在礼仪上力主土谢图汗之弟哲布尊丹巴呼图克图与代表达赖喇嘛的甘丹寺座主噶尔丹西勒图平起平坐的行为令噶尔丹十分愤慨。

“呼图克图”是蒙语中对得道高僧的敬称，而这位哲布尊丹巴原名札那巴札尔，1635 年出生于其父土谢图汗衮布多尔济在杭爱山的营帐中，后来这个孩子成为整个喀尔喀部的精神领袖。

而在札那巴札尔即将诞生的那个初冬，出现了百花盛开的奇异景象，此外还有人看见一位印度学问僧骑着大象自南方疾驰而来。他在三岁时才能够开口说话，但一开口便用藏语吟诵了以“吾师乃三世诸佛……”为开头的诗歌。除此之外，其种种神异，莫能详述。相传 15 岁的札那巴札尔于 1649 年前往西藏跟随达赖、班禅两大活佛学习佛法，三年后便获得“哲布尊丹巴”的称号并返回了外蒙古。而实际上根据保存至今的传记史料，札那巴札尔起初信奉的是藏传佛教中的觉囊派，到西藏后才改宗为格鲁派。

1652 年，喀尔喀诸部召开集会，推举初代哲布尊丹巴为全体喀尔喀人的领袖。而这位初代哲布尊丹巴于 1723 年圆寂，享年 89 岁。自此以后他不断转生，至八世哲布尊丹巴时，始于 1911 年率领喀尔喀人从清朝独立并自立为蒙古皇帝。但其在 1921 年的革命中失去权力，后于 1924 年圆寂。执政的蒙古人民革命党立即宣布不再为哲布尊丹巴寻找转世灵童，同时将君主立宪制政体改为人民共和国。虽然哲布尊丹巴呼图克图的转世体制至此结束①，但其在270余年的时间里，一直作为外蒙古最高精神领袖而持续发挥着作用。

卫拉特部对外蒙古的统治

让我们再把注意力放回到喀尔喀部的议和问题上，虽然在库伦伯勒齐尔的会盟上，土谢图汗察珲多尔济答应返还其掠自札萨克图汗部的全部人畜，但实际上他仅返还了一半。翌年，札萨克图汗沙喇写信威胁察珲多尔济尽快履行会盟条件，但盛怒之下的察珲多尔济派兵执杀了沙喇，群龙无首的札萨克图汗部也陷入崩溃的边缘。

于是，库伦伯勒齐尔会盟的努力付诸东流，喀尔喀部的内战再次爆发。得知这一消息的康熙帝一方面立即向土谢图汗察珲多尔济派出使者并要求其停战，另一方面则与桑结嘉措联络，请求其劝说札萨克图汗的盟友噶尔丹保持克制，但这一切已经太迟了。察珲多尔济的军队已经与准噶尔部交火，还在冲突中杀死了噶尔丹的弟弟多尔济扎

---

① 实际上九世哲布尊丹巴于1992年才被十四世达赖确认身份，时间在本书成书之后，译者兹录于此，以备读者参考。

布。至此，卫拉特部与喀尔喀部的冲突演变为全面战争，不久以后清朝也被迫卷入其中。

1688 年，打着复仇旗号的噶尔丹亲率三万大军越过杭爱山，在鄂尔浑河上游支流塔米尔河畔与察珲多尔济的喀尔喀联军展开决战。是役，喀尔喀部大败而归，由察珲多尔济直辖的 5000 余名士兵仅有百人生还，其本人也在混乱中只身从山路逃往额金河方向。

正当此时，哲布尊丹巴正避居于额尔德尼昭这座始建于 1585 年的喀尔喀部最古老的寺庙之中，但噶尔丹的军队也正在向这里赶来。于是哲布尊丹巴带着其兄察珲多尔济的家眷仓皇逃入内蒙古境内，并寻求清政府的保护。而随后赶来的准噶尔军则将额尔德尼昭的庙宇和经卷彻底焚毁。

在准噶尔部势若雷霆的打击之下，群龙无首的喀尔喀诸部陷于混乱之中，以土谢图汗察珲多尔济、车臣汗伊勒登阿喇布坦以及札萨克图汗沙喇之弟策旺札布为首的数十万部众争先恐后地逃入内蒙古境内。由于喀尔喀三部的王公、部属全部逃走，噶尔丹完全控制了整个外蒙古地区。而康熙帝则在内蒙古地区为逃入清朝境内的蒙古人重新分配了牧场，并从内地运来粮食和牲畜以资接济。

至此，噶尔丹的准噶尔汗国控制了西起东土耳其斯坦，东至外蒙古的广阔区域，而这也意味着卫拉特部于

200 余年后再次进入外蒙古地区。然而，这种情况自然是无端被卷入卫拉特与喀尔喀争端的康熙帝所不愿意看到的。而且更为重要的是，如果内蒙古地区的蒙古人对清朝的忠诚也被动摇，那么清朝的北部边疆则难保无虞。

噶尔丹的南下

外蒙古已然落入噶尔丹之手，如果此时内蒙古再发生动乱，清朝也许就会像明朝一样退回长城线，以守势应对来自蒙古高原的威胁。长此以往，帝国必将走上一条土崩瓦解的末路。

以上便是康熙帝下定决心与噶尔丹进行对抗的理由，而噶尔丹对此也是洞若观火。但与清朝这样的大国开战事关重大，即便是噶尔丹一时也难以决断。而西藏摄政桑结嘉措为实现其建立由格鲁派控制的“神圣帝国”的野心，竟然假托五世达赖的谕旨以催促噶尔丹尽快出兵。

分隔内外蒙古的戈壁沙漠与中东、北非等地沙丘绵亘的沙漠大不相同。戈壁沙漠是一片干旱龟裂并点缀着稀疏草木的大平原，其中水源稀少，人畜难以生存，旅行者和军队想要穿行其间更是难上加难。而且横穿戈壁沙漠的通路仅有一条，即从北京出发，沿外蒙古东部的克鲁伦河北上，因该路线沿途有可供行人补充淡水的水井，故而它也是今天北京—莫斯科国际铁路的必经之路。1690 年噶尔丹的准噶尔军也是沿着这里进抵克鲁伦河北岸并扎营于此的，而准噶尔部入侵的消息极大地震动了远在北京的清政府，以至于康熙帝不得不下令动员八旗和内蒙古各部的军队以加强戒备。

不久后，噶尔丹率军大举南下，兵锋直指内蒙古北部地区。紧接着，准噶尔军在乌尔会河[①]畔大败一支由蒙古人组成的清军，并进抵距北京仅有 400 公里的乌兰布通。康熙帝急命皇兄裕亲王福全率八旗禁军从北京开赴前线。

清军抵达乌兰布通后，发现准噶尔军已在沼泽地带前方的森林中严阵以待。噶尔丹还下令将骆驼四蹄捆住并环卧于地，驼峰蒙以湿毡避弹，士兵则依托驼峰发射火枪。鉴于准噶尔军的骆驼工事十分坚固，多次进攻受阻的清军只得依靠火器与其远距离对射。双方激战竟日，互有伤亡。但准噶尔军装备的大量俄制火炮对清军造成了较大的杀伤，因此在首日交战中，准噶尔军占据了一定的优势。

次日，噶尔丹主动派出使者向一筹莫展的清军提议讲和，条件是清朝将土谢图汗和哲布尊丹巴引渡给准噶尔部。而清军统帅福全则断然予以拒绝。对此，噶尔丹又做出一定的让步，表示可以允许清朝将哲布尊丹巴送至西藏

---

① 即乌拉盖河。

达赖喇嘛处。如此种种，无不反映出在准噶尔部的军事优势下，噶尔丹那盛气凌人、傲慢自大的态度。

然而，由于议和交涉没有进展，噶尔丹便赶在清军援军到来之前率部撤往戈壁沙漠以北。如此一来，乌兰布通之战就在清军险遭全面失败的情况下不了了之。但纵容敌人深入内蒙古并威胁到北京的安全，无疑极大地打击了清朝的威信。因此，康熙帝认为必须采取措施使其统治下的蒙古各部认识到清朝的伟大和神圣。于是清朝就在 1691 年召开了历史上著名的多伦诺尔会盟。换言之，这次会盟也是为外蒙古诸部效忠康熙帝而举办的仪式。

多伦诺尔会盟

多伦诺尔为元上都故地，位于北京正北约 350 公里处。康熙帝首先下令新附的喀尔喀诸部首领会合于此，而他本人则于 5 月 5 日从北京出发，经古北口前往该地。5 月 30 日，康熙帝举行了盛大的谒见仪式，同时策旺札布也以札萨克图汗的身份出席了会盟。

仪式当天，身着盛装的 27 队清军与 4 头大象结成圆阵，其中心处供觐见用的黄色毡帐前筑有一高约 60 厘米的台子，台上布置着铺有毡毯和黄锦坐垫的宝座。康熙帝便在皇族与高级官僚的簇拥下端坐于宝座之上，其左侧是以皇长子胤禔、皇八子胤禩为首的皇室诸王以及满洲、蒙古、汉军八旗的大臣们，喀尔喀诸部的首领们则侍立于右侧。

一切准备就绪后，哲布尊丹巴与土谢图汗相继入场，并作势向康熙帝下跪行礼。但康熙帝免除了他们的礼节，同时还离座与二人握手。土谢图汗则奏道：

> 蒙圣主殊恩，臣等垂死之躯，今得更生。不能缕析敷奏，惟愿仰赖圣主恩庇，自此安乐得所。①

哲布尊丹巴也接着向康熙帝上奏：

> 仁德高峻，养育群生，弘施利益者谓之佛。臣等蒙圣主大沛洪恩，特加拯救，是即臣等得遇活佛也。惟祝皇上万寿无疆。

觐见仪式持续了约30分钟，康熙帝在给二人赐茶后，众人便移往大帐之内举行宴会。

帐内总共布置了10余列、1000多人的座位。其中满洲贵族、内蒙古诸部首领被安排在皇帝的左侧，右侧则是

① 《清圣祖实录》卷151，康熙三十年四月丁亥条。下同。

以喀尔喀三汗为首的外蒙古诸部首领。康熙帝入席后，列席人员全体起立，另有近侍引导三汗至御前，同时高声喊道："跪——"，三汗便一齐跪下，然后他们又在"叩首"的口令下磕头三次，最后在听到"平身"时才可以站起。这样的仪式还要重复三次才算完成"三跪九叩首"的大礼。礼毕，众人入席，近侍送上茶点。康熙帝端起茶碗后，全员再次跪下磕头，礼毕则保持单膝下跪的姿势低头饮茶。待上酒时，康熙帝亲自将酒杯分送到哲布尊丹巴、三汗等20余位喀尔喀首领的手上，众人向康熙帝磕头行礼后再将酒水一饮而尽。此外，宴会的余兴节目有走钢丝和木偶戏，喀尔喀诸首领中除哲布尊丹巴等高阶僧侣对声色娱乐毫无兴趣外，其余人等大都对此感到十分新奇。宴会结束后，全体列席人员都得到了康熙帝赐予的珍贵礼物。

次日，清政府发表了对喀尔喀蒙古的处理决定。与内蒙古诸部相同，喀尔喀诸部首领全都被授予清朝的爵位，其属下领民则被编成若干个旗和佐领。

6月1日，康熙帝亲自披甲乘马，大阅清军。在阅兵式上，康熙帝还用强弓展示了十发九中的神箭术，令观礼的蒙古人大为惊叹。此外，清军还在阅兵式上以战斗队形前进，一时间军号、呐喊、枪炮的合声震动山谷。可以想见，清军如此声势给喀尔喀诸部首领所带来的震撼。

6月4日，结束了多伦诺尔会盟的康熙帝起驾返回北京，而此时的喀尔喀蒙古则从一个独立的部族转变为清朝的属民。

康熙帝的亲征

正当此时，下定决心与噶尔丹对抗的康熙帝又得到一个好消息，那就是噶尔丹与其侄子策妄阿拉布坦之间发生了内讧。

策妄阿拉布坦是噶尔丹之兄僧格的长子。僧格被杀时其只有七岁，自然没有继任为准噶尔部首领的资格，因此一直在叔父噶尔丹的保护下成长。但随着时间的推移，二人之间的关系开始变得微妙起来。

不管怎么说，策妄阿拉布坦是准噶尔部先代首领的嫡子，噶尔丹总归有一天要被迫将大汗之位交到他的手上。故而噶尔丹抢先在一天夜里派遣刺客前去刺杀策妄阿拉布坦，但恰逢其有事外出，刺客则误杀了他的弟弟。

回家后得知事情原委的策妄阿拉布坦立即设法脱离了噶尔丹的营帐，并逃往父亲僧格的旧领，与其同行的还有僧格的旧部七人。于是二人便因准噶尔部的归属问题而决裂并展开了内战。

策妄阿拉布坦于 1689 年噶尔丹入侵喀尔喀时挑起内战，其时机把握得非常巧妙。正当噶尔丹在外蒙古忙于与清朝作战无暇分身之际，策妄阿拉布坦逐步控制了准噶尔本部和东土耳其斯坦，并与康熙帝取得了联系。就这样，噶尔丹便被孤立在外蒙古的科布多地区，且处于腹背受敌的不利形势之下。

于是噶尔丹便将宫帐设在巴彦乌兰①，并以此为基地专心致志地经营外蒙古。巴彦乌兰位于地势险要的肯特山中，且临近克鲁伦河，经此向西可直抵图拉河上游地区，而昔日成吉思汗也正是在这里举行的即位仪式。此外，笔者推测噶尔丹此时的计划可能是借引诱、拉拢内蒙古诸部参加叛乱以打击清朝，同时再伺机返回准噶尔部消灭策妄阿拉布坦。

然而噶尔丹没有成为第二位成吉思汗的好运。虽然噶尔丹与准噶尔部的联络已被切断，但对清朝来说，纵容他这样的枭雄在外蒙古地区自由活动仍是极大的威胁。

总而言之，康熙帝决定尽快采取行动以彻底铲除噶尔丹，而他的计划则是以御驾亲征的形式进行一场孤注一掷的大冒险。

为此，清朝发兵十余万，分东、中、西三路进军外蒙古。其中萨布素统兵35000人组成东路军，从沈阳出发越过兴安岭，出克鲁伦河，侧击准噶尔军；而费扬古亦统兵35000人组成西路军，沿宁夏西部的翁金河北上越过戈壁

---

① 今蒙古国温都尔汗以西，达尔汗以北。

沙漠，以切断噶尔丹的退路；康熙帝则亲率37000人组成中路军，从北京出发沿前文曾提到过的路线①进军，兵锋直指噶尔丹位于克鲁伦河畔的大本营。

由康熙帝亲率的中路军于1696年4月1日从北京出发，一路顶风冒雪，至5月14日始抵达位于内外蒙古交界处的呼鲁斯太·查干淖尔。这里气候酷寒，黎明时的寒气甚至可以把胡须冻结。此外，明永乐帝北征时留下的“玄石坡”刻石也位于此地，故康熙帝也在其附近将自己此行的经过刻石留念。在中国古代史上曾率军穿越戈壁沙漠的中国皇帝也仅有永乐帝、康熙帝二人而已。

清朝对蒙古全境的统治

清军通过呼鲁斯太·查干淖尔后便进入了噶尔丹的控制区，康熙帝则因补给困难而不得不下令自他本人以下，全体官兵每人每天只吃一顿饭。不久之后，运输粮草的牛车队也因恶劣的道路状况而无法前进，全部辎重则交由40000头骆驼负责运输。但噶尔丹已预先将清军前进道路两旁的水草全部烧尽，故而清军的骆驼多因饥饿而倒毙。

然而饱受行军之苦的康熙帝又接到一个噩耗，有情报

① 指前文提到过的沿克鲁伦河北上穿越戈壁沙漠的路线。

显示沙俄出动了六万鸟枪兵来帮助噶尔丹作战，幸好后来被证实这只是噶尔丹散布的谣言。而西路军此时又传来消息，由于噶尔丹烧尽了牧草，费扬古为筹集足够的马草而不得不多绕行 70 余日的路程，此外军队也面临军粮不足、人马疲惫的窘境，故而已很难按预定计划与中路军会师。东路军的情况则更为糟糕，以至于统帅萨布素不得不撇下大军，仅率领 2000 余人与中路军会合。

如此恶劣的形势动摇了康熙帝取胜的信心，他认为在这种情况下已很难全歼敌军，甚至还有可能危及自身的安全。因此康熙帝决定以和谈来稳住噶尔丹，甚至还派遣使者将一位公主送往噶尔丹的驻地并与其成婚。但使者由于受噶尔丹军的伏击而未能完成使命。

如此一来，康熙帝除继续前进并寻机与噶尔丹决战外已无他途可走。如果不能找到敌军主力并予以歼灭，清军于粮尽回师之际必然遭到噶尔丹的衔尾追击，到时难保能够全身而退。

然而，费扬古于此时率领西路军强行通过无人的荒漠地带，进而打破了僵持的战局。由于还要体恤缺乏水草的战马，西路军的官兵们花费了 11 天的时间才徒步穿越了号称“死亡之海”的戈壁沙漠，其间几乎水米未进。而许多精疲力竭的士兵卧倒在路旁便再也没能起身。就这样，历尽艰辛的西路军最终抵达图拉河河谷地区。

而此时由康熙帝亲率的中路军正沿着克鲁伦河西进。噶尔丹为避其锋芒，率部由肯特山沿图拉河河谷向西退去，结果恰与数日前迂回至此的西路军在昭莫多（蒙语，意为大树林）地区遭遇。

昭莫多是一小块树林茂盛的河滩地，其南北两面都是大山，图拉河则于其间蜿蜒西流。而可供通行的道路则位于图拉河的南岸，途中有一座向南延伸的小山横亘于道路之上。

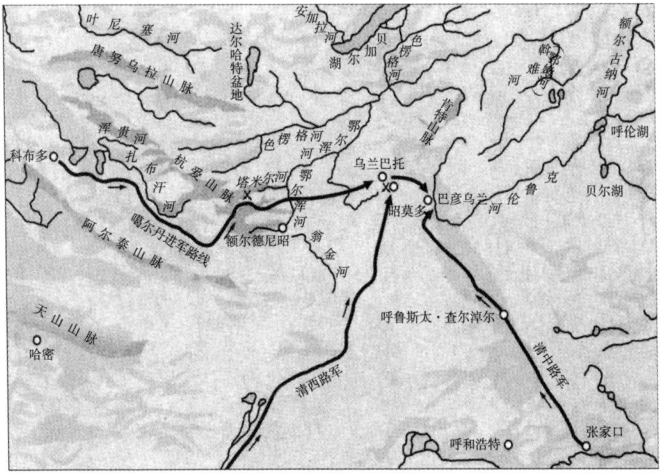

图 27　康熙帝亲征喀尔喀

费扬古指挥清军抢先占据小山，并用枪炮火力封锁了噶尔丹的去路。而由于后方康熙帝的中路军也正缓慢接近，对于噶尔丹来说，已经没有时间可犹豫了。于是其制定了强攻的战略，并命令火枪部队向小山上的清军猛烈开火。一时间双方伤亡惨重，但噶尔丹军暂时未能突破清军的防御。眼见战事陷入僵局的噶尔丹与其妻阿奴达拉解甲弃马，带头率军向清军发起突击。惨烈的肉搏战从中午一直持续到黄昏，但双方仍未分出胜负。

正当此时，噶尔丹军后队突然陷入混乱，原来是一支清军从树林中迂回袭击了噶尔丹的辎重部队，措手不及的噶尔丹军自然阵脚大乱，战斗立即变成清军单方面的屠杀，以至于图拉河的河面上漂满了准噶尔士兵的尸体。直到第二天黎明，清军才停止追击，同时还在打扫战场时找到了中枪而死的阿奴达拉的遗体。

昭莫多的胜利将康熙帝从危险的境地中解救出来，而缴获的大量牛羊对断粮的清军将士来说如同天赐的礼物。此外，在得到捷报时，康熙帝甚至还向上天跪拜祈祷以示感谢。

反观失去一切的噶尔丹，其最好的归宿便是逃往西藏。然而遗憾的是，这条通路也被清朝彻底堵死。于是彷徨无措的噶尔丹博硕克图汗最终于 1697 年 4 月 4 日在阿尔泰山中病死，但康熙帝断定他是因走投无路，才不得不服毒自尽的。就这样，草原英雄的传奇故事结束了，策妄阿拉布坦则成为准噶尔部新的大汗，而喀尔喀诸部的蒙古人也回到了阔别已久的家园。至此，清朝北以恰克图与沙俄接壤，西以阿尔泰山与准噶尔部分界，蒙古全境都已成为清帝国的领土，故而康熙帝也自然成为全体喀尔喀蒙古人的统治者。

第十二章 布达拉宫

六世达赖的“人间宣言”[①]

1696年，即康熙帝于昭莫多大败噶尔丹的那一年，14岁的六世达赖喇嘛仓央嘉措也到了成年的年纪。而摄政桑结嘉措于此时才将五世达赖圆寂的消息公之于众，并为六世达赖举行了坐床大典。这位六世达赖的品行白璧微瑕，但极富诗文才学。他爱酒、爱女人，还以华美的诗歌歌咏爱情。一般认为仓央嘉措是西藏最好的爱情诗人，几乎每一个西藏人都对他的诗歌耳熟能详。

① “人间”在日语中泛指人类、凡人、普通人。“人间宣言”则为有宗教或神秘色彩的上位者否定自己“神性”的宣言，如昭和天皇的《人间宣言》。

路上邂逅的情人，
是位通体溢香的姑娘，
像拾到晶莹剔透的绿松石，
又将它弃置路旁。

情缘如花自开落，
缘来缘去莫悲伤，
即使流连花间的蜜蜂，
也不曾为春去花落而悲伤。

达赖喇嘛	生卒年份
3. 索南嘉措	1543 ⊢—⊣ 1588
4. 云丹嘉措	1589 ⊢—⊣ 1616
5. 阿旺罗桑嘉措	1617 ⊢—⊣ 1682
6. 仓央嘉措	1683 ⊢—⊣ 1706
7. 格桑嘉措	1708 ⊢—⊣ 1757
⑥ 阿旺伊西嘉措 拉藏汗所拥立的达赖喇嘛	1686 ⊢—⊣ 1725 （1717废位）

图 28　历代达赖喇嘛生卒年

传说仓央嘉措曾在布达拉宫正门旁边开了一个旁门，并将钥匙随身携带。晚上他就戴上假发扮作一个名叫宕桑旺波的俗人从旁门出去，到拉萨城内过花天酒地的生活。

待破晓时他便返回布达拉宫，将旁门锁好后再回到房间假装就寝，如此许久都未被旁人识破。

有一次仓央嘉措外出前天降大雪，因此他回去时不小心将足迹印在了雪地上。而宫中侍者早起后见有足迹从旁门一直延续到仓央嘉措的卧室，就怀疑有贼人进入宫内盗窃财物，众人立即循足迹查找线索，于是发现了仓央嘉措的荒唐行为。据说现在拉萨城中还保留着仓央嘉措与恋人幽会的房间。

不久后，对宗教完全丧失热情的六世达赖于 1702 年正式宣布放弃自己的宗教特权，但西藏民众对他的敬爱之情一点也没有减弱。究其原因，虽然六世达赖发表了否认神性的人间宣言，且他的荒唐行为也固然令人震惊，但达赖喇嘛生来即是观音菩萨的化身，其行为自然也非凡人所能领悟。更为重要的是，作为藏传佛教中唯一可以解救人世间苦难的大救星，达赖喇嘛的作用无可替代。故而，信徒对六世达赖的信仰没有产生丝毫动摇。

拉藏汗

事实上统治西藏的蒙古和硕特部自固始汗之后仅活动于青海地区，极少干预西藏内政。同时，历代和硕特部首领一年中也只在正月大祭时才前往拉萨。但到了六世达赖时，野心勃勃的和硕特部拉藏汗开始计划从达赖喇嘛手中夺取西藏的统治权。

此外，西藏摄政桑结嘉措因过于偏袒噶尔丹而被康熙帝和策妄阿拉布坦视为敌人，这也助长了拉藏汗对西藏的野心。与此同时，康熙帝鉴于准噶尔帝国的现实威胁，深感达赖喇嘛在控制蒙古人这一问题上的重要性，便大力支持拉藏汗的行动。在这样的形势下，拉藏汗于 1705 年率军进入西藏并攻占了拉萨。

走投无路的桑结嘉措于混乱中逃进拉萨西郊的囊孜城，但围城的拉藏汗以伪造的达赖谕旨将其诱出城外处死。得到报告的康熙帝十分高兴，同时下令将六世达赖逮捕并送往北京。

6 月 11 日，六世达赖被带出布达拉宫并置于和硕特军队的严密监视之下。甘丹、色拉、哲蚌三大寺院的喇嘛与普通民众团团包围了达赖一行，但终为挥舞武器的和硕特士兵所驱散。

6 月 27 日，六世达赖被褫夺封号，同时在清朝代表的陪同下启程前往北京。得知消息的拉萨百姓群情激愤，大批民众尾随六世达赖一起行进。当队伍行至哲蚌寺附近时，因民众越聚越多，一名和硕特军官企图粗暴地驱赶众人，这一做法无疑是火上浇油。于是愤怒已达顶点的藏民使用石块和木棒袭击和硕特军，并依靠数量优势将六世达赖救至哲蚌寺中。

29 日，拉藏汗的军队包围了哲蚌寺并用大炮向寺内猛烈轰击，几乎手无寸铁的僧人们依然进行了英勇的抵抗，但胜负已毫无悬念。最后，年轻的六世达赖抱着牺牲自己以保全全寺僧众的觉悟，仅率领数名随从冲出寺外。在最后一名随从战死后，六世达赖为和硕特军所俘。

于是六世达赖便再次踏上了前往北京的旅程。1706 年 11 月 14 日，年仅 24 岁的他于押解途中在青海湖湖畔圆寂，结束了传奇的一生。但是藏民们不愿相信敬爱的达赖喇嘛已惨遭横祸，因此围绕着他的结局出现了众多的传说。比如有传言称六世达赖以大神通逃离青海并隐居于山西五台山，还有人声称他逃到了内蒙古的阿拉善并成为一名牧羊人。总而言之，这些传说从一个侧面反映了藏民对六世达赖的敬仰与爱戴。

准噶尔部对西藏的入侵

然而，拉藏汗依靠康熙帝的支持，公然宣称六世达赖是不守清规戒律的“假达赖”，同时又指定在卡姆出生的僧人阿旺伊西嘉措为真正的六世达赖，并为其举行了盛大的坐床仪式。但有传闻说阿旺伊西嘉措实际上是拉藏汗的私生子，因而藏民对其并不接受。不仅如此，即使是在青海的和硕特本部，反对拉藏汗拥立新达赖喇嘛的声音亦为数不少。

尽管存在诸多隐患，但康熙帝还是通过对清朝恭顺有礼的拉藏汗成功地将西藏拉入自己的阵营，从而在与准噶尔部的对抗中居于优势地位。

此外，已故的六世达赖生前曾写下这样的诗文：

> 洁白的仙鹤啊，
> 请把双翅借给我，
> 不飞遥远的地方，
> 只到理塘就回。

这个预言后来成为现实。1708 年 9 月 3 日，一位名为格桑嘉措的男孩出生于康巴藏区的理塘，并很快被认定为六世达赖仓央嘉措的转世灵童。而青海的和硕特诸部首领得到这个消息后也欣喜异常，同时上书康熙帝请求由他们来保护这位灵童。

当然，对于康熙帝来说，将拉藏汗拥立的新六世达赖置于拉萨是十分便利的。但为慎重起见，他还是下令先将格桑嘉措安置于甘肃边境附近的西宁塔尔寺，并由清军负责保护。

另外，自噶尔丹覆灭以来，清朝与准噶尔两大帝国之间的和平状态已维持了20余年。但到了1715年，双方再次发生冲突，并很快演变为全面战争。

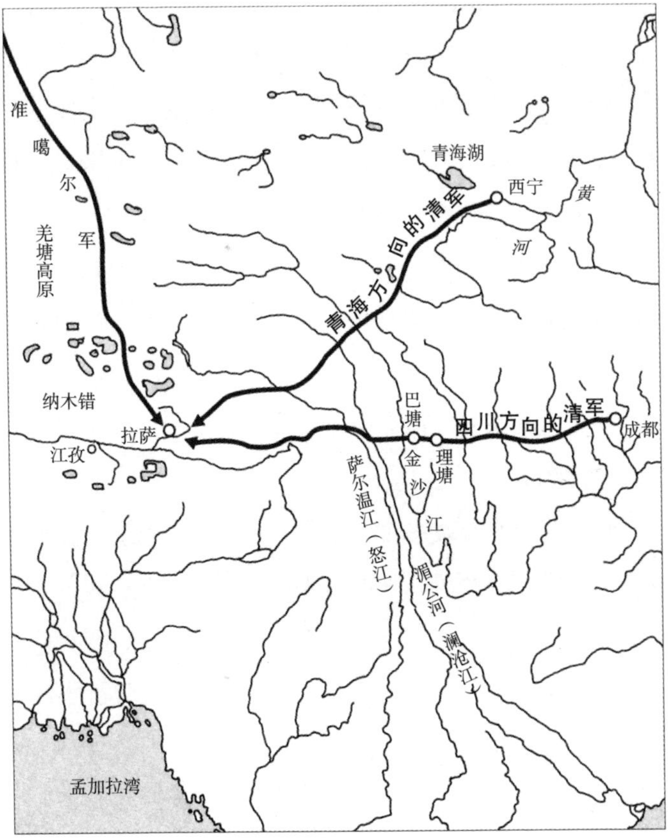

图29　清朝与准噶尔部围绕西藏的争夺战

究其原因，主要是准噶尔部首领策妄阿拉布坦痛感西藏及达赖喇嘛被置于清朝控制之下的不利形势，且康熙帝可能借此对信仰藏传佛教的准噶尔部的内政加以干涉，故而根据藏民大都反感拉藏汗和新达赖喇嘛的情报，大胆地制定了夺取西藏的远征计划。

策妄阿拉布坦任命其弟——宰相大策凌敦多布为远征军统帅，后者率领6000余名精兵强行穿越千里无人的羌塘高原，于1717年6月进抵纳木错湖畔，以迅雷不及掩耳之势完成了这次奇迹般的远征。

准噶尔军的闪电突袭使得拉藏汗根本来不及向青海的和硕特本部及清朝请求援军，因此他只得急率从西藏各地搜罗来的杂牌武装向前线开进。然而在坚持了两个月后，拉藏汗便在准噶尔军犀利的攻势和藏民不合作的态度下被迫退守拉萨。

此外，大策凌敦多布另派了一支准噶尔军前往青海夺取格桑嘉措，但被早有防备的清军击退。大策凌敦多布隐瞒了失败的消息，并派人四处散布格桑嘉措支持准噶尔部，并将与准噶尔军一起进入拉萨为六世达赖报仇的假消息。对此信以为真的藏民不仅热情地欢迎了准噶尔军，并为其提供粮食等作战物资，甚至还自备武器帮助准噶尔军作战。

11月30日午夜，围困拉萨的准噶尔军在得到城中内应的信号后发起总攻，而此时已经没有藏兵肯为拉藏汗作战了。内应将城门从内侧打开，并在各处城墙上放下梯子以接应准噶尔军。就这样，准噶尔军几乎兵不血刃便进入了拉萨城。

然而转眼之间，准噶尔军便撕下伪装，在拉萨城内展开了长达三日的烧杀抢掠活动。即便是曾协助准噶尔军入城的市民也未能幸免，拉萨的新主人对他们进行了严刑拷问以迫使其供出财产藏匿地。

清廷对西藏的保护

拉藏汗虽然逃入了布达拉宫，但这座宫殿并非设防坚固的要塞，根本不可能坚持到清军来援的那一天。于是，绝望的拉藏汗决心像一个勇士一样战死沙场。12 月 3 日，他率领两个部下冲出布达拉宫并用火枪向准噶尔军射击，弹药用尽了便以枪托与冲上来的准噶尔士兵肉搏，在两名部下相继战死后，精疲力尽的拉藏汗也为准噶尔军所杀。

大策凌敦多布在占据拉萨及其周边地区后，立即废黜拉藏汗拥立的傀儡达赖阿旺伊西嘉措，同时宣布格桑嘉措继任为七世达赖。但格桑嘉措仍在西宁的消息很快便传遍了整个西藏地区。自此以后，藏民对准噶尔军的态度日趋冷淡和不友好。

准噶尔人是北亚诸民族中最晚改宗格鲁派的，而无论是哪个宗教，最晚改宗的民族往往都成为信仰最为狂热的清教徒，准噶尔人也不例外。他们所到之处，非格鲁派的寺院被劫掠焚毁一空，僧侣们则被处死或流放。

然而，藏传佛教诸宗派之间的对立远没有日本净土宗与日莲宗那么尖锐，故而准噶尔人如此残酷的迫害异端，即便是格鲁派的僧侣对此也颇为反感和憎恶。加之准噶尔部对西藏百姓肆无忌惮地横征暴敛，最终导致其成为全体西藏人的公敌。愤怒的西藏各界无不盼望清军的到来能够结束准噶尔人的暴政。

1718 年 3 月，也就是在拉藏汗战死的三个多月后，他的求援信才到达北京。意识到情况紧急的康熙帝立即下令驻扎于西宁的清军向拉萨开进，同时青海的和硕特诸部也在途中陆续派兵会合。但是这支 7000 余人的大军由于轻敌冒进而惨遭准噶尔军全歼。恰逢此时，清政府也收到了拉藏汗被杀的报告，于是康熙帝准备借此机会全面实施其征服西藏的战略规划。

1720 年，准备妥当的清军兵分两路，一路由四川西部康巴藏区的巴塘出发，横穿金沙江（长江）、澜沧江、怒江上游的险峻山地，于 9 月 24 日进入拉萨。而此时准噶尔军因害怕被另一路从青海赶来的清军切断退路，将主力集中于拉萨北方的达木草原，故而拉萨城的守备十分空虚。

青海方向的清军由康熙帝的十四子——抚远大将军胤

禵负责指挥，同时他也是全部入藏清军的最高统帅。此外，七世达赖格桑嘉措也随胤禵一同行动。最终，大策凌敦多布在清军和西藏地方抵抗运动的联合打击下，不得不率残部向东土耳其斯坦方向撤退。

10 月 16 日，七世达赖在清军的簇拥下进入拉萨城，城中百姓也为 15 年后西藏再次迎来真正的达赖喇嘛而欢呼雀跃。但与此同时，清朝也开始了对西藏近 200 年的统治。此后虽然又经历了一些曲折，但自 1751 年始，达赖喇嘛作为西藏的领袖终于得到了清政府的正式承认。此外，为保障达赖政府的稳定，清朝还派遣了 2 位代表和 1500 名士兵常驻拉萨，但西藏仍然具有一定的自治权。总而言之，康熙帝通过 1720 年对西藏的远征，一举将国防边界大大向西推移，清朝也成为一个西起世界屋脊——帕米尔高原，南以喜马拉雅山与印度次大陆分界，北至昆仑山与东土耳其斯坦接壤的庞大帝国。

第十三章
《大义觉迷录》

雍正帝的即位

1722 年年初，康熙帝迎来了 69 岁的新春，同时他也创造了在位 61 年的奇迹。借此机会，以内阁大学士为首的 15 位年龄合计超过 1000 岁的高级官僚联名向康熙帝上书请求举行庆祝仪式。于是，康熙帝邀请了年龄在 60 ~ 80 岁的高级官僚 70 人、文武百官及附近州县的百姓 660 人参加在宫中举办的“千叟宴”。席间老人们还献上祝贺的诗文和画作以纪念这一盛典。而宴会结束后，心情大好的康熙帝还将老臣们请入私人房间内谈天叙旧。环视诸臣，老皇帝不无感慨地说道：

> 朕自即位以来，实能绝此三者。故临驭十年不意至二十年，二十年不意至三十、四十、五十年。五十

年之后断不存到六十年之想。今已六十一年矣。史册所载人君寿至七十者不过三人，此皆朕之幸也。人君以一身临天下，前后左右皆足荧惑其心。或大臣擅权、或妇女豫政、或阉寺专命，甚至偏听私人，如天子门生之类。此非有英断之才不能独持纲领，杜绝弊端。然每见英断之主往往果于杀戮，使朝臣不能保其朝夕。朕则待下宽恕，于诸大臣务期保全。故尔等俱耄耋安享富贵，得以功名终始。君臣相对，须发苍然，致足乐也。①

紧接着，康熙帝还带着无限的满足回忆了自己最得意的战争以及六次南巡等活动的盛况。

然而不幸的是，康熙帝很快便与世长辞了。是年 11 月 8 日，正在北京西北郊畅春园听政的老皇帝偶感风寒，并伴有发热、盗汗等症状。这本不是什么值得担心的病症，皇帝本人及其身边近侍也没有放在心上。但到了六天之后的 11 月 14 日夜，康熙帝突然驾崩。由于事发突然，他临终时没有一位皇子陪在身边，只有负责京城和行宫安全的步军统领隆科多随侍在旁。

① 萧奭：《永宪录》，朱南铣点校，中华书局，2007，根据日文略有调整。

康熙帝有23位皇子，不过此时最受父皇喜爱并被视为皇位有力竞争者的是作为抚远大将军、驻扎于甘州防御准噶尔部的皇十四子胤禵。然而，因隆科多是皇四子胤禛的妻兄①，因此他为使自己的妹夫能登上帝位而立即采取了行动。

隆科多趁着夜色将康熙帝的遗体放入御辇中并迅速运回紫禁城，此外他还下令关闭紫禁城的各处城门，没有他的命令，任何人不得入内。与此同时，他又遣人急速赶往胤禛的府邸通知其速来宫中，而其他的皇子则不许入宫。

15日中午，隆科多向外界发表了所谓的康熙帝遗诏：

> 皇四子胤禛人品贵重，深肖朕躬，必能克承大统。著继朕登基，即皇帝位。

紫禁城的戒严令至20日方才解除，皇子们也终于可以在康熙帝的灵前祭拜。翌日，44岁的胤禛正式登基称帝，是为雍正帝。

皇权的强化

雍正帝即位后立即派遣使者到甘州召胤禵入京，其抚

① 这里有明显错误，隆科多的两个姐姐均为康熙帝的嫔妃，故而隆科多是康熙帝的小舅子和雍正帝名义上的舅舅。

远大将军的职务则交由新帝的心腹——川陕总督年羹尧兼任。而手握重兵的胤禵在接到命令后十分顺从地交出了兵权，之后便遭到年羹尧的严密监视并失去自由。

虽然雍正帝是借助隆科多和年羹尧的力量才得以登上帝位，但如果继续放任这两位大功臣，皇帝独裁就无从谈起。于是雍正帝一方面对年羹尧施以格外恩遇，以期使其麻痹大意，而另一方面则背地里策划将其打倒。雍正三年(1725)，雍正帝突然抓住年羹尧在奏折中将一个成语颠倒的失误，以“不敬”的罪名将其贬为杭州将军，这无疑向全国的官吏发出了年羹尧已失宠的信号。因此各地告发年羹尧的奏折如雪片般送到雍正帝的手中，而年羹尧也遭到逮捕并被送往北京。在对皇帝的意图洞若观火的大臣们的连番审问下，年羹尧被认定犯下包括大逆罪 5 条、欺罔罪 9 条、僭越罪 16 条、专擅罪 6 条、残虐罪 4 条、贪渎罪 18 条、侵蚀罪 15 条等共计 92 条大罪。最终，年氏一族中 16 岁以上的男丁全部被处死，不足 16 岁的男丁及女眷则没官为奴。

处理了年羹尧之后，雍正帝又以包庇年羹尧的罪名剥夺了隆科多的头衔、称号和恩典，更于翌年将其派往阿尔泰前线负责该地区的边境守备。此外，雍正帝还趁隆科多不在朝中，严查其各种罪名，并最终在 1727 年以大不敬、欺罔、祸乱朝政等 41 条大罪判处其终身禁锢。

在处理了年羹尧和隆科多两位功臣后，雍正帝又开始着手对付过去曾与自己争夺皇位的诸王。除怡亲王胤祥作为他的死党而幸免于难外，其余诸王或死，或被禁锢，或被削爵，一时间皇亲宗室为之一空。

随着宗室诸王的实权被剥夺，新近受封的皇族与八旗领民之间再无直接联系，而仅仅只是根据旗下人丁的多少支取相应的俸禄。至此，清朝的分封制已名存实亡，八旗制度的实权则转移到以都统为首的各旗长官手中。此外，雍正帝还通过各种手段，大幅增加八旗人丁领取俸禄的名额以解决贫苦满族人的生计问题。通过这些改革，八旗制度的民族色彩逐渐减弱，皇帝可以直接掌控每一个满族人。换言之，自雍正朝始，清朝皇帝才真正开始成为全体满族人的君主和支配者。

间谍网

完成对满族人社会组织的改革后，雍正帝又对汉族官僚组织进行了调整。至雍正朝尚无薪水可领的部分地方官员得到了名为“养廉银”的固定收入，也就是说，雍正帝将之前地方官员向国库上缴规定数额的税金后可随意使用的耗羡进行了重新分配，其中一部分作为官员的养廉银，剩下的则上缴国库。这样的分配方法可谓一石二鸟，一方面增加了皇帝可自由支配的经费数额，另一方面也切断了京官们进行党争的资金来源。与此同时，雍正帝还大力整顿纲纪，并对揭发官员不法行为的告密者进行奖励。而雍正帝的严厉众所周知，故而地方大员们无不战战兢兢地规范自己的行为，官场风气为之一肃。此外，当时社会上盛传皇帝的眼线遍布全国，故而雍正帝也通过诸多手段强化了人们的这种印象。

例如状元出身的官员王云锦在某年的元旦进宫朝贺后回到府邸，便与亲友数人一起玩“叶子戏”①，但不知为何遗失了一张纸牌。然而众人也未加理会，径直弃牌饮酒。第二天早朝时，雍正帝问及其元旦之夜作何消遣，诚实的王云锦如实作答。雍正帝则笑着说道：“不欺暗室，真状元郎。”同时从袖中拿出一枚纸牌递给王云锦，王云锦一看，正是昨晚遗失的那张。

另外，大学士张廷玉在按察使王士俊外任离京前向他推荐了一个男仆，此人办事老练又谨慎，时间一长，王士俊很看重他，并把他当成心腹。在王士俊即将任满回京时，此人突然向主人辞别，王士俊惊问其故，此人则答曰：“汝数年无大咎，吾亦入京面圣，以为汝先容地。”

---

① 叶子戏是一种古老的中国纸牌博戏，兼用骰子掷玩，最早出现于唐代，被认为是扑克、字牌和麻将的鼻祖。

直到此时，王士俊方才明白这位男仆是雍正帝派来监视他的一名侍卫（侍从）。

除此之外，即便是勤政如痴的雍正帝也不可能完全抛开庞大的官僚机构，而仅依靠自身独立处理繁难琐碎的政务。但基于从位于官僚机构顶端的内阁大学士手中夺取行政决策权的考虑，雍正帝逐渐将为指挥对准噶尔作战而临时设置的机构常态化，进而设立了自己的私人秘书室——军机处。“军机”即意为军事机密，而军机处则位于紫禁城乾清门附近的一排小房间中，故而其官员能够迅速前往皇帝的办公地点。该机构每日都有满汉章京数人昼夜轮流值班，同时将从帝国各地送来的紧急报告和密折中的主要内容汇报给雍正帝，以便其当场裁决。因此，该机构的行政效率极高，可以同时处理大批政务并防止泄密。于是，满汉大学士们便再也不能阻止皇帝的独裁了。

文字狱

至此，清帝国的组织已完全成形。留给雍正帝最后的工作便是对言论自由的限制。支那地区的舆论主要由知识分子阶层所把持，而科举落第的知识分子与城市中文化程度不高但极具权势的地主阶层相结合，形成了众多诉求相异的社会团体。从整体上来说，在支那的社会舆论中言论的内容越空泛、越抽象就越被认为是正确的，而探讨社会现实问题的议论则被认为是“俗论”。“俗论”的参与者们大都是对清朝持抵制态度的“正义派”，即对支那地区沦为“满清蛮夷”所统治的现实非常痛心和愤慨的一群人。但遗憾的是，他们中的大多数人由于缺乏勇气而没有采取任何行动。也正因如此，这些人的言论变得越来越激进和浮夸。

而已经进入仕途的汉人则不被上述言论所影响，不过鉴于地方官如果完全无视地方舆论，便很难在当地开展工作，因此他们不得不对这种知识分子的言论抵抗运动持同情态度。此外，在康熙帝的时代，对言论的管制还不是十分严格，所以诸如吕留良等激进人士才会如此活跃。

吕留良是浙江崇德人，曾于顺治年间以优异的成绩考取了官学中的廪膳生，也就是我们通常所说的“秀才”。不过，他后来出于某种原因放弃了仕途，并转变为一名社会评论家。而他有关“清朝是支那历史上最黑暗时代”的犀利论断在江南的文化沙龙中极受追捧，故而他的著作也颇为畅销，虽一版再版，但仍供不应求。吕留良后于康熙二十二年（1683）病逝，但他的学生严鸿逵、沈在宽等人继承并发扬了他的思想。

吕留良与他的弟子们并不是所谓的行动派，他们除了言论外没有进一步的打算，更没有以革命手段推翻清朝的考虑。然而，出身湖南的读书人曾静则极具行动力，他在读了吕留良的著作后，立即被其勇敢的反清言论所吸引，进而带着学生张熙前往浙江结交严鸿逵、沈在宽，并开始认真地准备旨在推翻清朝的革命运动。恰逢此时，曾静听闻川陕总督岳钟琪是南宋抗金名将岳飞的二十一世孙，故而派张熙前往四川向岳钟琪投书，劝其效法先祖，起兵反清。惊恐万分的岳钟琪则佯装赞成，同时借机从张熙处套出曾静的姓名，进而将这些情况上报北京。

于是，雍正帝决定将这些异见者一网打尽。曾静被逮送北京后，雍正帝采取了与众不同的处理手段，即与其进行对话，并试图以大中华主义的理论说服坚持小支那民族主义的曾静。雍正帝指出，所谓的支那地区自古以来便是一个多民族杂居区，此外汉族也并非一个单一民族，而是融合了诸多民族的文化共同体。如今清朝凭实力将满族人、蒙古人、汉人凝聚在一起，其理念已远远超越了汉族封闭的民族观和国家观。因此，汉人也应该认清现实，进而抛弃狭隘的民族主义。曾静在听取了雍正帝的观点后也很快改变了态度。

雍正帝还将与曾静问答的对话编为《大义觉迷录》并印行全国，用以宣扬他的大中华主义理论。

除此之外，雍正帝下令将已死的吕留良、严鸿逵开棺戮尸，同时二人的族人则与沈在宽一起被处以死刑。但有趣的是，曾静和张熙却被无罪释放。究其原因，雍正帝看穿了这些宣扬反清言论的知识分子除煽动舆论以沽名钓誉外，再无作为，而即使处理了容易受他人影响和支配的曾静等人也对平息这一事件毫无帮助。

吕留良等人的获罪给整个知识分子阶层泼了一盆冷水，而这一事件也拉开了清朝文字狱的序幕。自此以后，反清言论在社会上完全销声匿迹了。到乾隆朝时，文字狱变本加厉，其迫害的范围也扩大到普通人的身上。不仅是言论，诗文中的部分内容也可能被断章取义地曲解为有反清倾向，而其作者则必将被处以极刑。例如“千秋臣子心，一朝日月天”这句诗词中的“日”、“月”二字合在一起便是一个“明”字，故而其作者便因怀念明朝的罪名而被满门抄斩。

雍正帝之死

雍正帝的统治时间虽然只有短短的 13 年，但他在这一时期所完成的事业与其父康熙帝的武功相比不遑多让。康熙末年，根植于满族人社会结构的弊端引发政局急剧动荡，而康熙帝却无力予以解决。雍正帝即位后，不惜牺牲支持者的利益以获取独裁权，进而对八旗制度和地方行政进行了根本性的改革，这一改革使满、蒙、汉三族结成有机的政治体，并使得清朝的国祚绵延长久。

换言之，康熙帝打下了帝国的疆域，而雍正帝则完善了帝国的制度。

雍正十三年（1735）八月二十一日，巡幸圆明园的雍正帝像往常一样处理政务，不过他似乎心情不佳。到了翌日晚 8 点左右，雍正帝突然陷入弥留状态，并很快于午夜时分驾崩。一时间，关于皇帝暴崩的种种流言在北京城中四处传播，而普通百姓大都认为雍正帝是被吕留良的孙女所刺杀的。

雍正帝暴崩的消息传到大学士鄂尔泰的府第已是凌晨时分，鄂尔泰眼见情况紧急，已然来不及准备轿马，便跳上一匹骡子赶往宫中。途中由于着急赶路，他一直紧夹骡腹，导致双腿内侧的皮肤磨破出血。随后，鄂尔泰便留在宫中以稳定局势，并于二十七日公布了雍正帝的遗诏。遗诏命 25 岁的四皇子宝亲王弘历继位，是为乾隆帝，同时由鄂尔泰、张廷玉两位大学士担任辅政大臣。

第十四章
十全老人

十全武功

在康熙、雍正两位皇帝所奠定的坚实基础之上，清帝国终于在乾隆帝时期迎来了全盛期。以至于乾隆帝曾在81岁时志得意满地写下《御制十全记》以记述其在十场战争中所获得的胜利，现将这十场战争记录如下。

1. 金川（第一次）

金川位于四川西北部，大渡河的上游地区。境内有大、小金川两条河谷，其间分布着九个藏人小王国[①]。乾隆十二年（1747），大金川王莎罗奔与其他小王之间爆发了战争，前往平乱的三万清军久战无功。在僵持了两年之后，这场战争才以莎罗奔的请降而告终。

① 中国学界一般称其为土司。

2. 准噶尔

自雍正时代以来，清朝与准噶尔部之间一直保持着和平状态。不过在乾隆十九年（1754）时，准噶尔部中颇具实力的阿睦尔撒纳向清朝投降，于是乾隆帝便考虑借机一举解决准噶尔问题。翌年，清朝一方出动了25000人的满蒙联军，并以阿睦尔撒纳为前锋向准噶尔部发起进攻。由于准噶尔部正值内乱，清军遇到的抵抗微乎其微。仅仅100余日后，准噶尔部的新大汗达瓦齐便被清军俘虏，而准噶尔帝国也就此覆灭。

3. 阿睦尔撒纳

清朝平定准噶尔部之后，乾隆帝对卫拉特四部采取“全其首领，分而治之”的统治策略。然而妄图成为全卫拉特统治者的阿睦尔撒纳突然发动叛乱，并驱逐了清朝的驻军。但他的反抗是徒劳的。乾隆二十二年（1757），阿睦尔撒纳在清军的追击下逃入沙俄境内，不久便身染天花而死。而他的尸体则被沙俄埋在了谢米巴拉金斯克，清朝也派员亲临现场进行检验。不过，沙俄最终拒绝了清朝提出的将阿睦尔撒纳的尸体引渡回国的要求。①

① 一说最后沙俄还是被迫将阿睦尔撒纳的尸体引渡给了清朝。

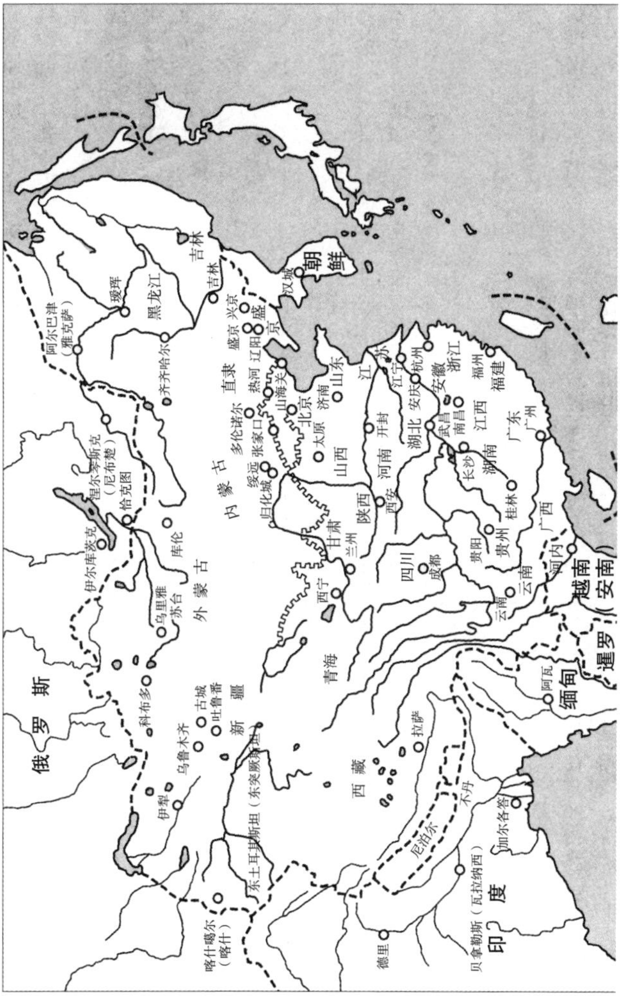
俄罗斯
阿尔巴津
（雅克萨）
瑷珲
黑龙江
吉林
齐齐哈尔
尼布楚
恰克图
伊尔库茨克
库伦
乌里雅苏台
外蒙古
科布多
乌鲁木齐
古城
吐鲁番
新疆
伊犁
东土耳其斯坦（东突厥斯坦）
喀什噶尔
（喀什）
内蒙古
归化城
绥远
张家口
多伦诺尔
直隶
热河
盛京
兴京
辽阳
山海关
北京
太原
山西
陕西
西安
甘肃
兰州
西宁
青海
西藏
拉萨
四川
成都
河南
开封
山东
济南
江苏
江宁
安徽
安庆
浙江
杭州
湖北
武昌
江西
南昌
福建
福州
湖南
长沙
广东
广州
广西
桂林
贵州
贵阳
云南
朝鲜
汉城
越南
安南
河内
暹罗
缅甸
阿瓦
不丹
尼泊尔
加尔各答
贝拿勒斯（瓦拉纳西）
印度
德里

图 30　清帝国全图

4. 维吾尔

自清初以来，东土耳其斯坦的维吾尔人一直处在准噶尔部的统治之下。但随着准噶尔部的覆灭，作为维吾尔穆斯林宗教领袖的波罗尼都和卓、霍集占和卓两兄弟决心趁机独立并拒绝向清朝投降。乾隆二十三年（1758），清军进入东土耳其斯坦，进而将沿途的绿洲城市逐个击破。翌年，清军攻占了大小和卓兄弟的最后据点——叶尔羌，而和卓兄弟则翻越帕米尔高原，逃入西土耳其斯坦的巴达赫尚地区。然而在清军的压力下，巴达赫尚的国王将二人处死并献与清朝。

通过发生在内外蒙古、东土耳其斯坦境内的多场战争，清帝国将包括今天新疆维吾尔自治区以及俄罗斯联邦图瓦共和国的广大领土收入囊中。自此以后，准噶尔草原与东土耳其斯坦便被称为“新疆”，即“新的疆土”之意。总而言之，清帝国的疆域在1759年达到极限，并大体奠定了今天中国的领土范围。而清帝国在之后参与的对外战争大都是出于国防上的需要，或是向邻国要求宗主权。

5. 缅甸

在云南省西南边境的湄公河[①]上游地区，分布着十几

① 即中国境内的澜沧江。

个由泰人[①]建立的小王国，这些小王国同时向清朝和缅甸缴纳贡赋，以维持自身的统治。而此时缅甸正处于强盛的贡榜王朝统治之下，并正在进行一场针对泰人的本土——暹罗的征服战争。与此同时，一支缅军还向湄公河上游地区进军，进而于乾隆三十年（1765）与清军在中缅边境爆发冲突。乾隆三十二年（1767），缅甸一度灭亡了暹罗，而乾隆帝则趁缅军主力尚在暹罗的有利时机，于是年及翌年先后两次发兵进攻缅甸首都阿瓦，但清军的第一次进攻由于缅人巧妙的游击战术和粮草补给的困难而几乎全军覆没，第二次进攻又由于时值雨季，行军不便而以失败告终。最终，已然筋疲力尽的清缅双方通过议和谈判结束了战争，缅甸也再次成为清朝的朝贡国。

6. 金川（第二次）

第一次金川之战后，大金川与其他小王国之间一直冲突不断。到了乾隆三十六年（1771），大金川与小金川结成同盟，并公然向清朝开战。虽然乾隆帝决心一劳永逸地解决大小金川的问题，但由于清军在大小金川联军的坚决抵抗下，损失了大量的士兵、辎重且进展缓慢，以至于直到乾隆四十年（1775）才最终平定了大小金川。

① 即中国境内的傣族，同时也是今天泰国的主体民族。

7. 台湾

乾隆五十一年（1786），台湾爆发了由天地会首领林爽文领导的起义，起义军在击溃岛上的清军后，几乎占领了全岛。但第二年清朝便从大陆派出大批清军登岛，进而将起义镇压下去。

8. 越南

进入16世纪后，统治越南的黎朝迅速衰弱，王室大权旁落，徒具虚名，其国内也呈现南北对峙的分裂局面。到了清朝乾隆帝时，北越由郑朝统治，南越则由西山朝统治。乾隆四十三年（1778）西山朝大将阮文惠北上攻占河内，郑朝灭亡。然而越南南北并没有立即统一，黎朝的末代君主绍统帝①又建都于河内并控制了北越。经过短暂的相持之后，阮文惠于乾隆五十二年（1787）再次攻占河内，进而一统越南，其本人也于不久后登基称帝，年号光中。

绍统帝则逃往清朝并向乾隆帝请求援助。翌年，清朝派出一万人的军队助其复国。进入越南境内后，清军遇到的抵抗十分微弱，轻而易举地攻下了河内，然而这仅是阮

① 中国文献一般称其为“昭统帝”，因其年号为“昭统”。

文惠布下的圈套。乾隆五十四年（1789）正月初一夜，大批越军突然包围了河内，并向清军发起猛烈的攻势。毫无准备的清军只得仓皇撤退，途中又因市球江上的浮桥断裂而大部分落水溺死。

经此大败，乾隆帝征服越南的计划完全落空。此后，他不得不承认越南作为独立国家的地位，且满足于仅与越南建立朝贡关系。

9. 尼泊尔[①]（第一次）

正当此时，尼泊尔刚刚被由廓尔喀人建立并延续至今的沙阿王朝[②]所统一，故而其对外扩张的需求十分强烈。乾隆五十五年（1790），西藏上层围绕三世班禅[③]的遗产继承问题产生矛盾，于是尼泊尔便借机入侵西藏。而本应全力支援西藏的清军统帅巴忠却极力避免与尼泊尔军作战，他甚至还强迫达赖政府向尼泊尔支付赔偿金以换取其撤军。和议达成后，巴忠向乾隆帝报告称尼泊尔业已向清朝投降。

10. 尼泊尔（第二次）

然而，这种虚假的和平自然难以长久维持下去。乾隆

① 即中国学界通常所称的“廓尔喀之役”。

② 统治尼泊尔的沙阿王朝已结束，但在作者写作本书时沙阿王朝尚在。

③ 此处实为六世班禅。

五十六年（1791），尼泊尔再次出兵入侵西藏，巴忠则因畏惧乾隆帝的雷霆之怒而投水自尽。乾隆五十七年（1792），清军越过喜马拉雅山攻入尼泊尔境内，但很快便遇到挫折，于是清政府接受了尼泊尔的议和请求。至此，尼泊尔也成为清朝的朝贡国。

以上便是乾隆朝的“十全武功”，而好大喜功的乾隆帝也因此自称“十全老人”。通过这些军事行动，清朝获得了将新疆地区纳入版图的伟大胜利，但胜利的背后是天文数字般的人员损失和军费开支。仅以第一次大小金川之役为例，乾隆帝便花费了帑银 7000 万两，这个数字相当于清朝两年的财政收入之和。不过，既然清朝能够承受数额如此巨大的军费，可以想见其当时的财力之雄厚。

七旬万寿

乾隆四十五年（1780）八月十三日，乾隆帝在热河避暑山庄迎来了 70 岁的生日。如果按支那的传统来说，70 岁的皇帝即为“古稀天子”，而他的生日便是“七旬万寿”圣节。是日，心情大好的乾隆帝还写下了名为《古稀说》的文章以资纪念，现选录部分原文如下：

> 三代以上弗论矣，三代以下，为天子而寿登古稀

> 者，才得六人，已见之近作矣。至夫得国之正，扩土之广，臣服之普，民庶之安，虽非大当，可谓小康。且前代所以亡国者，曰强藩、曰外患、曰权臣、曰外戚、曰女谒、曰宦寺、曰奸臣、曰佞幸，今皆无一仿佛者。即所谓得古稀之六帝，元、明二祖，为创业之君，礼乐政刑有未遑焉。其余四帝，予所不足为法，而其时其政，亦岂有若今日哉，是诚古稀而已矣。

虽然此文字里行间充满骄矜自夸，但乾隆帝仍然以古来帝王的事迹对自身施以训诫。大概他此时的心境与吟咏“如月满无缺”时的藤原道长[①]颇为相似。

热河位于内蒙古东部，由北京向东北经古北口穿越万里长城，便到达了今天的承德市。这里距离北京仅有数日路程，群山环抱，景色优美，夏天亦颇为凉爽。因此康熙帝在此修建了名为“避暑山庄”的夏季离宫，其晚年时每年夏天都于此处消夏。而乾隆帝也效法其祖，他在位期间几乎每年都到避暑山庄小住，并在山庄中陆续修建了许多精美奢华的殿台楼阁。

清朝诸帝按照惯例一般于农历五月至九月巡幸避暑山

① 藤原道长（966～1028），日本平安中期公卿，法名行观、行觉。其最为有名的事迹是一家立三后，三个女儿藤原彰子、藤原妍子与藤原威子皆为皇后。因此其在当时的日本权势极大。

庄，因此承德便作为清朝夏季的政治中心而异常繁忙。清帝在逗留避暑山庄期间，还要循例在位于承德北方200公里的皇家猎苑——木兰围场举行盛大的围猎活动。届时，前来朝觐的蒙古王公们也会参与这场盛会，其宏大的规模亦充分彰显了清帝的威仪。围猎活动一方面是发迹于游牧民族的清朝对“国语骑射”民族精神的重视与保护，另一方面也使同样过着游牧生活的蒙古人大大加深了对清朝的国家认同。

让我们再把话题拉回到乾隆四十五年（1780）的万寿圣节上来，除诸蒙古王公、数年前从沙俄返回的土尔扈特部大汗、东土耳其斯坦的维吾尔王公、长江上游的金川土司等贵客亲临盛会外，甚至连远在西藏的班禅额尔德尼与朝鲜国王都千里迢迢地派遣使臣前来为乾隆帝祝寿。此外，为庆祝生日，乾隆帝在避暑山庄中大摆宴席，并连续上演了六天的传统戏剧，其盛况堪称空前。而对于乾隆帝本人来说，他的这个生日也可能是其人生中最为得意的一天。

大中华帝国

乾隆帝引以为傲的“十全武功”虽不能说完全名副其实，但不管怎样还是将清朝的版图扩张到那个时代的极限。而这一版图虽在 19 世纪末的列强侵略中损失了部分边境地区，但大体上仍维持到清朝灭亡并为中华民国所继承。因此，今日中国的领土范围仍然建立在乾隆时代清朝疆域的基础之上。

那么，清朝是如何对囊括了大半个东亚的广阔领土进行统治的？在具体操作上，清朝将汉人聚居的支那地区作为直辖领地，并根据以往的支那传统行政制度加以管理。此外，清朝还将明朝临时派往地方处理政务的总督、巡抚作为纯粹的地方军政长官常设化并形成定制。

而满洲地区由于是清朝的龙兴之地，因此得到清政府的特别重视，进而被置于严密的军事管理之下。

对于蒙古、青海、西藏、新疆等地，清朝则实行被称为“藩部”[①] 的间接统治政策，其具体措施根据各地区的不同特点而大不相同。总之，藩部政策即一方面赋予当地土著以自治权，另一方面则控制其要害，同时施以长期监管。虽然土著首领由皇帝授予官爵和自治权，但清朝仍通过若干巧妙的手段对其内政严加控制。这些首领还负有定期向清朝朝贡的义务，而这一规定与日本江户时代的

① 藩部是清代概念，具有政治、地理、边疆和民族等多重内涵。从政治意义上说，它涉及清代的政治制度、边疆民族政策、行政区划；作为地理概念，它包括漫长的北方和西南边疆地带；从民族意义上说，它包含众多少数民族，并涉及民族关系。

“参觐交代制”[①] 有异曲同工之妙。只有西藏在传统上由达赖、班禅两大宗教领袖共同执掌内政，但其军事、外交事务仍由常驻拉萨的驻藏大臣负责处理。

对于其他实行藩部政策的地区，清朝派遣了大量的大臣、将军等官员率军驻扎当地。譬如清朝在今蒙古国的乌兰巴托便驻有库伦办事大臣，在新疆西北部的伊犁地区则驻有伊犁将军，在新疆南部的喀什还驻有喀什噶尔参赞大臣，等等。

其中伊犁地区作为原准噶尔部的故地而得到清朝的特别关注，因此这里驻扎了大量的八旗军队。此外由于其地处边境，且生活着大量的满族人，故而直到今天该地的汉化程度依然很低，几乎已经失传的满语在这里也得到了很好的传承。

另外，清朝中央政府在北京还设有总辖藩部事务的政府机关——理藩院。理藩院的前身是清初负责处理内蒙古事务的蒙古衙门。而由清朝首创的这一机构，也充分体现

① 参觐交代制是日本江户时代一种制度，各藩的大名需要在一段时间内前往江户替幕府将军处理政务，然后返回自己领土处理政务。丰臣秀吉掌权后，在大坂城、伏见城、聚乐弟等城堡，赐予大名屋敷，由大名的妻子居住，大名则需要一年前往一次。后德川家康参考秀吉的做法，在江户城为大名提供屋敷，同时要求大名妻子在江户居住。1635 年，德川家光修改武家诸法度，至此该制度成为定制。

了其作为大中华帝国的多元性特点。理藩院还负责处理与俄罗斯的外交通商事务，即管理由西伯利亚经蒙古前往北京的俄国人以及双方在西伯利亚与蒙古交界的恰克图所进行的商贸往来。

总而言之，清朝通过中央的理藩院与地方常驻官员的密切配合，严密而巧妙地控制着各个藩部；同时，遵照“分而治之”这一古往今来统治异族的不二法则，使诸藩部间保持既相互对立又相互牵制的平衡。此外，清朝还禁止汉族进入藩部地区，这一方面保护诸藩部免受汉族的经济剥削，另一方面也使其仅与清政府相联系，以便于施加影响和控制。

清朝自然也不会忘记对诸藩部施以怀柔政策。在热河行宫周围的山峰上，遍布着乾隆朝为怀柔远人而修建的寺庙群，其宏大的规模和奢华的艺术风格即便与避暑山庄相比也不遑多让。

由于西藏、青海、准噶尔、蒙古等藩部几乎全都狂热地信奉藏传佛教，清朝便通过宗教保护政策以拉拢生活在上述地区的居民。从前，清朝已经在蒙古修建了若干寺院，但乾隆帝仍然以庆祝平定准噶尔及各部内附的名义在热河陆续兴建了大批庙宇。诸寺中最为壮丽的当属普陀宗乘之庙，因其在建筑形式上完全模仿达赖喇嘛居住的布达拉宫，故而又被称为“小布达拉宫”。除此之外，还有仿照班禅额尔德尼的居寺——扎什伦布寺修建而成的须弥福寿庙、仿伊犁固尔扎庙修建的安远庙以及其他支那式的庙宇。在这里可以欣赏到清朝诸藩部各具特色的建筑风格，而且这些庙宇中也供奉着诸般式样的佛像和佛教法器，其中最为著名的便是高达20余米的木制千手千眼观音像。

规模空前的寺庙群向来访者无声地夸耀着清帝国的强盛，而前来朝觐清朝皇帝的藩部首领们在感叹这些寺庙的雄伟之余，也不禁为见到熟悉的故乡建筑而感动流泪。

清朝恩威并施的策略成功地将诸藩部完全置于其统治之下，而清朝的民族政策与之前历代支那王朝相比，必然有其不为人知的特质。也正因如此，乾隆帝才成为君临满、汉、蒙、藏、维五族的大中华帝国的皇帝。甚至中华民国在建立之初所宣扬的“五族共和”理念，也无非是乾隆盛世的老调重弹罢了。此外，乾隆帝编纂的《五体清文鉴》更是直观地反映了清帝国在大中国观念下的民族结构。

前文已经叙述过，清朝在实际控制的疆域之外还有若干朝贡国。朝贡不过是名义和形式而已，诸如朝鲜、暹罗、越南、缅甸等国在本质上仍然是独立的。此外，由于清朝平定了准噶尔，中亚地区的浩罕、塔什干、布哈拉等突厥系国家为通商之利而相继请求向清朝朝贡。甚至远迁至伏尔加河下游地区的卫拉特蒙古土尔扈特部也时隔100

余年后再次返回伊犁并归于清朝的统治之下，这使得清朝的威名与荣光达到了顶峰。

乾隆帝的豪奢

乾隆帝实在是一位幸运的皇帝，他坐享勤政节俭的祖父康熙帝和锐意改革财政的父亲雍正帝给他留下的巨额遗产，终其一生都过着豪华奢侈的生活。时至今日，中国各地仍残留着他奢华享乐的部分遗迹。

自中华人民共和国成立以来，北京作为国家首都而大兴土木，其城市面貌也发生日新月异的变化，但无论何时，紫禁城与天坛仍然是北京的象征。古往今来，到访北京的游客无不为这两座建筑的宏伟壮丽而惊叹。紫禁城和天坛在明清时期曾多次经历失火焚毁又重建的轮回，故而今天我们看到的大都是在乾隆朝重修一新的样貌。

1924 年，清朝的末代皇帝宣统帝被赶出紫禁城。翌年，紫禁城改建为对外开放的博物馆，这就是闻名于世的故宫博物院。不过该机构收藏品中的精华大都被中华民国政府在中日战争[①]前疏散到南方，后又在台北郊外新修建的“故宫博物院”中公开展览，颇受游客的好评。“故宫

① 中国通常表述为“抗日战争”。

博物院”内保存着不计其数的历代玉器、瓷器、名人字画、善本书籍、殷周铜器等精美工艺品，堪称中国文物的宝库。而这些文物中大部分便是乾隆帝的遗物。

乾隆帝也是一位热衷于学问与艺术的皇帝。他雅好书画诗文，在漫长的人生中共完成了十万余首诗作。虽然他喜好卖弄学问，且其以艰深典故难倒学者取乐的癖好也令人反感，但他的确将一个优秀的文化人作为自己毕生追求的目标。

总而言之，乾隆帝在漫长的一生中凭借专制君主的权力所收集来的文物确实是一笔无价的文化遗产。

而这些文物中被乾隆帝毫无愧色地印上“乾隆御览之宝”、“古稀天子”等收藏印文的名人字画，有一部分在后世辗转流散到民间，即使在今天的日本也时常可以看到。

圆明园

乾隆帝的铺张浪费，在大兴土木、修建行宫等方面更是表现得淋漓尽致。除之前提到的避暑山庄外，规模较大的工程还有位于北京西北郊的圆明园。这座著名的皇家园林由雍正帝始建，乾隆帝则对其进行了长期的翻修和扩建，故而其宏大的建筑规模、精美的艺术风格只有法国路易王朝[1]所修建的凡尔赛宫能与之相媲美。

对新鲜事物颇感兴趣的乾隆帝通过西洋画了解到喷泉后，便一心想要在圆明园中修建喷泉。为此，他还咨询了在宫廷中服务的耶稣会士郎世宁（Giuseppe Castiglione，1688—1766）。郎世宁生于意大利，是一位画技高超且深受乾隆帝信任的宫廷画师。他依照皇帝的需求创作了诸多画作，生动地描绘了乾隆朝的盛世景象。目前，他的作品大多由故宫博物院妥为收藏。郎世宁虽然知道修建喷泉并非一件简单的工作，但皇帝金口玉言，下达的命令不容改易。于是他便向乾隆帝推荐了通晓天文、物理知识的法国传教士蒋友仁（Benoist Michel，1715—1774）来完成这一任务。蒋友仁受命后果然不负重托，精心设计并修成了一座华美的喷泉，乾隆帝对此自然是喜不自胜。后来，乾隆帝又命其继续修建喷泉，而这次蒋友仁在喷泉的水池中安置了十二生肖的铜像，以代表12个时辰，并使每个时辰都有相应的铜像喷水，正午时分则所有铜像一齐喷水。这一设计兼顾水力钟的实用性与喷泉的观赏性，可谓巧夺天工，精妙非常。

既然建造了喷泉，就还要修建与其搭配的西洋建筑，而这项工作主要由郎世宁负责，因此他花费了大量的时间

---

① 中国通常表述为“波旁王朝”。

为圆明园设计了诸多巴洛克式的洋房。然而可惜的是，这座得到乾隆帝格外关注和欣赏的精美园林却于 1860 年英法联军进攻北京时毁于战火，现今仅余下难辨原貌的残垣断壁供后人凭吊。

此外，16 世纪中叶，天主教会内部成立了一个名为“耶稣会”的修会组织，该组织积极派遣传教士前往东方开辟新天地以传播天主的福音。故而，当时还有很多像郎世宁和蒋友仁这样的西方传教士在清朝的宫廷中供职。而在早些时候，耶稣会士沙勿略（St. Francois Xavier，1506—1552）曾前往日本开展传教活动并取得了极大的成功，但最终酿成“岛原之乱”，进而使德川幕府强化了锁国令。与日本情况不同的是，支那地区严禁外国人进入，且传统思想的根基十分稳固，所以在这里开展传教工作极为困难。

17 世纪初，利玛窦（Matteo Ricci，1552—1610）作为第一个被明朝万历帝允许入境的耶稣会士而启程前往北京，之后又陆续有西方传教士来华。他们所具有的科学知识及携带而来的钟表、望远镜、大炮等新鲜事物着实令汉人感到新奇和喜悦。

进入清代后，耶稣会士们的传教工作也毫无进展，但汤若望（Johann Adam Schall von Bell，1592—1666）、南怀仁（Ferdinand Verbiest，1623—1688）等人因在天文历

法方面的造诣而得以进入钦天监任职。康熙帝更是对传教士极为重视，不光自己亲自向其学习西方数学知识，还请他们帮助清朝制造大炮，并充当《涅尔琴斯克条约》签字使团的顾问。而更具深远意义的是，这些传教士们还受命参与绘制清朝的全境地图——《皇舆全览图》，这也是中国历史上首次以三角测量法得到的当时最为精确的全国地图。

不久之后，康熙帝宣布允许中国人信仰天主教，但这也引起了天主教教会内部的纷争。于是，雍正帝即位后再次下令禁教。至此，只有为宫廷服务的传教士才被允许留在中国，而他们也必须像奴仆一样谦卑地服侍清朝皇帝。

于明末清初来华的西方传教士大都学识渊博，而且他们还积极地调查研究中国的风俗习惯、历史文化等方面的情况，以便更好地推进传教事业。与此同时，这些传教士还将中国介绍给欧洲，进而形成了“汉学”这一全新的研究领域。在他们的宣传下，欧洲各界对中国给予了很高的评价，以至于当时欧洲的思想、艺术、政治制度都在不同程度上受到了中国的影响。

《四库全书》

乾隆帝凭借雄厚的财力，不断进行伟大的文化创举，其中最为突出的就是编纂出版大型丛书，而这项工作在很久以前便主要由宫廷负责。早在康熙时代编纂而成的《康熙字典》就奠定了今日汉语词典的雏形，而雍正年间使用铜活字印刷的《古今图书集成》更是长篇巨制，其多达 10000 卷，5000 余册。该书网罗了从古至今的海量文献，并按学科予以分类，直到今天仍是极为重要的百科全书式著作。如果说康熙、雍正两朝图书编纂事业尚处于起步阶段，那么到了乾隆朝时，大型丛书便如雨后春笋般涌现出来。此外，紫禁城内的武英殿作为宫廷图书刻印机构，其刻印不计成本，书籍品质精良，故而人们将其所刻书籍称为“武英殿版”或“殿本”以示褒奖。而在乾隆朝的文化创举中，最值得大书特书的则是《四库全书》的编纂。

类书是中国古代一种大型的资料性书籍，通过辑录历代文献中的相关材料，编成与百科全书相类似的条目以备查考。自明初开始，类书的编纂进入高峰，陆续涌现出《永乐大典》、《历代图书集成》等大型类书。然而，无论类书的规模有多大，都只是对同类文献的摘抄与归类。而《四库全书》作为规模空前绝后的丛书，几乎将中国古代全部书籍都囊括在内。而在《四库全书》编纂完成的前后均有追求收录图书越多越好的丛书出现，但其在收录图书的范围、数量上完全无法与前者相提并论。

乾隆三十七年（1772），乾隆帝下令编纂《四库全书》，之后 300 余名学者对自全国收集而来的历代文献进行了分类和整理，历时 10 余年始编成此书。该丛书卷帙浩繁，共计 3 万余册，收录书籍 3500 余种、8 万余卷。同时，《四库全书》也以中国古代将书籍按“经”（经学）、“史”（历史）、“子”（思想）、“集”（文学）四目分类的传统习惯而得名。其中经、史、子、集各部书籍分别以黄、红、蓝、灰四色封面加以区别，书的内页则由白纸恭楷书写并配以精美的装帧。起初，这部丛书被抄写了四套，分别收藏于紫禁城、圆明园、避暑山庄、沈阳清宫的藏书阁。后来清朝又特地为长江中下游的文化中心扬州、镇江和杭州各抄写了一套，供一般读书人查阅。

另外，《四库全书》的编纂者还注意到了几本日本人的著作。其中之一便是荻生徂徕的弟子山井鼎的《七经孟子考文》，山井鼎在该书中利用北关东足利学校中保存的宋版古籍，对儒家经典中的字句进行了严密的考证，其用力之深令中国学者都为之赞叹。

《四库全书》诚然是乾隆帝的豪奢在文化事业上最完美的体现，直到今日仍具有相当高的学术价值。但伴随着这部巨著的编纂，一个阴谋也逐渐浮出水面。前文曾经提到过，清朝为镇压反清思想而大兴文字狱，至乾隆朝时，文字狱变得愈加严酷和疯狂。换言之，清朝以编纂《四库全书》的名义从全国各地收集文献，其背后则隐藏着借机销毁、删改于己不利之书籍的考虑。实际上，《四库全书》的编写就是一次书籍审查行动，对清朝持批判、反对态度的书籍自不必说，大量涉及反满思想[①]和北方民族的前代书籍也难逃被禁毁或删改的命运。在这次行动中，共计有3000余种、7万~8万部的书籍遭到删改或禁毁。然而，编纂《四库全书》这种大规模的文化事业也给予满腹牢骚的知识分子们以参与的机会，并将他们的视线从批评时政转移到学术研究上来，故而从中亦可体现出清朝在汉族知识分子管控政策上的良苦用心。

总而言之，乾隆帝在其漫长的皇帝生涯中一直随心所欲地享受着奢华的生活，而与此同时，清朝的社会经济也进入了空前的繁荣时期。特别是以扬州为中心的长江下游地区更是在经济、文化等方面取得了惊人的发展和进步。

① 这里的“反满思想”指反对清朝的统治，与近代抗日战争时反对满洲国的情况不同。

第十五章 扬州的画舫

扬　州

京杭大运河以北支那的天津[①]为起点，经山东南下，并流经苏北地区后，于南京以东的镇江与长江交汇，再经苏州直达浙江杭州。而扬州则恰好位于长江以北，京杭大运河的西岸。因其毗邻运河，自古以来一直都是繁荣的商贸城市。

顺便一提，所谓的“扬子江”[②] 原本只是长江的一部分河段，而中国人通常将该河的整个流域称为“长江”，抑或单独一个“江”字亦可。但是，偶然经过长江扬子江段的西方人误把扬子江当作河名，故而日本人也沿用了

---

① 实际上京杭大运河可直达北京通州地区。

② 作者在原文中将“长江”称为“扬子江”，故而有此解释，译作则全部按“长江”处理。

这一错误说法并流传至今。

由于扬州处在长江与京杭大运河交汇的交通要冲，因此很早便发展为重要的城邑。而开凿大运河的隋炀帝也在这里修建了豪华的行宫，且长期于此流连享乐。到了唐代，扬州更是逐渐发展为繁忙的国际贸易港口，大批阿拉伯商人云集于此，他们还以扬州所辖的江都县来代指扬州，一时间，“Cantou”的盛名远播于四海。前文也曾提到，扬州曾在清军南下时遭到八旗兵的大肆屠戮而一时衰败，但很快便得到复兴，至康乾盛世时达到了空前的繁荣，进而一度成为当时中国首屈一指的奢侈之都和文化之都。

总的来说，位于长江三角洲地带的江苏、浙江等地气候温暖，土地肥沃，交通也颇为便利，因此很早便得到了开发。到了宋代，其开发的速度显著提高，至明清时，这一区域逐渐成为整个支那地区的经济、文化中心。此外，这里素来是支那的粮仓，而且从明朝末年开始，以丝、棉纺织为主的大规模手工业、商业也逐渐发达起来。特别是苏州作为明清两代丝织业的中心，经济、文化繁荣昌盛，而扬州在乾隆朝的兴旺则完全得益于盐业。

盐　商

盐是人类不可缺少的生活必需品，由于其主要出产于沿海地区以及内陆的少数盐矿、盐池、盐井，因此自古以来，在地域辽阔的支那，如何向百姓供应食盐一直是重要的政治和社会议题。鉴于由国家控制食盐生产和销售的专卖制度可以为政府带来大量的收入，故而支那地区自2000年前的汉武帝时期便开始实行这一制度。此后食盐专卖虽一度存废不常，但至8世纪中叶，也就是唐中期时，该制度逐渐成为定制并一直延续下来。

实际上，食盐专卖制度的具体措施在漫长的实施过程中亦不断进行着变革。到了17世纪初，已然日薄西山的明朝又确定了以“纲法”为核心的新食盐专卖制度。该制度允许实力雄厚的大盐商垄断食盐的运销，而这种垄断权甚至还可以由其子孙继承并世袭。

食盐专卖制度规定食盐按产地划分为若干个销售区域，即所谓的“行盐地”，故而生产出来的食盐便可以清清楚楚地运往指定地区进行销售。而在各食盐产地中，产量最高的即江苏长江以北、淮河两岸的沿海地带，也就是我们通常所说的两淮地区。两淮的食盐按照专卖制度可以行销以长江流域为中心，包括江苏、安徽、河南、江西、湖北、湖南、贵州七省的广大区域。

另外，获得食盐专卖权的盐商们则必须向政府上缴被称为“盐课”的税金。乾隆朝时，盐课收入几乎占到了全部税收的一半，而两淮地区的盐课又占全国盐课总收入的一半。因此在这里必须要指出的是，对于清朝的财政来说，盐课是至关重要的收入来源。

正因扬州是淮盐的集散地，所以负责该区域盐务的两淮都转盐运使便常驻于此。自明朝中叶开始，有实力的大盐商为追逐盐利而云集扬州，其中特别以被称为“新安商人”的徽商群体势力最为庞大。

新安商人

新安商人，即对出身于安徽徽州府的商人或商人群体的总称。因徽州府古称新安郡，故而得名。新安商人能够将生意由徽州一地拓展到全国各主要城市，故而其与日本江户时代在大阪和江户两地将生意做得风生水起的近江商人颇为相似。

徽州府下辖歙县、休宁、婺源等六县，虽说该地区在行政上隶属于安徽，但其最南端的辖区与江西交界，时至今日婺源县便归于江西管辖。徽州多山，山中出产的歙州石与广东的端溪石并称制砚名石。此外，该地还以生产优质徽墨而闻名于世。但由于地处偏远，交通不便，一直以来徽州都远离当时的经济中心。

正因如此，徽州商人便转战其他领域和地区，其中尤以盐业最受其青睐。自明朝中叶开始，徽州商人的势力逐渐增强，在经过明末清初的大发展后，于乾隆朝时达到兴盛的顶峰。于是，新安商人便与经营汇兑、兑换等金融业务的山西商人并称明清经济界的两大巨头。

以新安商人为核心的扬州盐商通过盐业积累了雄厚的商业资本，并逐渐将经营范围扩展到当铺、药店、贸易、矿业等诸多领域，进而借这种多样化经营模式来增加获利。至乾隆朝时，甚至出现了资产超过 1000 万两白银的大商人，而坐拥数百万两资本的富商则甚为常见。

由于盐商们的盐业垄断权是政府给予的，而其致富的根本原因也在于此，故而他们都或多或少地带有官商的背景和性质。这就可以解释为什么这些盐商会积极响应政府的号召，动辄为赈灾、兴修水利以及各种军事行动提供百万乃至数百万两白银的资金支持。有的盐商还因捐款而得到乾隆帝的青睐，进而被授予布政使一级的官衔。此外，盐商们还通过与高级官员联姻以增强在政界的话语权。

好景气

扬州的盐商们之所以能积累起偌大的财富，与当时白银在流通领域的盛行和社会经济的繁荣密切相关。早在明朝中叶，支那地区便已将白银作为主要的流通手段，而到明末时，通过与欧洲进行贸易，大量的白银更是源源不断地流入支那。

自葡萄牙人占据澳门后，荷兰人、英国人也陆续前往支那，并寻求独占与支那的贸易权。他们将支那的商品运回欧洲销售，进而从中获得巨额利润。而在当地众多的特产中，最受欧洲人欢迎的便是丝绸、瓷器和茶叶。很久以前，希腊人、罗马人就称呼汉朝人为“seres”，即“制造丝绸的人”，丝织品也确实是支那古老的特产。而英语中的“China”，原意即指瓷器。此外，英语及大多数欧洲语言中的“tea”一词，也是由汉语中的“茶”① 转音而来。因此，到访支那的欧洲人无不对这几种商品抱以极大的热情。

然而作为贸易，欧洲人从支那进口了大量的商品，自然也必须要提供相应的货物以供交换。但支那素称“地大物博”，其丰富的物产足以满足国内的需要，所以欧洲人打算用于交换的毛织物几乎毫无用处。而当时的汉人除香料、名贵药材、工艺品等奢侈品外，最想得到的外国货物主要还是白银。恰于此时，西班牙人在美洲发现了墨西哥和秘鲁等银矿，大量的白银被铸成银元并运往欧洲，随后又被带到支那用于交换商品。与此同时，西班牙为打破葡萄牙对支那贸易的垄断而占领了菲律宾的马尼拉，进而

① 福建方言中的“茶”发音即为“tey”，音似“贴”。

在此与偷渡而来的支那商人进行交易。到明末清初时，每年从马尼拉运往支那的银元多达200万～300万元。另外，进入18世纪后，英国的东印度公司从支那进口了大量的茶叶，其货款也是用西班牙银圆来支付的。因此，自明末以来的200余年间，每年亦有数百万银元流入支那。从另一个角度来说，外国的大量订货也刺激了支那国内的生产，诸多产业都出现大规模的工场手工业生产方式。再者，支那国内的商业也呈繁荣之势，为保障同行业的利益，各地都陆续设立了诸如“会馆”、“公所”等名目的同乡公会和同业公会。于是，乾隆朝的社会经济就在今日都难见到的好景气下发展到了极致。

随着白银的积累，流通领域的变革也在不知不觉中渗透进了农村社会的内部。截至明末时，明朝已经实行了将田赋和徭役合并征银的新税制——一条鞭法。进入清代后，清朝又进一步进行改革，康熙帝于康熙五十年（1711）宣布“盛世滋丁，永不加赋”，即将全国现有的人丁数和丁银固定下来，进而免除新增人口的人头税。紧接着在康熙末年至雍正年间，清朝在全国逐步实施将作为徭役的丁银摊入田赋中征收的新制度，即地丁银制。至此，在支那实行了数千年的将人作为徭役征收对象的税制彻底终结。同时，人头税的取消也是支那赋役史上具有划时代意义的大变革，学界对此给予了极高的评价。然而，这些进步都是建立在白银大量流入所带来的好景气之上的。

另外，白银在流通领域广泛用于发放官员俸禄、征收赋役以及大额金融交易等，日常的小额消费主要还是使用铜钱。白银在本质上属于称量货币，交易中多以马蹄状银锭的形式出现，故而又得名马蹄银。除此之外，诸如西班牙银圆等外国货币在交易中也常有使用。

说到铜钱，清朝的铜钱仍然沿用前代圆形方孔钱的样式，只不过上面的文字改成了康熙通宝、乾隆通宝而已。官方还规定，一两白银可兑换铜钱 1000 文，不过实际铜银兑换比率随市场浮动，乾隆朝时一两白银可兑换的铜钱数大致维持在 700 ~ 800 文至 1000 文之间。此外，白银大量流入国内，导致银贱铜贵，盐商们通过将卖盐所得的铜钱兑换成白银再缴纳赋税，亦可获得巨额的差价。

画　舫

“南船北马”这个词恰可概括南北支那的交通方式，即支那北方多山，故而出行多乘驴、马，而南方由于河流众多，出行多借助船舶。诚然，在长江三角洲地区，除京杭大运河和长江两条交通大动脉外，大小河流交错纵横，其间又点缀着诸多沼泽与湖泊，因此乘船出行极为便利。而这一地区的南京、苏州、扬州等中心城市又都是水上都市，故而画舫便自然成为这些城市中最靓丽的风景线。

画舫是用于游览水渠河道的楼船，更是水上之都繁荣的象征。乾隆末年，扬州人李斗根据自己的所见所闻著成《扬州画舫录》一书，该书对扬州的风土人情、名人轶事以及故事传说做了极为详尽的记录和描绘。

明清时期的扬州府衙就位于京杭大运河西岸的扬州城区。扬州府管辖若干州县，其中江都县与甘泉县的治所也在扬州城中。扬州城区分为新城和旧城，其外围均有城墙和沟渠环绕。沟渠中停泊着形制各异的众多画舫，其中有仅供高级官员使用的官船和富家大户的家用私船，而最为豪奢的画舫则被称为“玻璃船”，即以其窗户镶嵌玻璃而得名。

扬州的生活离不开画舫，其春有梅、桃，夏有牡丹、芍药、莲，秋有木樨、芙蓉等诸多花市，又有正月新年、三月清明、五月端午、七月盂兰盆、九月重阳等诸多节日集市，届时扬州城中人头攒动，热闹非常，而众多的游客也使得画舫的租金数倍于平日。

赛龙舟是端午节的传统仪式，装饰成龙形的奢华龙舟于农历四月的最后一天下水，并一直使用到五月十八日。此时恰逢初夏，画舫上满载着游人，出售鸭子的小船于其间往来穿梭。游客将买来的活鸭投入水中，令龙舟以此为目标竞相追逐取乐。还有人将放有果品、钱物的瓶子或猪膀胱置于水面，再派若干弄潮儿于水中嬉戏争夺。而画舫上的游客们目睹如此热闹的场面，也大都兴高采烈地为健儿们加油喝彩。

平日里乘坐画舫出游自然也颇为惬意。扬州临水，鱼、虾、贝等水产资源丰富，而扬州菜肴更是天下闻名。因此，没有什么能比在画舫中由名妓佳丽作陪，品尝美酒佳肴、玩纸牌、下围棋更能使人流连忘返、乐不思蜀了。据说，扬州的富豪大户中甚至有人每日白天休息，晚间方才起身乘坐画舫彻夜狂欢。

扬州旧城东侧小东门附近的河道两岸青楼林立，众多画舫停泊其间，因此这里也被人们称为“小秦淮”。之所以有此称谓，是因为真正的秦淮河位于南京，且因秦始皇的事迹而得名。早在隋唐时代，秦淮河附近即为著名的风月场所，以至于晚唐诗人杜牧在其著名的《夜泊秦淮》一诗中留下“夜泊秦淮近酒家”、“商女不知亡国恨”的千古名句。至明末时，这里依然灯红酒绿，莺歌燕舞，无数文人墨客慕名至此游赏。与描写唐玄宗与杨贵妃凄美爱情故事的《长生殿》并列为清代戏曲两大杰作的《桃花扇》正是以明亡为背景，刻画了文人侯方域与才女李香君的悲欢离合。而剧中的李香君正是一位才艺出众的秦淮名妓。

然而，秦淮河在进入清代后逐渐衰落，而继承了秦淮之名的小秦淮则愈加繁荣起来。《扬州画舫录》就记载了诸多风流才子与小秦淮名妓之间的轶事传闻。

暴发户的爱好

身处太平盛世，扬州很多富豪过着花天酒地、纸醉金迷的奢华生活。但随着时间的推移，一般的消费方式已经很难满足他们的需求，《扬州画舫录》中亦多次提及暴发户们一掷千金的豪奢和荒诞无稽的爱好。

扬州富豪动辄在冠婚嫁娶、房屋饮食、衣服车马等消费项目上挥金如土，一掷数十万两白银的事例也不鲜见。譬如一富翁每餐都与妻子并坐堂上，再由仆人们陆续呈上数十种精美的菜肴，而富翁夫妇遇到不喜欢的饭菜时则摇头示意，立即便有人将其撤下并更换新菜。

有的富豪则喜欢养马，家中常备良马数百匹，而每匹马一日的费用便高达数十两白银。富豪清晨骑马出城游玩，往往要到日暮时方才返回。其马匹毛色鲜亮，鞍韂奢华，目睹之人无不叹为观止。

还有一位喜欢兰花的富豪在自己的府邸中遍植兰花，以至于从大门至卧室几无落足之处。而一位想体验“一掷万金”的富豪则命人用10000两白银收购金箔，并将其从高塔上迎风掷下，金箔随风飞舞，一时万金罄尽。此外，有人还以3000两白银将苏州的不倒翁买尽，再将其放入水中，以至于河流都为之阻塞。然而接下来，扬州的富豪们还做出了更加愚蠢且毫无意义的行为。

有人爱美，从门房乃至厨娘全都选用十几岁的俊男美女。反之，嗜丑的人则家中执事人等全部丑陋无比，其人甚至还觉得自己丑不过仆人，便自毁容貌，又在脸上涂上酱汁后于阳光下暴晒。还有人用木材制作内设可动机关的裸女，并将其放在自己的书房中，来客不明就里往往惊避不迭，从中也可以看出此人低俗乖张的品行和志趣。

除此之外，还有富豪“好大”，其一切生活、陈设用品都必须大型化。此人还有一个铜质夜壶，高五六尺，每晚方便时都要辛苦地爬上爬下。李斗在《扬州画舫录》中将这些富豪的荒诞行为评价为“一时争奇斗异，不可胜计”，故而在当时这样的事例可能还有很多。①

虽然扬州的盐商们喜好铺张炫富，且不时展露暴发户般的低俗品位，但不可否认的是，众多盐商也亲身投入高雅的文艺活动，并作为学者、艺术家的支持者和投资人而为文化进步做出巨大的贡献。当时的江苏、浙江一带能够被称为“文化渊薮”，盐商们的财力支持自然功不可没。

---

① 此处以及上文数个例子均根据李斗《扬州画舫录》，中华书局，1960，斟酌翻译。

而在清代兴盛一时的考据学也正是在这样的环境下才得以发展起来的。

考据学

经学，即对四书五经等儒家经典进行研究和解释的学问。自汉代直至清末，经学一直是支那学术的中心，而历代学者们则肩负着利用儒家经书中先贤圣人的教诲来指导、影响现实政治的使命。

指导经学研究的方法论主要有两大流派。其中一派盛行于汉唐之间，主张训诂，即对儒家经书中的字句进行注释。另一派则活动于宋明时期，倾向于以哲学的视角来解释儒家经典。到了明朝末年，阳明学的继承者们逐渐陷入脱离实际、空谈理论的怪圈之中。有鉴于此，以黄宗羲和顾炎武为代表的部分学者主张进行能够对现实社会和政治产生推动作用的实证主义研究。

恰于此时，以利玛窦为首的西方传教士将天文学、历学、数学、地理学等西方科学知识引入中国，而这些学科的实证主义研究方法也对中国的知识分子产生了一定的影响。至康乾盛世时，对儒家经典的实证主义研究渐入佳境，进而出现了被称为考据学的研究方法。

所谓的考据学，即首先找出文献的最佳版本，进而根据版本的情况考证出该文献中每个字的正确含义。总之，与宋明学者偏向主观的研究态度不同，考据学能够对文献做出客观解释和归纳性论断，在这一点上与科学理论指导下的文献学十分类似。因此，考据学的兴起给儒家经典的研究提供了一个新思路。

康熙年间，学者阎若璩通过对儒家经典《尚书》的一个版本《古文尚书》进行研究，证明了该文献完全是东晋时期的伪作，进而给予宋儒以极大的打击。此后至乾隆、嘉庆两朝，惠栋、戴震、段玉裁、王念孙、王引之等杰出的考据学者不断涌现，考据学也因此臻于全盛，故而其又被称为“乾嘉之学”。而且，考据学还不断向历史学、地理学、音韵学、金石学、书志学等研究领域渗透并促进了这些学科的发展，而以钱大昕、王鸣盛、赵翼等著名史学家为首的大批优秀学者的出现，也使得清代的学术界呈现前所未有的盛况。

原本，对古代文献进行实证性研究的目的在于正确领悟先贤的思想精粹并使之在现世发挥作用。然而承平日久，清朝严密的思想控制极大地阻碍了新思想的产生和发展，这一点仅从戴震在《孟子字义疏证》中所表现出的重视人的欲望和感情的哲学思想便可探知一二。此外，学者们为避免不必要的麻烦，也多愿埋首于与政治无关的研究之中。但无论怎样，考据学对古代文献的研究确实成果颇丰，其科学的研究态度和方法也已初具近现代学术的雏形。

扬州学艺[①]

考据学亦可按照其代表学者的籍贯划分为皖派与吴派。吴派以家族三代治《易经》的苏州人惠栋为代表；皖派则以安徽歙县人戴震为宗师，后金坛段玉裁、高邮王念孙亦得戴震之真传。此外，惠、戴二人都曾是扬州盐商的座上宾客。

受上述几位大师的影响，考据学派在扬州地区形成了独特的治学风格，涌现出阮元、汪中、焦循、江藩等杰出学者。他们的学风很好地反映了扬州开放活跃的地方特色，同时这些学者也大都兴趣广泛，不拘泥于仅在自己的专业领域内埋头研究，且文学造诣极深。

中国古代文坛主要盛行两种文体，一种是以自汉代以来的《史记》、《汉书》、《唐宋八大家文钞》为代表的古文，另一种则是流行于六朝隋唐时期的骈文。其中骈文讲究辞藻华美、对仗工整，书写规范烦琐严格，因此只有文学造诣极精深者方能熟练运用。而扬州的考据学者们却对

① 即学术与艺术的合称。

此颇为热衷，甚至亲自撰写佳作以助宣传。此外，焦循等人还尝试对作为通俗文学而为一般学者所忽视的戏曲剧本进行研究。

阮元则以文化活动家的身份频繁地组织学者开展大型书籍编纂刊刻事业，其中较重要的有对儒家 13 种重要经典进行注释的《十三经注疏校勘记》243 卷，以及集清代经学研究之大成的巨著《皇清经解》1400 卷。

话说以学者为主的文人墨客不断向扬州聚集，其中很多人便寄居于富家大户充当食客，标榜文雅生活方式的富豪们也经常在家中为其举办诗文会。因此，在诸如扬州程氏的篠园、郑氏的休园等处都聚集了不少文人、学者，他们相互唱和诗文，切磋学术。而在这些文人汇聚之地中，尤以盐商马曰琯、马曰璐兄弟的别墅——小玲珑山馆最为著名。当时扬州富豪大都喜欢收集名人字画、古籍善本，马氏兄弟更是酷嗜典籍，遇到古籍珍本必不惜重金购入，故以其数万卷藏书而闻名天下。清朝开始编纂《四库全书》后，马氏以进呈 776 种珍贵古籍而冠绝全国，为此乾隆帝特赐予一套《古今图书集成》以示奖励。此外，马氏兄弟还斥巨资将世人难得一见的珍本古籍刊刻出版，因其所刻图书版本精良，故而被时人称为“马版”。朱彝尊的经学名著《经义考》就是利用了马氏的藏书才得以付梓的。

与此同时，出身盐商程氏家族的程晋芳作为藏书50000余卷的学问名家，受命充当《四库全书》的编纂官。虽然这仅是一个孤证，但不可否认的是，康乾盛世时代的扬州的确是学术的中心。而《四库全书》作为乾隆帝下令编纂的大型丛书，除四套分贮于紫禁城、圆明园等处外，剩余三套则悉数收藏于素称文化渊薮的扬州、杭州、镇江三地。

扬州还是书画艺术的中心。乾隆朝时，一批画风、个性诡谲多变的画家齐集扬州并风靡一时，故而得名“扬州八怪”。虽然八位画家的范围众说纷纭，但其中当属金农（冬心）、郑燮（板桥）最为世人所知。此二人曾得到马氏兄弟小玲珑山馆的接济，且都通过对汉代隶书的研究进而形成了别具特色的书法艺术风格。而八怪中除郑燮曾一度担任县令外，其余诸人均为白丁，更有迟至四五十岁时方才拿起画笔学画的艺术门外汉。也正因如此，他们的作品才更能表现出突破常规的自由灵动之趣。

总的说来，清代的绘画艺术奠基于“四王吴恽”，即活动于清初的王时敏、王鉴、王翚、王原祁、吴历、恽寿平六位画家。这六人被认为是明末董其昌南宗画画风的继承者，而由他们所开创的“正统派”更是统治了清前期的画坛。他们的作品虽集前代技法之大成，但美中不足的是过于程式化，题材单一且缺乏灵魂。

而"扬州八怪"则摒弃了"四王吴恽"的形式主义，且由于他们并非专业画家[①]，选取的题材也大都是较为简单的花卉、人物，故而其作品中充溢着超脱绘画形式与技巧的灵动之气。

扬州原本就是一座包容而不排他的城市，因此大批"扬州八怪"式的人物从全国各地汇聚于此。清初，出身明皇族的石涛亦流寓于扬州并开创了极具批判主义精神的绘画风格，而这或许与扬州自由的创作氛围有莫大的关系。对于艺术家们来说，扬州也许便是那一方可供他们逃避康乾盛世的净土。

《南巡盛典》

扬州名园甲天下。除先前提到过的马氏小玲珑山馆、程氏篠园等盐商重金修筑的别墅外，寺院及名胜古迹中的园林亦为数不少，其中最为著名的当属平山堂。从位于扬州旧城西北郊的蜀岗上极目远眺，便可以望见这处由北宋欧阳修始建的胜景。

日本大正六年（1917）十一月，德富苏峰曾于访问

① 此处意为"扬州八怪"本质上是文人而非画家，因此他们的作品也属于票友性质。

扬州期间乘小舟至平山堂清游，在他的笔下，沿岸风光有如老照片般清晰可见：

> 江水溶溶，沧波荡漾，两岸的老柳树时而和翠竹交织在一起，时而又和绿色的槐树、桑树交织在一起，或者延伸到村落、果园里。这里有寺庙有塔，水中偶尔还有一些个小岛屿。水上芦苇丛生，到处芳草萋萋，亭亭玉立毫不逊色。小船很快就过了双孔桥，可以看到桥上有楼阁和亭子。据说当年乾隆帝南巡的时候，曾经征集扬州美女来此地编织锦绣缆绳让船靠岸。由此可以想象乾隆帝的兴致之大。这里五步一楼十步一阁，极其奢华，我们岂能只责怪隋炀帝一个人奢侈呢？①

德富苏峰的游记或可勾起人们对乾隆盛世的些许追忆。

包括扬州、苏州、杭州在内的江南地区风景清幽秀丽，蕴含着在北支那难得一见的独特韵味。而且这里还民生富庶、文化昌明，因此康熙帝、乾隆帝都为江南的风光

① 此处据德富苏峰《中国漫游记》，刘红译，中华书局，2008，斟酌翻译。

人物所吸引，屡屡至此巡幸游览。

自乾隆十六年（1751）起，乾隆帝效仿其祖父康熙帝的创举，六次南下江南巡视地方。由于人们一般将这两位皇帝巡幸江南的活动称为“南巡”，故而记录乾隆帝巡幸事迹的120卷巨著便被命名为《南巡盛典》，且由前文提到过的宫廷书籍刻印机构——武英殿刊刻了精装本。此外，为满足乾隆帝南巡的需要，清政府还在扬州城南的高旻寺和城北的天宁寺等处为其修建了行宫。

起初，康熙帝南巡的费用主要由宫廷内帑提供，并未取用民间一钱，且康熙帝还严禁地方官员借南巡的名义勒索百姓财物。而乾隆帝南巡时，虽说也减免了沿途百姓当年的赋税以减轻圣驾经过给其带来的负担。但一提到迎接皇帝的视察，地方官员们理所当然地大肆铺张，精心准备，以期博得乾隆帝的欢心。因此，各种无端浪费和中饱私囊的行为自然也在所难免了。

乾隆帝第五次南巡时，御舟从长江北岸出发，驶向长江南岸的镇江，远处一颗硕大的桃子出现在岸边。随着御舟的接近，突然焰火齐发，光耀天际，巨桃也恰于此时裂开，其中的数百名艺人则一齐献上名为“寿山福海”的新戏。而在当时的江南地区，如此巧妙新颖的欢迎仪式也到处上演。

还有的盐商听说乾隆帝喜欢与人谈禅理，因此便想选拔若干禅僧与皇帝论道。然而各地寺庙中符合条件的僧人极少，于是盐商们便将一些熟悉儒家经典的士子拉来剃发充数，并与其约定：如果应对称旨，就永为僧人，酬以白银万两；如不称旨，日后则听其还俗，也有数千两的报酬。即便这个例子可能有所夸张，但由此也可对盐商们财力之雄厚及其铺张浪费的荒唐行径探知一二。

然而，乾隆朝时如日中天的扬州盐商在进入嘉庆朝后便急剧衰落下去，取而代之的则是同样具有国家特许垄断经营权的广东外贸商人。

第十六章 紫禁城的黄昏

太上皇

1795 年，乾隆年号已经走过了 60 个年头，然而 85 岁高龄的乾隆帝依然身体康健。据说，乾隆帝即位时曾对天发誓，如果有幸能在位 60 年，之后便会传位于太子，绝不敢打破皇祖康熙帝在位 61 年的记录。60 年，即今天日本通常所称的“还历”，用干支纪年法表示则恰好为一“甲子”。

自明代以来，年号的变更一般实行一世一元制，即一位皇帝在位期间只使用一个年号。纵观明清两代，在位 60 年的皇帝仅有康熙帝和乾隆帝两位，而寿命超过 80 岁的仅有乾隆帝一人。翌年元旦，乾隆帝便自封为太上皇，将皇位让与十五子颙琰，同时年号也变更为嘉庆。

照常理来说，60 年间一直大权独揽的乾隆帝不应该突然改变现行制度，在自己去世前将皇位传给嘉庆帝。但由嘉庆帝的庙号“仁宗”便可以很清楚地推测出他性格素来温和谦恭，一切政务都按照太上皇的意见处理。因此，在乾隆帝驾崩前，其本人不过是个傀儡罢了。

乾隆帝可算得上是一位明君，但长久的太平盛世和漫长的执政生涯不可避免地使老皇帝对政治产生了厌倦。因此，自乾隆朝中叶开始，朝政混乱、纲纪废弛的情况越来越严重，而嘉庆帝却也未能在即位之初将这些问题一举解决。

宠臣和珅

此时，清朝的最高政治机关正是前文曾提到过的军机处。而自乾隆四十一年（1776）以来的20余年间，和珅一直担任作为该机构主管官员的军机大臣一职。

和珅出身满洲贫苦人家，起初负责为乾隆帝抬轿。一日，乾隆帝出巡，突然发现仪仗中缺少了御用的黄罗伞盖，当即大怒，且询问是何人的过失。侍从诸人皆跪伏于地，不敢言语。只有和珅镇定自若地回禀道：“管此事者，应负此责!”其清朗的声音、恭谨的语气使乾隆帝龙颜大悦，进而又询问了他许多问题。在得知其出身官学生后，自诩学识渊博的乾隆帝还亲自以儒家经典中的字句考较和珅的学问。和珅虽然水平有限，但仍然毫无畏惧地回答了皇帝的问题，而乾隆帝对此也是大加赞赏。由这段逸史也可看出和珅在为人处世时的谨慎和机敏。

受到乾隆帝青睐的和珅不久后便被提升为御前侍卫，可见获得最高统治者的信任给其带来的好处。自此以后，他一路平步青云，仅用了不到十年时间就担任了位极人臣的军机大臣。乾隆帝甚至还将最小的女儿固伦和孝公主下嫁于和珅之子，而与皇帝结为姻亲的和珅则更加有恃无恐、肆意妄为。

精神矍铄、身体康泰的太上皇正计划着自己的 90 寿辰庆典，在他的身上福寿似乎可以永远地绵延下去。然而天有不测风云，嘉庆四年（1799）正月初三清晨，乾隆帝安然辞世，享年 89 岁。

太上皇的驾崩给清朝的政界带来一场大震动。仅仅过了不到十天，和珅便因“妄图拥戴之功”等 20 条大罪被投入监狱。群臣大都建议将他处以凌迟极刑，但嘉庆帝念和珅曾多年侍奉先帝乾隆帝，因此特旨赐其自尽。而从和珅家抄没的财产数额之大，真可谓空前绝后。

财产清单

清政府在查抄和珅家财时曾编制了他的财产目录，由于篇幅所限，不便一一列出，这里仅摘录部分重要条目：除金银现款、土地房屋等不动产外，计有当铺 75 间、银号（银行）42 间、古玩店 13 间。另有宝石念珠 1008 串、珊瑚念珠 373 串、镶金象牙筷 500 双、女式貂皮大衣 611 件、男式貂皮大衣 806 件、高丽参 680 余两。此外尚有不计其数的宝石、金银器、名贵毛皮、稀有药材、古董珍玩等价值连城的宝物。

总之，和珅的全部财产合计达白银 8 亿两，这在当时可谓天文数字。要知道，统治了大半个东亚的清帝国一年的财政收入才 7000 万两白银，甲午中日战争的赔款是 2 亿两，《辛丑条约》规定的赔款也仅 45000 万两，而和珅的财产竟然超过清帝国 10 年财政收入的总和，这样的数字怎能不使人感到震惊？

这些财产均是和珅在担任军机大臣的 20 余年中积攒下来的。另外，据说和珅为人极为吝啬，有关金钱的收支事务全部亲力亲为，甚至他的侧室妻妾也没有月钱可用，被迫每天以清粥度日。但和珅再怎么吝啬，也无法积累出偌大的家业，因此其收入来源主要还是收受贿赂。

自古以来，在中国的官场上，贿赂是一种约定俗成的习惯，而贿赂与其说是收买官员的费用，倒不如说是手续费更为恰当，因此官员们对于这种行为自然而然地进行了某种程度的限制。但是，和珅的贪欲在中国历史上几乎是绝无仅有的。明朝嘉靖年间的内阁大学士严嵩虽然也以受贿而恶名昭著，但他在受贿的数额上尚不能与和珅相提并论。在日本江户时代中期安永、天明年间活动的田沼意次与和珅所处的时代大致相同，他由下级武士一跃成为老中①后，亦以大肆收受贿赂而闻名，然而其规模仍远不及和珅。

贿　赂

那么，和珅如何才能得到数额如此巨大的贿赂呢？军机大臣即军机处这个委员会的成员，亦可由担任其他职务的官员兼任。和珅便在担任军机大臣的同时还兼任崇文门税务监督长达八年。

崇文门是北京外城通往内城的一道城门，亦俗称“哈德门”，目前该城门及其附属的城墙均已被拆毁，昔日之面貌已再难得见。明清两朝在崇文门内设有税关，向进出城门的商旅收取商税，其数额颇为可观。原本税关便拥有额外收入，崇文门税吏的横征暴敛更是天下闻名。毫无疑问，掌管崇文门税关的和珅自然也利用这一便利条件

① 老中是江户幕府的官职名，大致和镰仓幕府的连署、室町幕府的管领相当，是征夷大将军直属的官员，负责统领全国政务，在未设大老的情况下，是幕府的最高官职。

大肆收受贿赂。

和珅索取贿赂的对象主要是全国各地的官员。俗话说“三年清知县，十万雪花银”，从政是一条致富的捷径。因此，任何一位官员都希望谋得油水丰足的肥差，而向深受乾隆帝宠信的和珅送礼便在情理之中了。

和珅收受贿赂还有一定的标准，只送几万两白银的话根本不能入其法眼，一位巡抚甚至一次便送上 20 万两白银。官场一度盛传和珅喜欢将珍珠当作药物内服，故而官员们争相购买高品质的珍珠献给和珅，以至于市场上珍珠的价格一度飞涨。

例如，和珅的一位心腹为得到河道总督的职务，向和珅献上了巨额财物。河道总督，即清朝为治理黄河而特设的官职。兴修水利需要大量的经费，即便是在今天的日本，这样的工程往往也伴随着贪腐丑闻。洪水导致堤防溃决，河道总督则可以以此为借口虚报经费数目以便私吞。修复工程则降低标准，偷工减料，而再次发生洪水时必然导致更大的损失。对此，饱受洪灾之苦的地方百姓几乎达到了忍耐的极限。

如此贿赂公行极大地恶化了官场的风气。除与和珅同为军机大臣的阿桂、战功赫赫的伊犁将军松筠等少数骨鲠大臣不党附和珅外，清朝中央及地方的官员们纷纷上行下效，贪腐之风迅速蔓延开来。

白莲教起义

乾隆末年，官场的腐败愈加严重，之前曾一度蛰伏的秘密结社白莲教又恢复了实力。白莲教曾利用元末、明末的大动乱发动起义，如今清朝虽然政治稳定，社会经济繁荣，但在太平盛世的表象下，各种社会矛盾仍然在持续酝酿和激化。于是，白莲教教徒们便按照以往的传统进行起义的准备。

自古以来，支那地区的人口便随着战争与和平的交替而增损不定。至康乾盛世时，和平已经在这个国度持续了百年有余，因此其人口数量的增长无疑是惊人的。一般认为，清朝人口在乾隆末年已然达到三亿，但由于这个数字在统计过程中存在诸多的不确定因素，因此其可信度不高。不过无论如何，进入 18 世纪后清朝的人口数量突破一亿则是确凿无疑的。

明末清初的战乱使得支那地区的大部分土地荒芜，而被张献忠蹂躏的四川省的情况尤为严重。四川原本是富庶的天府之国，清初则沦为“千里无鸡鸣”的无人荒野。随着和平的来临，荒地逐步得到开垦，此外尚有大量的空闲土地可供新增人口进行分配，故而此时人口增长的作用主要还是积极的。然而不久之后，四川盆地核心区的人口达到饱和，于是人们便进一步向内地迁徙以取得新的发展空间。

湖南、贵州、云南等西南诸省的苗、瑶、倮倮[①]等少数民族的土司土官一直以来都接受元明两朝授予的官职，同时在辖境内实行自治。然而，随着汉族的逐步迁入，雍正、乾隆两位皇帝在这些地区实行了“改土归流”，即废除当地的土司土官，改由清政府派遣流官负责管理的政策。

另外，由于大批满族人迁往北京，满洲地区的土地荒芜，因此清政府鼓励汉族前往该地区垦荒。但乾隆帝有感于过量的汉族移民可能会危及清朝“龙兴之地”的安全，于是便下令禁止再向满洲移民。

随着时间的推移，无限增长的人口与有限的土地之间的矛盾逐渐激化。支那地区的人口虽已接近饱和，但清政府出于维持国家稳定的考虑，严禁向长城线以北及海外移民。然而雪上加霜的是，清朝没能建立起可以有效吸收剩余人口的近代工业体系。因此，支那的农业社会便因人口膨胀的压力而不可避免地陷入贫困状态。

起初，迁往内地的人尚可以得到自然条件较好的肥沃土地，但随着迁徙人口的增加，留给后来者的仅剩贫瘠的

① 即中国通常意义上的“彝族”，又称“倮罗”。

不毛之地。由于这样的土地产出极低，因此大量的农村贫困人口便为生计所迫而沦为流民。

原本因劳动力不足而大力吸纳移民的四川现在也为人口过剩的问题所困扰。特别是在乾隆年间，位于四川东部、湖北西部、陕西南部三省交界的山区聚集了大量的流民。这里虽然民穷地瘠，但地势险要利于隐蔽，确实是流民最佳的庇护所。小农、灶户、林业小生产者是流民的主力军，此外还有大量的无业游民混迹其中。得益于此处山高林密，地处偏远，清政府的统治力量十分薄弱，于是流民们便将贩卖私盐作为主要的谋生手段。此外，对于挣扎在绝望深渊中的流民来说，白莲教无疑是他们精神上的唯一寄托，因此其教义得以迅速传播。

起义的爆发

嘉庆元年（1796）正月，清政府还沉浸在改元的喜庆气氛当中，湖北西部山区的白莲教教徒却已然揭竿而起。随后，起义逐渐波及四川、陕西、河南等省份。这次起义与后来的太平天国运动有很大的差别，它既没有建国纲领，也没有完善的组织和最高领袖，且仅满足于袭击城乡的流动作战。由于起义者隐藏于普通百姓中难以分辨，加之前来镇压的清军军纪废弛、怯懦避战，因此积极与起义军作战的清军将领几无一人。一时间诸如“贼去兵无影，兵来贼没踪。可怜兵与贼，何日得相逢”、“贼来不见官兵面，贼去官兵才出现”等讽刺清军的俗谚流传颇广。更有甚者，河南巡抚景安一再贻误军机、消极避战，以至于起义者还给其取了一个“送迎伯”的外号，而此公虽无半点战功，要求赏赐的热情却极为高涨。

嘉庆四年（1799），随着太上皇乾隆帝的驾崩和嘉庆帝的亲政，清政府开始严肃整顿纲纪，并积极实施镇压白莲教起义的各项措施。然而，清政府的新举措一时间还难以发挥明显的作用，直到五六年之后，白莲教起义才最终被完全镇压。而且在军事行动中，民间力量的配合所起到的作用在一定程度上甚至比清军的还要突出。

为切断白莲教起义军通过强征百姓入伍来获取兵源的途径，清朝还致力于提高一般民众的自卫能力，其所采取的办法便是修筑堡寨。虽说当时作为基层政府的州县治所都有城墙保护，但其下辖的村镇则完全不设防，因此在战斗中遭到严重的损失。为此，清朝在起义军活动区域的主要城镇修筑了堡寨和壕沟，当起义军来袭时，百姓可以进入其中避难。另外，堡寨还可用于训练壮丁以提高地方的自卫能力。总而言之，堡寨战术获得了极大的成功，至嘉庆九年（1804）八月，声势浩大的白莲教起义以失败告终。

镇压白莲教起义的军事行动使清朝越来越倚重地方民兵和团练武装。而且清朝还向后者提供武器，这不得不说是一个重大的政治信号。清朝的武装力量主要由从满族人中征召的八旗兵和从汉人中征召的绿营兵组成，但现在只依靠他们已经不能维持国内的治安，因此这也直观地体现出清朝国家控制力的衰弱。参战的八旗兵中除来自满洲的部分部队尚保持着朴素的优良作风外，驻扎在北京的士兵由于常年过着游手好闲的市井生活，已毫无先辈们吃苦耐劳的精神，因此在战斗中几乎没起到任何作用。此外，他们还霸占民房、茶馆、酒店并引发了极大的骚动，就连绿营兵都对其心存鄙视，于是清政府最终被迫将他们调回北京。

北京的满族人

1644 年明朝灭亡，满族人入主北京。一个半世纪之后，他们的生活已经固定下来。而自国初编制八旗开始，居住在北京内城的满族人便作为清帝国军事力量的中坚而被赋予保卫首都的重任。然而到了嘉庆时期，清朝赖以立国的满洲八旗兵已然变得腐朽不堪，毫无战力了。

从本质上来说，满族人可算是清朝的武士阶层。因此他们从士兵到将军都是拥有旗地的职业军人。此外，满族人还拥有由文官进入仕途的优越条件，但绝不可以从事手工业、商业等。总而言之，满族人是以薪俸和地租维持生计的军人、公务员和地主。

然而，在北京奢靡消费文化的长期影响下，满族人于潜移默化中丧失了祖辈的尚武精神并日趋汉化。

“国语骑射”是满洲精神的核心和灵魂。“国语”即满语文化，“骑射”即骑马、射箭等军事技能。早在皇太极时期，这两者的重要性便一再被提及，以后的历代皇帝也大都予以强调。乾隆帝更是苦口婆心地劝诫满族人务必要坚持“国语骑射”，同时还编纂了《御制增订清文鉴》等满汉对照词典，以及《满洲实录》、《皇清开国方略》、《满洲源流考》等追忆清朝光荣历史及满洲民族起源的书籍。皇帝们不遗余力地宣传“国语骑射”，取得的效果却微乎其微。而满语虽说是清朝的首要官方语言，但满族人在日常生活中主要使用汉语进行交流，要掌握满语则必须要通过专门的学习和培训。

生计艰难

满族人以数额固定的薪俸为生，一旦生活水平提高抑或物价上涨，维持家庭生计就变得异常困难。而在组织形式上，八旗制度的最小单位是佐领，每个满族人都要被编入其中。佐领下辖的具体人数随时代的不同而有所增减，但清朝问鼎北京后，每个佐领大约编有150名壮丁，其中68人可以得到士兵一级的薪俸。在薪俸的具体数额上，最低级的步兵每人每月可得饷银1.5两，米两斛，最高级的禁卫军每月饷银4两，米4斛，这一标准自康熙二十四年和二十五年（1685、1686）以后一直没有变动。

定居北京后，满族人的生活水平显著提高，至康乾盛世时则愈加奢侈。有人为购置华美服饰而一次花费数月的饷银，婚丧嫁娶费用更是逐年水涨船高，甚至还有八旗官兵痴迷于戏曲，以至于亲自上场排演剧目。此外，在京的满族人奢靡浪费之风盛行，饮酒赌博也毫无节制。对此，清朝历代皇帝都曾下旨予以训诫，但其旨意毫无例外地变成一纸空文。

有清一代，满族的人口不断增加。特别是到了乾隆年间，人口的急速膨胀给满族人的生计带来了极大的影响，进而引发朝野激烈的争论。兵员数量的定额限制使得新增加的人口很难得到薪俸，因此嘉庆朝时有的士兵甚至陷入要靠薪俸维持家族30余人生计的窘迫境地。

为此，清朝大量增设佐领以扩充兵员定额，使更多的满族人得到工作的机会。不过，由于受财政状况的限制，乾隆四十年（1775）以后，兵员定额便完全固定下来。

清朝还设立教养兵（后改为养育兵）制度，将家贫无职的满洲优秀青年编制成军，每月发放 3 两白银的薪俸。此外，清朝又实施了诸如将一部分汉军八旗从北京调往地方驻防，其空缺则由满族人递补等措施，但均不能抵消人口增长所带来的负面因素。而清朝号召满族人返回满洲务农的政策，也因习惯北京城市生活的满族人已经难以适应满洲苦寒偏僻的环境而收效甚微。

除生活水平提高及家庭人口增长的压力外，飞速上涨的物价也给满族人带来了极大的负担。譬如，根据乾嘉年间考据学者洪亮吉的研究，50 年前一升米只要 6 ~ 7 文钱，一丈布也不过 30 ~ 40 文。而到了其所生活的年代，一升米、一丈布的价格则分别为 30 ~ 40 文和 100 ~ 200 文，50 年间物价竟然上涨数倍。而即使到了现代，如果不按时提高薪水，我们也难以承受日益上涨的物价。前文也曾提到过，满族人是拥有旗地的地主，因此可以借此获得地租收入。然而随着禁止出售旗地的禁令逐渐松弛，满族人大都将土地卖给汉族，以至于清政府曾一度将已出售的旗地购回并还给原主，但旋即又被其卖掉。至此，大量失地的满族人已不再具有地主的身份。

生计艰难，衣食无着的满族人确实值得同情，而极具商业头脑的汉族则利用前者在经济上的无知和理财上的无计划性赚取暴利。

嘉庆年间，山东商人在八旗驻防衙门附近开店，经营项目主要是向士兵们发放高利贷。其放贷期限一般以一个月为期，利息则高达本金的两倍。每到发饷日时，商人甚至预先前往衙门从债务人的薪俸中扣除本息，名曰“典钱粮”。再者，八旗士兵按季领取禄米，除去自家食用之外，如有剩余自然可以出售给商人换取现款。但有的士兵因急需钱用，便将新领的禄米低价卖予商人，当自家存粮耗尽时又不得不以高价买米食用。

一些生活困窘、家徒四壁的满族人没有能力娶妻，甚至最终沦落到典当作为武者之魂的武器和盔甲的地步。从中也可看出，贫困使得笃信武力并在马上取得天下的满族人逐渐放弃对满洲精神的追求和坚守。而这与日本幕末①的旗本②们一边侈谈安贫乐道，一边却典当刀枪，且努力以微末副业养家糊口的状态并无二致。

面对满族人的汉化与贫困，想必乾隆帝也会生出些许危机感。前文曾提到过的松筠于乾隆末年完成了一本名为《百二老人语录》的满文著作，书中以语录体的形式将120篇老人的故事娓娓道来，同时通过叙述满族人的风俗、文化、精神生活以期唤起其再次奋发图强。然而，将倾之大厦原非一人之力可扶，清朝的前途已然注定。

---

① 指江户幕府（1603~1867年），即德川幕府的末期。

② 即日本幕府时期由将军直辖，且俸禄不足10000石的武士。

天理教

在清朝忙于镇压白莲教起义的时候，东南沿海又兴起了“艇盗之乱”。嘉庆十五年（1810），“艇盗之乱”遭到清军镇压，清朝的局势似乎也归于平静。然而，作为起义根本原因的诸多社会矛盾非但没有得到妥善的解决，倒不如说随着时间的推移而日渐激化。于是仅仅数年之后，在天子辇毂之侧的北京便发生了天理教起义者闯入紫禁城的惊人一幕。

天理教起义的领袖林清是一位生活在北京南郊黄村附近的农民，此人黑面虬髯，气质不凡，自少年时便好与地痞无赖相结交。后来他当过药店的伙计，也在江南的官府中做过一段时间的长随和小吏。当时平民百姓最害怕的便是诸如衙役、狱卒等与他们生活息息相关且颇具权力的官差，因此能言善辩的林清收受了数额不菲的贿赂，但均将其挥霍殆尽。不久后，林清的罪行被上司发觉，于是他便巧妙地设法逃回家乡，进而加入了天理教。

天理教是白莲教的分支，与日本的天理教①只是名字

① 日本宗教之一，由中山美伎于天保年间（1830～1844 年）创立，原属日本神道教系统，现已自成一派并独立发展。

恰好相同，二者之间并没有任何关系。白莲教起义被清朝镇压后，其教义仍根深蒂固地影响着支那社会，而白莲教本身则以八卦教、荣华教、红阳教、白阳教等名目继续活动。其中信徒最多的当属在北支那河北[①]、河南、山东、山西诸省传播的八卦教。后来，上述白莲教各支派逐渐融合，最终更名为天理教。

林清加入天理教后充分发挥其聪明才智，最终成为该教派的首领。他声称自己拥有预言未来、揭示吉凶祸福的能力，进而蒙蔽无知的百姓。此外，林清还要求信徒在入教时缴纳“种福钱”，并允诺将来会以 10 倍的数额返还，而缴纳 100 文者还可以得到土地一顷（约合 600 亩）。受此宣传，入教者趋之若鹜，林清也借此聚敛了巨额钱财。另外，林清为人乐善好施，对信徒更是有求必应，依靠他的接济得以活命的人比比皆是，因此其也在群众中获得了极高的声望。总而言之，林清的宗教宣传和实践从精神、物质两个方面来看都极具吸引力，故而才能牢牢地将挣扎在贫困深渊中的下层百姓团结在自己周围。

让我们再来说说天理教的另一位首领李文成。李文成，河南滑县人，早年曾做过木工帮佣，加入天理教后其

---

① 明清时代并无今天意义上的河北省，今日河北省的辖区均由明清中央政府直辖之行政区划“北直隶”管辖。

势力日渐强大，在河南、山东两省拥有数万名信徒。李文成同样要求入教者以“种根基”的名义缴纳金钱和物资，并借此发家致富。同时，他还利用这笔经费进行购买军马、铸造武器、训练士兵等起义的准备工作。此外，李文成还以在滑县担任小吏的好友牛亮臣为军师，且在后者的谋划下稳步发展实力。也正是依靠牛亮臣的牵线，林清和李文成才得以会面，此后二人又曾多次集会推敲起义的具体步骤。

自古以来，支那地区一直将彗星视作不吉的先兆。诸如此类的天象异常，往往会催生大量谣言，进而导致民心不稳。嘉庆十六年（1811）秋，有彗星于西北方出没。于是钦天监奏请将原定于嘉庆十八年八月设置的闰月改在翌年二月。顺便一提，中国的农历一般每三年设置一个闰月，不过对设置的具体月份则未做要求。于是，天理教信众附会经卷中“八月中秋，黄花落地”的谶语，认定嘉庆十八年（1813）八月是清朝的灾厄之月，而钦天监也正是基于这一原因才请旨更改闰月的。同时，他们还依据弥勒佛转世的理论推断，名为“白洋劫”的新时代于该年九月就会来临。最终，被宗教迷信冲昏头脑的林清、李文成等人便决定于嘉庆十八年九月（即钦天监未改闰前的闰八月）十五日正午时分举兵起义。

然而，正当起义的日期临近时，起义消息为滑县县令

（知事）强克捷侦知，李文成、牛亮臣[①]被捕入狱。二人的被捕，迫使起义日期提前，天理教其他首领决定立即行动。嘉庆十八年（1813）九月七日，3000 名天理教信徒攻克滑县，将李文成从狱中救出，并处死了强克捷及其家属数十人。随后，河北、山东等地的教徒也群起响应，相继攻占了曹县、定陶等地。

勇闯紫禁城

与此同时，林清也制定了进攻北京紫禁城的计划。紫禁城中供皇家驱使的宦官大都来自河北河间，而天理教在该地的社会基础十分雄厚，因此宦官中亦有不少林清的信徒。特别是茶房太监（负责供应茶水）杨进忠自愿为起义准备武器，为此他还特地秘密铸造了数百柄腰刀。

宛平县令等官员事前便已得到有关林清计划进攻紫禁城的情报，不过朝中诸臣考虑到事关宫禁，于是便本着多一事不如少一事的消极态度佯作不闻，其中尤以职责类似日本警视总监[②]的步军统领吉伦最为典型。此人负责京城治安事务，但拒不听取部下关于事态的紧急报告，甚至事

① 一说牛亮臣未被捕，还劫狱救出李文成。

② 负责日本首都东京治安事务的警视厅最高长官，同时其也是日本警衔中的最高一级，地位类似于中国北京市公安局局长。

发前还假借迎接从热河避暑归来的嘉庆帝的名义而出城饮酒玩乐。临出城门时，一位部下还以“都中情形大有所叵测，尚书请留，以为民望”的理由劝告吉伦，但其非但没有接受意见，反而以“近日太平乃尔，尔作此疯语耶?”予以痛斥。由此，北京城警备之松懈便可见一斑了。

在驻京的汉军八旗中甚至也有林清的信徒。都司曹伦出身名门大族，但因家贫而接受过林清的接济，故而与其结交。而曹伦此时正好奉调赴外地任职，便派其子曹福昌与林清联络。曹福昌建议林清将起义时间推后至九月十七日，该日从热河归来的嘉庆帝会驻跸于北京以北的白涧，诸王大臣都要赶去迎接，因此北京的警备必然会变得薄弱。然而，林清固执地相信所谓的谶语，并没有听取曹福昌的意见。

九月十四日，装扮成商贩模样的200名教徒按计划潜入北京。十五日午时，教徒们分为两队开始行动，一队企图在内应太监的引导下，从东侧的东华门进入紫禁城，发觉形势不妙的守门清军立即关闭城门，因此仅有10余人冲入城中，而另一队80余名教徒则未遇抵抗，并在内应太监的帮助下全部顺利地从西华门冲入紫禁城。冲进西华门后，教徒们便头缠白布以为标记，且打出写有“大明天顺”、“顺天保民”等字样的白旗。他们一路血洗了为皇帝制作服饰的尚衣监，又在文颖馆连杀数人，最终抵达内廷附近的隆宗门。

突如其来的攻击使紫禁城内乱作一团，不过嘉庆帝的皇子们处变不惊，表现英勇，特别是后来成为道光帝的皇次子旻宁还曾亲自使用火枪参与战斗。紧接着，得知消息的诸王大臣也纷纷率军入宫支援。待到十六日黎明时分，有黑云生自西北方，一时间电闪雷鸣，暴雨如注。少顷雨停，闯入紫禁城的天理教教徒与内应太监大都在清军的搜捕中或死或俘，然而对于清朝来说，这无疑是噩梦般的两天。

十七日，仍留守于黄村等待河南援军的林清遭到逮捕。与此同时，李文成虽然也在河南举起义旗并有所发展，但当年年底便在清军的镇压下失败。

亲身参与镇压林清起义的礼亲王昭梿在其著作《啸亭杂录》中详细记录了此次事件的经过，并在最后评论道："呜呼！林清一妄男子耳，焉有当此海宇升平之日，聚数百不逞之徒，乃欲直犯禁阙，图谋不轨。洪荒以来，有此事乎？"① 对于林清个人而言，这样的评价恰如其分。同日，嘉庆帝在返京途中颁布罪己诏，其在诏书中惊呼："总缘德凉愆积，唯自责耳……以致酿成汉唐宋明

① 昭梿：《啸亭杂录》，中华书局，1980，根据日文略有调整。

未有之事!”[①] 紫禁城在自己在位期间遭到乱民的攻击，这一污点嘉庆帝是无论如何也清洗不掉了。

天理教起义虽然被镇压下去，但中国社会的主要矛盾丝毫没有得到解决，以英国为首的欧美列强也逐渐展露出利爪和獠牙，进而从海上向清帝国步步紧逼。然而，帝国统治者对历史车轮的转动视而不见，依然沉醉于昔日荣光中无法自拔，最终徒然留下紫禁城的琉璃瓦在秋日夕阳中熠熠生辉。

① 《清仁宗实录》卷274，嘉庆十八年九月庚辰条。

参考文献

原始史料

『満文老檔』満文老檔研究会訳註、全七冊、財団法人東洋文庫、1955～1963。

『旧満洲檔天聡九年』東洋文庫清代史研究室訳註、全二冊、財団法人東洋文庫、1972～1975。

『内国史院檔天聡七年』東洋文庫清代史研究室訳註、財団法人東洋文庫、2003。

『満和蒙和対譯満洲実録』今西春秋訳註、刀水書房、1992。

『蒙古源流』岡田英弘訳註、刀水書房、2004。

『チムール帝国紀行』クラヴィホ（山田信夫訳）、桃源社、1979。

『シナ大王国誌』（大航海時代叢書）メンドーサ（長南実・矢澤利彦訳）、岩波書店、1965。

『イエズス会士中国書簡集』（東洋文庫）矢澤利彦編訳、全六冊、平凡社、1970～1974。

『韃靼漂流記』（東洋文庫）園田一亀、平凡社、1991（初版1939）。

『東韃地方紀行他』（東洋文庫）間宮林蔵（洞富雄・谷澤尚一編注）、平凡社、1988。

『明夷待訪録』（東洋文庫）黄宗羲（西田太一郎訳）、平凡社、1964。

『蜀碧・嘉定屠城紀略・揚州十日記』（東洋文庫）松枝茂夫訳、平凡社、1965。

『金瓶梅』（中国古典文学大系）笑笑生（小野忍・千田九一訳）、全三冊、平凡社、1967～1969。

『紅楼夢』曹雪芹（伊藤漱平訳）、全十二冊、平凡社ライブラリー、1996～1997。

概论著作、研究著作

『世界史の誕生』岡田英弘、ちくま文庫、1999（初版1992）。

『北アジア史（新版）』（世界各国史）護雅夫・神田信夫編、山川出版社、1981。

『東北アジアの民族と歴史』（民族の世界史）三上

次男・神田信夫編、山川出版社、1989。

『中央ユーラシアの世界』（民族の世界史）護雅夫・岡田英弘編、山川出版社、1990。

『チンギス・ハーン』岡田英弘、朝日文庫、1994。

『モンゴル帝国の興亡』岡田英弘、ちくま新書、2001。

『モンゴルの歴史』宮脇淳子、刀水書房、2002。

『最後の遊牧帝国』宮脇淳子、講談社選書メチエ、1995。

『世界史のなかの満洲帝国』宮脇淳子、PHP 新書、2006。

『皇帝たちの中国』岡田英弘、原書房、1998。

『中国文明の歴史』岡田英弘、講談社現代新書、2004。

『だれが中国をつくつたか』岡田英弘、PHP 新書、2005。

『中国史 4——明－清』（世界歴史大系）神田信夫他編、山川出版社、1999。

『明と清』（世界の歴史）三田村泰助、河出文庫、1990（初版 1969）。

『明清と李朝の時代』（世界の歴史）岸本美緒・宮嶋博史、中公文庫、2008（初版 1998）。

『海と帝国明清時代』（中国の歴史）上田信、講談社、2005。

『明の太祖朱元璋』（中国歴史人物選）檀上寛、白帝社、1994。

『永楽帝』檀上寛、講談社選書メチェ、1997。

『宦官』三田村泰助、中公文庫BIBLIO、2003（初版中公新書、1963）。

『江南』中砂明徳、講談社選書メチェ、2002。

『顧炎武』（中国歴史人物選）井上進、白帝社、1994。

『清朝史通論』（東洋文庫）内藤湖南、平凡社、1993（初版弘文堂、1944；再録『内藤湖胄全集八』筑摩書房）。

『満学五十年』神田信夫、刀水書房、1992。

『清朝史論考』神田信夫、山川出版社、2005。

『清太祖実録の研究』松村潤、東北アジア文献研究会、2001。

『清の太祖ヌルハチ』（中国歴史人物選）松浦茂、白帝社、1995。

『康熙帝の手紙』岡田英弘、中公新書、1979。

『康熙帝伝』（東洋文庫）ブーヴェ（後藤末雄訳・矢澤利彦校注）、平凡社、1970。

『雍正帝』宮崎市定、中公文庫、1996（初版岩波新書、1950；再録『宮崎市定全集一四』岩波書店）。

『近代露清関係史』吉田金一、近藤出版社、1974。

『ロシアとアジア草原』佐口透、吉川弘文館、1966。

『北方から来た交易民』佐々木史郎、NHKブックス、1996。

『東アジアの「近世」』（世界史リブレット）岸本美緒、山川出版社、1998。

『中国の海賊』（東方選書）松浦章、東方書店、1995。

『海から見た戦国日本』村井章介、ちくま新書、1997。

『徳川吉宗と康熙帝』（あじあブックス）大庭脩、大修館書店、1999。

『日中交流史話』大庭脩、燃焼社、2003。

『「清朝考証学」とその時代』木下鉄矢、創文社、1996。

『明清史論考』松村潤、山川出版社、2008。

年 表

公历年份	蒙古・西藏	支那	满洲・朝鲜・日本
			足利尊氏建立室町幕府(1338)
		父母、长兄相继亡故后,朱元璋入皇觉寺为僧(1344)	
		盐商方国珍起兵反元,是为元末大起义之先声(1348)	
1350			倭寇侵袭高丽(1350 左右)
		白莲教起义(红巾军的兴起)(刘福通、李二、郭子兴等)(1351)	
		朱元璋加入郭子兴军(1352)	
		朱元璋独领一军(1355)	
	格鲁派开山祖师宗喀巴诞生(1357)		

续表

公历年份	蒙古·西藏	支那	满洲·朝鲜·日本
		朱元璋即位为吴王(1364)	
	明军攻入大都，元顺帝北狩(1368)	朱元璋称帝，年号洪武，明帝国建立(1368)	
	帖木儿占据中亚，帖木儿帝国建立(1369)		明朝向日本怀良亲王递交国书，要求禁绝倭寇(1369)
	明军攻克上都(1369)		高丽与明朝建交(1369)
			明朝派遣使者赴日本，是为双方官方往来之始(1370)
		《大明律》修订(1373)	明朝在辽阳设置定辽都卫，管理辽东地区(1373)
	明军攻入青海(1379)		
		胡惟庸案(朱元璋撤销中书省、大都督府，皇帝独裁体制建立)(1380)	李成桂大破倭寇(1380)
	明军攻入云南(1381)	里甲制实施、赋役黄册编纂完成(功臣集团遭到清洗，诸王与新官僚集团权力增长)(1381)	
			李成桂击败女直(1382)
			明军自热河北进，元将纳哈出投降(1387)

续表

公历年份	蒙古·西藏	支那	满洲·朝鲜·日本
	明军于捕鱼儿海大破元帝脱古思帖木儿,后脱古思帖木儿为也速迭儿所杀,元朝正统世系断绝(1388)		
		功臣李善长自杀(1390)	
			李成桂推翻高丽王朝,李氏朝鲜建立(1392)
		蓝玉案(白莲教从政治领域消失,诸王与新官僚集团产生冲突)(1393)	
	完者帖木儿投奔帖木儿(约1398)	洪武帝驾崩,建文帝即位(1398)	
	额勒伯克汗被弑身亡(1399)	靖难之役(1399)	
1400			
			足利义满致书建文帝(1401)
			明使携带大统历前往日本(1402)
		燕王攻占南京并登基称帝,是为永乐帝(1402)	永乐帝将女直人编入明军,并按卫所制度编制其部族(1402)
			足利义满以"日本国王臣源"的名义向永乐帝递交国书(1402)
			明朝与日本之间展开勘合贸易(1404)

续表

公历年份	蒙古·西藏	支那	满洲·朝鲜·日本
	帖木儿在与完者帖木儿一道东征的途中暴卒(1405)	郑和首次率领舰队远征南海,至1432年共完成七次(1405) 张辅率军远征安南(1406) 北京的新宫殿动工(1407)	
	完者帖木儿返回蒙古并即位为北元皇帝(1408)		
	瓦剌部首领马哈木占领喀喇昆仑地区(1410)	永乐帝亲征鞑靼,双方大战于斡难河畔(1410)	
			亦失哈沿阿穆尔河东下,并在该河河口设置奴儿干都司(1411)
		永乐帝亲征瓦剌并大破之(1414)	
	马哈木死后,其子脱欢继承瓦剌部(1416)		
		刘江大败倭寇(1419) 北京成为明朝的首都,并改称京师(1420) 永乐帝亲征(1422) 永乐帝于亲征途中于蒙古高原驾崩(1424)	

续表

公历年份	蒙古·西藏	支那	满洲·朝鲜·日本
	脱欢掌握全蒙古地区的最高权力（瓦剌帝国初具雏形）（1433）		
		明朝在大同设置马市与瓦剌部交易，旋即双方因朝贡问题而产生冲突（1438）	
	脱欢逝世，其子也先继承了他的地位（瓦剌帝国达到极盛）（1439）		
		正统帝亲征瓦剌，于土木堡为也先所俘，史称“土木之变”，随后景泰帝即位（明朝世界帝国之梦破碎，对外政策转向消极）（1449）	
1450	也先击杀脱脱不花（1451）		
	也先自称大元天圣皇帝（1453）		
	也先为部下暗杀（瓦剌帝国崩溃）（1454）		
			太田道灌修筑江户城（1457）
		《大明一统志》重修（1458）	
			明朝讨伐建州女直（1460）
			应仁、文明之乱（1467）

续表

公历年份	蒙古·西藏	支那	满洲·朝鲜·日本
	脱脱不花汗家族发起蒙古统一运动(1475)		
	达延汗即位为北元皇帝(1487)		
			足利义政修建银阁寺(1489)
		罗贯中著成《三国演义》(1494)	
1500	达延汗放弃宁夏,侵入鄂尔多斯(1501)		
		《大明会典》修成(1502)	
			葡萄牙人首次抵达广东(1517)
		宁王朱宸濠谋反,王守仁讨平之(1519)	
			大内、细川两诸侯的遣明船于宁波爆发争贡事件(遣明船遂为大内氏所独占)(1523)
		王守仁逝世(1529) 一条鞭法实施(1529 左右)	
	俺答成为一方霸主,进而入侵山西(1542)		
			火枪经种子岛传入日本(1543)

续表

公历年份	蒙古·西藏	支那	满洲·朝鲜·日本
	俺答获得整个蒙古地区的统治权(1547)		天龙寺僧策彦率使团访明,同时日本派出最后一批遣明船(倭寇之乱再起)(1547)
1550	俺答进围北京(1550)		
	俺答被允许使用汗号(1551)		
	俺答汗征服瓦剌(通过与明朝互市,俺答汗治下的蒙古空前繁荣,精神文化事业也得到长足发展)(1552)		
		明朝废除海禁,福建等地商船出海贸易(1567)	
		吴承恩著成《西游记》(1570)	
		俺答汗之孙把汉那吉逃往明朝(1570)	
		俺答汗与明朝达成和议(明蒙边境迎来和平,军费负担的减轻也使明朝的社会经济得以高速发展)(1571)	
	俺答汗邀请三世达赖访问青海(1578)		

续表

公历年份	蒙古·西藏	支那	满洲·朝鲜·日本
	喀尔喀部首领阿巴岱于内蒙古会见三世达赖（卫拉特部迅速扩张）（1587）	利玛窦抵达南京（1587）	
			建州左卫首领努尔哈赤统一建州三卫（1588）
			丰臣秀吉出兵朝鲜（1592）
		万历帝大兴矿税（1596）	
			丰臣秀吉再度出兵朝鲜（1597）
			努尔哈赤吞并哈达部，同时下令创制满文（1599）
1600		利玛窦前往北京建立教会（1601）	
			德川家康建立江户幕府；努尔哈赤逐步推进女直部族的统一（1603）
		东林党人顾宪成病逝（东林党与反东林集团矛盾激化）（1612）	
		“明末三案”之一的“梃击案”爆发（1615）	
			努尔哈赤举行即位仪式，自立为后金大汗（1616）

续表

公历年份	蒙古·西藏	支那	满洲·朝鲜·日本
		万历帝下诏讨伐努尔哈赤(1619)	后金军于萨尔浒之战中大破明军(1619)
		汤若望抵达中国(1622)	
		荷兰人占据台湾(1624)	
			努尔哈赤驾崩,皇太极继位(1626)
		李自成起义(1631)	
			皇太极击灭林丹汗(1634)
			多尔衮迫降额哲,获得“大元传国玉玺”(1635)
			皇太极称帝,改国号为清(1636)
			日本锁国体制建立(1639)
	固始汗占据西藏(1642)		
			皇太极驾崩,顺治帝继位;俄国人抵达阿穆尔河流域(1643)
		李自成攻破北京,崇祯帝于景山自尽,明朝灭亡(1644)	
		吴三桂向多尔衮请求援军,清军入关占领华北地区,顺治帝登上北京的宝座(清朝成为一个中国王朝)(1644)	

续表

公历年份	蒙古・西藏	支那	满洲・朝鲜・日本
	史可法于扬州殉国，南京失守，福王被俘（福王政权垮台）（1645）	李自成战死于湖北山区（1645）	
	唐王于福州登基称帝（1645）		
	唐王被俘，郑芝龙降清（1646）		
	桂王登基称帝，改元永历（1647）		
1650		多尔衮病逝（1650）	
		顺治帝恢复明代制度，在宫中设置十三衙门（1652）	
			涅尔琴斯克在清军的攻击下损毁（1660）
		顺治帝驾崩，吴三桂杀害桂王（1661）	
		清朝发布迁界令（1661）	
		康熙帝发动宫廷政变，一举铲除鳌拜、遏必隆等人（1669）	俄国人重建涅尔琴斯克（1669）
	噶尔丹夺取准噶尔部首领之位（1672）		
		吴三桂举兵叛乱（三藩之乱爆发）（1673）	

续表

公历年份	蒙古・西藏	支那	满洲・朝鲜・日本
	噶尔丹控制卫拉特诸部，准噶尔帝国开始发展(1676)		
		清朝平定三藩之乱(1681)	
			康熙帝设置黑龙江将军，对俄战争全面展开(1682)
		清朝平定台湾(1683)	
		康熙帝首次南巡(1684)	
			清军围攻阿尔巴津(1685)
	噶尔丹击溃喀尔喀诸部，后者举族逃往内蒙古(噶尔丹占据外蒙古)(1688)		
			《涅尔琴斯克条约》签订(1689)
			松尾芭蕉著成《奥州小路》(1689)
			江户幕府设置汤岛圣堂及其附属的昌平坂学问所(1690)
	策妄阿拉布坦控制东土耳其斯坦，并派出使者联络清朝，腹背受敌的噶尔丹被迫驻留外蒙古(约1691)	多伦诺尔会盟(1691)	

续表

公历年份	蒙古·西藏	支那	满洲·朝鲜·日本
	康熙帝亲征外蒙古(1696)		
	清军于昭莫多之战全歼准噶尔军(1696)		
	噶尔丹病逝(清朝完全控制外蒙古)(1697)		
1700			赤穗四十七义士完成复仇(1702)
	和硕特部拉藏汗进军拉萨(1705)		
			富士山喷发,形成新的火山锥——宝永山(1707)
		圆明园营建工程全面展开(1709~1759)	
		清朝与准噶尔部发生冲突(1715)	《国姓爷合战》首演(1715)
		郎世宁抵达清朝(1715)	
		《康熙字典》修成(1716)	
	准噶尔部攻杀拉藏汗并占据西藏(1717)		
		清军进军西藏(1720)	
		康熙帝举办“千叟宴”(1722)	

续表

公历年份	蒙古·西藏	支那	满洲·朝鲜·日本
		康熙帝驾崩，雍正帝继位（雍正帝即位后铲除功臣，确立皇帝独裁体制）（1722）	
		《大义觉迷录》刊行（1729）	
		雍正帝驾崩，乾隆帝继位（1735）	
1750	准噶尔部首领阿睦尔撒纳降清（1754）		
	阿睦尔撒纳发动叛乱（1755）		
		清朝疆域达到极盛（1759）	
			本居宣长开始撰写《古事记传》（1764）
		《四库全书》开始编纂（1772）	
		乾隆帝自封太上皇，并将皇位让于嘉庆帝（1796）	
		白莲教起义爆发（1796）	
		嘉庆帝亲政（肃正纲纪、编练民壮等）（1799）	
1800			俄国使节抵达长崎，要求通商（1804）
		天理教教徒攻入紫禁城（1813）	

译名对照表

日文	中文
ジューンガル	准噶尔
東トルキスタン	东土耳其斯坦
タリム	塔里木
ココ・ノール	青海湖
チャガタイ・ハーン	察合台汗国
五胡(ごこ)	五胡
イブン・バトゥータ	伊本・白图泰
シルク・ロード	丝绸之路
ホタン	和田
カーシュガル	喀什
ハミ	哈密
トルファン盆地	吐鲁番盆地
フェルガナ	费尔干纳
シル川	锡尔河
ウイグル	维吾尔
ウルムチ	乌鲁木齐
イリ川	伊犁河
チユー川	楚河
トクマク	托克马克
ビシケク	比什凯克
オトラール	奥特拉尔
トゥルキスタン	突厥斯坦

续表

日文	中文
ゴビ砂漠	戈壁沙漠
ウラーンバートル	乌兰巴托
モスクワ	莫斯科
セレンゲ川	色楞格河
バイカル湖	贝加尔湖
アンガル川	安加拉河
イェニセイ川	叶尼塞河
イェニセイスク	叶尼塞斯克
オビ河	鄂毕河
イルティシュ川	额尔齐斯河
トボリスク	托博尔斯克
トーラ川	图拉河
トゥーラ川	土拉河
ウラル山脈	乌拉尔山
カマ川	卡马河
ペルミ	彼尔姆
カザン	喀山
バルト海	波罗的海
ヴォルガ川	伏尔加河
ヴォルゴグラード	伏尔加格勒
ドン川	顿河
オイラット	瓦剌/卫拉特
ロシア	俄罗斯
シベリア	西伯利亚
ハバロフスク	哈巴罗夫斯克
ナホトカ	纳霍德卡
アムール川	阿穆尔河
トゴンテムル	妥懽帖睦尔

续表

日文	中文
ドローン・ノール	上都(多伦淖尔)
アーユシュリーダラ	爱猷识理答腊
トクズテムル	脱古思帖木儿
バザラワルミ	把匝剌瓦尔密
ナガチユ	纳哈出
ブイル・ノール	捕鱼儿海
カラコルム	哈剌和林
イェスデル	也速迭儿
ペルシア	波斯
インドシナ半島	印度支那半岛
スマトラ	苏门答腊
ジャワ	爪哇
ボルネオ	婆罗洲
セイロン	锡兰
アラビア	阿拉伯
東アフリカ	东非
スペイン	西班牙
ホアン・ゴンサーレス・デ・メンドーサ	胡安・冈萨雷斯・德・门多萨
ポルトガル	葡萄牙
パレンバン	巨港
ルソン	吕宋
フィリピン	菲律宾
マニラ	马尼拉
パリアン	帕里安
メキシコ	墨西哥
オランダ	荷兰
ジャカルタ	雅加达

续表

日文	中文
エセン	也先
ダヤン・ハーン	达延汗
フビライ	忽必烈
アリクブガ	阿里不哥
モンケ・ハーン	蒙哥汗
ダルハット盆地	达尔哈特盆地
ブリヤート	布里亚特
キルギズ	吉尔吉斯
アルタイ山脈	阿尔泰山
エルベク・ハーン	额勒伯克汗
ゴオハイ	浩海达裕
オルジェイト・グワ	鄂勒哲依图洪郭斡比吉
バトラ	巴图拉
ティームール	帖木儿
バルラス氏族	巴鲁剌思部
サマルカンド	撒马尔罕
オルジェイテムル	完者帖木儿
アフガニスタン	阿富汗
カーブル	喀布尔
タイジ・オグラン	塔伊吉・奥库兰
アム川	阿姆河
クラヴィホ	克拉维约
エンリケ三世	恩里克三世
トクズ・ハーン	通古斯汗
タタール/だつたん	鞑靼
プニヤシユリー・ハーン	本雅失里汗
マハムード	马哈木
トゴン	脱欢

续表

日文	中文
トクトアブハ	脱脱不花
ウズベク	乌兹别克
サイハン王	赛罕王
アラク	阿剌
ボディアラク・ハーン	博迪阿剌克汗
グンビリク	衮必里克
アルタン	俺答
ダライスン	达赉逊
ゲゲーン・ハーン	格坚汗
ホイト	辉特部
シル・ダリヤ	锡尔达利亚
カザフ	哈萨克
カム	卡姆
アセン・ラマ	阿升喇嘛
ゲルク派	格鲁派
バイシン	板升
フヘ・ホト	呼和浩特
トベット・タイジ	铁背台吉
バーハン・エジ	把汉那吉
ノヤンダラ・ジノン	诺延达喇济农
バヤスハル	巴雅斯哈勒
センゲ	辛爱
カシミール	克什米尔
カラコルム山脈	喀喇昆仑山脉
ヒマラヤ山脈	喜马拉雅山脉
ツァンポ川	雅鲁藏布江
チャンタン高原	羌塘高原
トベット	吐蕃

续表

日文	中文
イスラム	伊斯兰
サキャ派	萨迦派
パクパ	八思巴
シガツェ	日喀则
コン氏族	昆氏家族
カルマ派	噶举派
デシンシェクパ	哈立麻(得银协巴)
ラサ	拉萨
ウイ地方	卫藏地区
ガンデン寺	甘丹寺
デプン寺	哲蚌寺
セラ寺	色拉寺
ソェナムギャツォ	索南嘉措
チャブチャル	恰卜恰
ウラーン・ムレン	五郎木连
ハヤグリーヴァ	马头明王
ベクツェ	大力巴克匝
ヴァジュラダラ・ダライ・ラマ	瓦齐尔达喇・达赖・喇嘛
ダラムサラ	达姆萨兰
トンコル・ジャムヤン・チョエジェ	东科尔・云丹嘉措
トメン・ジャサクト・ハーン	图们札萨克图汗
ハルハ部族	喀尔喀部
アバダイ	阿巴岱
オチライ・ハーン	瓦齐赉汗
タルペギェンツェン	塔巴坚赞
ニロム・タラ	尼鲁木草地
スメル・タイジ	苏密尔台吉

续表

日文	中文
ダラ・ハトン	答喇・和屯
ユンテンギャツォ	云丹嘉措
ロサンチョエキギェンツェン	罗桑却吉坚赞
パンチェン・ラマ	班禅喇嘛
チョンギェの地	琼结地区
ガワンロサンギャツォ	阿旺罗桑嘉措
李ウルスブハ	李吾鲁思不花
シャム	暹罗
チャンパー	占城
カンボジア	柬埔寨
スオウ	苏木
マレー	马来西亚
マラッカ	马六甲
トングズ	通古斯
タイガ	泰加林
ジュシェン	女直
アハチュ	阿哈出
サハリン	库页岛
アイヌ	阿伊努人
ペルミキン	别尔米金
イェヘ	叶赫
ハダ	哈达
ウラ	乌拉
ホイファ	辉发
ヌルハチ	努尔哈赤
フエ・アラ	赫图阿拉
シュルガチ	舒尔哈齐
グサ	固山

续表

日文	中文
ジャラン	甲喇
ニル	牛录
サルフ	萨尔浒
ベイレ	贝勒
ホンタイジ	皇太极
チャハル部族	察哈尔部
リンダン・ハーン	林丹汗
エジェイ	额哲
ドルゴン	多尔衮
マンジュ	满洲
ポシエット湾	波谢特湾
ルソー	卢梭
イラワディ川	伊洛瓦底江
アヴァ	阿瓦
ミカエル・ボイム	卜弥格
ヴァチカン	梵蒂冈
ブルニ	布尔尼
アンドレア・ディッティス	安德烈亚・蒂缇斯
ゼーランディア	热兰遮
プロヴィンシア	普罗文查
サン・サルヴァドル	圣萨尔瓦多
サン・ドミニコ	圣多明戈
コイエット	揆一
ホーゲ	豪格
アジゲ	阿济格
ドド	多铎
ダイシャン	代善
トンギヤ氏	佟佳氏

续表

日文	中文
ジルガラン	济尔哈朗
フリン	福临
アダリ	阿达礼
スクサハ	苏克萨哈
ソニン	索尼
エビルン	遏必隆
オボイ	鳌拜
アブナイ	阿布鼐
ナイマン部族	奈曼部
ジェブツンダンバ・フトクト	哲布尊丹巴・呼图克图
キプチャク・ハーン国	钦察汗国
チャガーン・ハーン	扎根汗
ジョチ	术赤
イェルマク	叶尔马克・齐莫菲叶维奇
ネルチンスク	涅尔琴斯克
アルバジン	阿尔巴津
チェルニゴフスキイ	切尔尼科夫斯基
サブス	萨布素
アイグン	瑷珲
トルブジン	托尔布津
セレンギンスク	色楞格斯克
ピョートル大帝	彼得大帝
ソフィア	索菲亚
ゴルビツァ川	额尔必齐河
ヤブロノヴィ山脈	雅布洛诺夫山脉
ガルダン	噶尔丹
ジョーン・モド	昭莫多
ミンジュ	明珠

续表

日文	中文
ソンゴト	索额图
チェチェン・ハーン	车臣汗
トシェート・ハーン	土谢图汗
ジャサクト・ハーン	札萨克图汗
イルティシュ川	额尔齐斯河
トルグート部族	土尔扈特部
ホシュート部族	和硕特部
チョクト・ホンタイジ	朝克图珲台吉
カルマ派	噶玛派
グーシ・ハーン	固始汗
センゲ	僧格
オチルト・ハーン	鄂齐尔图汗
アヌダラ	阿奴达拉
ボショクト・ハーン	博硕克图汗
チョロース部族	绰罗斯部
ムハンマド	默罕默德
ホージャ家	和卓家族
イスマイル・ハーン	伊斯玛仪汗
アーファーク・ホージャ	阿帕克和卓
ヤルカンド	叶尔羌
チャグンドルジ	察珲多尔济
サンギェギャツォ	桑结嘉措
ツァンヤンギャツォ	仓央嘉措
クレーン・ベルチル	库伦伯勒齐尔
ハンガイ山	杭爱山
ゴンボドルジ	衮布多尔济
オルホン川	鄂尔浑河
タミル川	塔米尔河

续表

日文	中文
オンギン川	额金河
エルデニ・ジョー	额尔德尼昭
ツェワンジャブ	策旺札布
ケルレン川	克鲁伦河
ウルフイ川	乌尔会河
ウラーン・ブトン	乌兰布通
ドローン・ノール	多伦诺尔
ツェワンラブタン	策妄阿拉布坦
バヤン・ウラーン	巴彦乌兰
ケンテイ山脈	肯特山
フィヤング	费扬古
エジン・ゴル川	翁金河
フルスタイ・チャガーン・ノール	呼鲁斯太・查干淖尔
キャフタ	恰克图
ラサン・ハーン	拉藏汗
ナンツェ城	囊孜城
ガワンイェシェギャツォ	阿旺伊西嘉措
リタン	理塘
ツェリンドンドブ	大策凌敦多布
テングリ・ノール	纳木错
ロサンケルサンギャツォ	格桑嘉措
バタン	巴塘
メコン川	澜沧江
サルウィン川	怒江
ダム草原	达木草原
パーミル高原	帕米尔高原
ロンコド	隆科多
オルタイ	鄂尔泰

续表

日文	中文
アムルサナー	阿睦尔撒纳
ダワチ	达瓦齐
セレンギンスク	谢米巴拉金斯克
ブルハーヌッデイーン	波罗尼都和卓
ホージャ・ジハーン	霍集占和卓
バダフシャン	巴达赫尚
トワ共和国	图瓦共和国
ビルマ	缅甸
コンバウン	贡榜王朝
ヴェトナム	越南
ハノイ	河内
ソンコイ川	市球江
ネパール	尼泊尔
グルカ族	廓尔喀人
バジュン	巴忠
ポタラ宮	布达拉宫
タシルンポ寺	扎什伦布寺
クルジャ廟	固尔扎庙
コーカンド	浩罕
タシケント	塔什干
ブハラ	布哈拉
イエズス会	耶稣会
ヴェルサイユ宮	凡尔赛宫
カスティリオーネ	郎世宁
ブノワ	蒋友仁
バロック式	巴洛克风格
シャヴィエル	沙勿略
マテオ・リッチ	利玛窦

续表

日文	中文
アダム・シャール	汤若望
フェルビースト	南怀仁
ペルー	秘鲁
ヘシェン	和珅
アグイ	阿桂
スンユン	松筠
ミャオ	苗族
ヤオ	瑶族
ロロ	倮倮

索　引

A

B

C

D

K

L

P

Q

R

S

T

Z

图书在版编目(CIP)数据

紫禁城的荣光：明清全史/（日）冈田英弘，（日）神田信夫，（日）松村润著；王帅译. --北京：社会科学文献出版社，2017.5（2018.12 重印）

ISBN 978-7-5097-9934-5

Ⅰ.①紫… Ⅱ.①冈… ②神… ③松… ④王… Ⅲ.①中国历史-研究-明清时代 Ⅳ.①K248.07

中国版本图书馆 CIP 数据核字（2016）第 163167 号

紫禁城的荣光
——明清全史

著　　者 / ［日］冈田英弘　［日］神田信夫　［日］松村润
译　　者 / 王　帅

出 版 人 / 谢寿光
项目统筹 / 冯立君　董风云
责任编辑 / 沈　艺　张　骋

出　　版 / 社会科学文献出版社·甲骨文工作室（010）59366551
地址：北京市北三环中路甲 29 号院华龙大厦　邮编：100029
网址：www.ssap.com.cn
发　　行 / 市场营销中心（010）59367081　59367083
印　　装 / 三河市东方印刷有限公司

规　　格 / 开　本：889mm×1194mm　1/32
印　张：12.625　字　数：231 千字
版　　次 / 2017 年 5 月第 1 版　2018 年 12 月第 5 次印刷
书　　号 / ISBN 978-7-5097-9934-5
著作权合同登记号 / 图字 01-2015-0474 号
定　　价 / 65.00 元